프로젝트수업,
교육과정을
만나다

프로젝트 수업, 교육과정을 만나다

(참여와 소통으로 만드는 행복한 수업 멘토링)

[행복한 교과서®] 시리즈 No.13

지은이 | 이성대, 김정옥, 이주원, 이경원, 공일영, 이혁제, 곽재은, 김지훈, 정성아
발행인 | 홍종남

2015년 4월 5일 1판 1쇄 발행
2015년 11월 13일 1판 2쇄 발행
2016년 5월 18일 1판 3쇄 발행
2016년 12월 9일 1판 4쇄 발행
2018년 6월 10일 1판 5쇄 발행(총 10,000부 발행)

이 책을 만든 사람들
책임 기획 | 교육연구소 배움, 홍종남
북 디자인 | 김효정
교정 교열 | 이홍림
출판 마케팅 | 김경아

이 책을 함께 만든 사람들
종이 | 제이피씨 정동수 · 정충엽
제작 및 인쇄 | 천일문화사 유재상

펴낸곳 | 행복한미래
출판등록 | 2011년 4월 5일. 제 399-2011-000013호
주소 | 경기도 남양주시 도농로 34, 부영e그린타운 301동 301호(다산동)
전화 | 02-337-8958   팩스 | 031-556-8951
홈페이지 | www.bookeditor.co.kr
도서 문의(출판사 e-mail) | ahasaram@hanmail.net
내용 문의(지은이 e-mail) | http://cafe.naver.com/instofbaewoom
※ 이 책을 읽다가 궁금한 점이 있을 때는 지은이의 e-mail을 이용해 주세요.

ⓒ 이성대 외, 2015
ISBN 979-11-86463-00-0
〈행복한미래〉 도서 번호 031

참여와 소통으로 만드는 행복한 수업 멘토링

프로젝트수업, 교육과정을 만나다

|글| 이성대 외 8인

행복한미래

좋은 수업을 실천하는 한 가지 방법, "프로젝트 수업"

교사들은 모두 자신이 이끄는 수업을 좋은 수업으로 만들고 싶을 것이다. 이것은 교사라면 누구나 가지고 있는 열망이기도 하지만 한편으로는 부담이기도 하다.

좋은 수업에 대한 정의도 각 교사가 가지고 있는 교육관과 철학에 따라서 각각 다를 수 있으며, 때로는 큰 편차를 나타내게 된다. 전통적인 지식 전달 중심의 교육관에 따르면 교사가 얼마나 지식을 잘 요약해서 쉽게 전달하느냐가 좋은 수업의 기준이 될 것이다. 반면 다른 입장을 취하고 있는 진보주의적 교육관에 따르면 학생들이 얼마나 주도적으로 지식을 탐구하고 협력적인 태도를 보이느냐가 좋은 수업인지 아닌지를 판단하는 중심기준이 된다.

다른 측면에서 보면 학생들이 배워야 할 내용이 고정되어 있다고 보고 수업을 운영하는 기법이나 교사의 기술에 중점을 두고 바라보는 입장과, 지식은 다양한 텍스트와 탐구방법을 통해서 완성되어가는 것이므로 수업의 핵심은 다양한 내용에 접근하도록 하는 교사의 준비와 조력에 있다고 보는 입장이 있다. 이런 차이 또한 다양한 형태의 수업으로 나타나며, 그런 수업을 통해서 학습자가 성취하게 되는 내용과 질 역시 달라질 것이다.

따라서 좋은 수업을 하고자 하는 교사들의 열망은 같지만, 실제 실천으로 드러나는 수업의 형태와 내용은 전혀 다른 모습을 보이게 된다. 이처럼 각 교사들의 입장이 다르고, 갈등과 긴장이 존재하는 것은 교육의 발전이라는 측면에서 보면 그다지 나쁜 것은 아니다. 서로의 입장에 대해 토론하고 견제하는 과정을 통해 약점과 문제점이 보완되고, 보다 나은 방향으로 나아갈 수 있다면 오히려 긍정적이라고 할 수 있다. 교육의 방향이 어느 한 입장에만 경도되어 교조적인 행태를 보일 경우 심각한 부작용을 낳을 수 있음을 우리는 이미 경험해왔기 때문이다.

입장의 차이에 따라서 기계적으로 좋은 수업과 나쁜 수업으로 구분하는 것은 옳지 못하지만, 그렇다고 해서 좋은 수업을 판단할 수 있는 기준이 아예 없는 것은 아니다. 그것은 바로 학생들이 수업을 통해서 얼마나 자신의 사고를 키워가고, 지식이 내재화되는 배움을 얻는지의 여부일 것이다.

수업이란 교사의 지식과 능력을 드러내는 과시의 과정도 아니고, 학생들에게 얼마나 많은 학습경험을 주었는지를 정량적으로 판단하는 공장식 생산과정도 아니다. 학생들은 기본적으로 수업이라는 과정을 통해서 성장하게 되며, 따라서 각각의 수업은 고유하고 의미 있는 지식의 생성과정을 지니고 있어야 한다.

그런 의미에서 교사는 학생의 배움에 중심을 둔 교육목표를 가져야 하며, 그에 따른 수업기획을 할 수 있는 능력을 지니고, 이런 과정에서 긴장과 견제를 적절히 유지할 수 있는 균형감각을 가져야 한다. 그리고 이것이 좋은 수업을 만들어가기 위한 교사의 기본적인 자질이라고 할 수 있을 것이다. 이는 또한 내용에 대한 고민과 함께 교사 자신만의 철학이 수반될 때 좋은 수업이 가능해진다는 의미이기도 하다.

이 책은 좋은 수업이 갖추어야 할 조건인 학습자의 사고의 성장과 협력적인 활동, 지식의 내재화와 생성을 위해서 적절한 수업형태로 논의되고 있는 "프로젝트 수업"을 학교 현장에서 실천하기 위한 다양한 고민을 다루었다. 그 과정에서 가장 경계한 것은 단순히 수업모델과 사례를 제시하는 것으로 그치는 결과가 되지 않도록 하는 것이었다. 일반적으로 교사들이 그대로 따라할 수 있는 매뉴얼 형태의 수업사례를 선호하는 것을 모르는 바는 아니다. 그것이 가장 손쉽고 빠르게 실제 수업에 적용할 수 있는 방법이기 때문이다. 그러나 이런 시도들은 실제로 성공적인 수업에 이르기 어렵다는 것도 대부분의 교사들이 알고 있을 것이다. 형식적인 측면에서는 예시가 되는 시도들을 따라 할 수 있겠지만 실제로 그 안에서 일어나는 사소하고 구체적인 내용은 장소에 따라, 심지어는 같은 대상과 같은 장소라 하더라도 시간에 따라 달라지기 때문이다. 수업은 사소하고 구체적인 요소들에 의해서 결정적인 영향을 받으며, 교사가 자신만의 목표와 기획을 가지고 있을 때 다양한 상황에 대응할 수 있게 된다. 그러므로 형식만 따라 한다면 그런 구체적인 변화에 대응하지 못할 것이며, 그런 수업이 좋은 수업이 될 리 없다. 오히려 기존에 교사가 해오던 수업형태를 그대로 진행하는 것보다 못한 결과를 가져올 때가 허다하다.

그래서 이 책에서는 구체적인 프로젝트 수업의 절차보다는 각 수업을 그런 방식으로 구성하게 된 대한 배경, 각 단계에서 교사에게는 어떤 고민이 있었는지에 대한 이야기를 중점적으로 다룰 것이다.

한편 프로젝트 수업을 시도하기 전에 교사가 해야 할 기초적인 질문과 고민에 대해서도 상당 부분 할애했다. 이런 내용들은 다소 생소할 수 있지만 교사 스스로 교육과정을 분석하고 재구성하는 과정과도 연결되어 있으며, 각 교사가 자신만의 프로젝트 수업을 기획할 수 있는 기본적인 준비과정이기도 하므로 피할 수 없는 부분이기 때문이다.

이미 학교 현장에서는 프로젝트 수업이 종종 시도되고 있다. 그러나 프로젝트 수업에 대한 올바른 이해는 매우 드물다고 해도 과장된 말은 아닐 것이다. 좋은 프로젝트 수업 사례로 공개된 내용들을 살펴보면서 드는 의문은 이런 수업을 통해서 과연 무엇을 하고자 하는가이다.

학교에서 시도되고 있는 프로젝트 수업이 보이는 대표적인 한계는 교육과정과의 단절 현상이다. 물론 수업 사례에는 무슨 과목, 몇 단원과 연계되어 있다고 표시해놓았지만 실제로 이루어지는 수업에서는 거의 연계성을 찾아보기 힘들다. 억지로 연결시켰다는 느낌이 드는 경우가 많으며, 실제로 교사들도 그 점을 인정하고 있다. 이런 현상은 교육과정을 분석하고 어떤 교육내용과 성취기준을 프로젝트 수업으로 진행할 것인지에 대한 사전 기획 없이, 특정한 활동을 중심으로 내용을 연결시키는 형태로 프로젝트 수업이 운영되어왔기 때문이다. 어떤 지식을 더 깊이 탐구할 것인가가 전제되지 않은 상황에서 어떤 활동을 할 것인지가 먼저 결정되고, 그것에 내용을 짜 맞추는 식으로 진행되는 것이다. 지나친 이야기가 아닌가 할 수도 있겠지만, 그것이 현실이다. 그렇기 때문에 수업은 했는데 진도는 나가지 않은 듯한 느낌이 들고, 교과서에 있는 내용을 다시 다루어야 하는 부담이 생기는 것이다.

그렇다 보니 프로젝트 수업은 항상 진도에 큰 걸림돌로 여겨진다. 좋은 수업방법이라는 것은 인정하면서도 수업과는 별개의 과외활동으로 인식하여, 학교 현장에서 실천하는 데에는 어려움이 있게 된다.

또한 활동 중심으로 진행하는 수업은 깊은 탐구를 어렵게 하고 조별 활동과 발표의 순으로 이루어지는 획일적인 수업 운영은 고유한 지식의 생성에까지 나아가지 못하는 원인이 된다. 프로젝트 수업은 내용을 중심으로 흥미와 지식 탐구의 희열을 끌어낼 수 있는 장점을 가지고 있으며, 따라서 반드시 교실 밖에서 이루어져야 하는 것은 아니다. 그럼에도 반드시 활동이 있어야 아이들이 흥미를 가질 것이라고 생각하여 활동 중심으로만 수업을 진행하고, 단순히 재미있는 경험으로만 그치게 되는 경우도 생기는 것이다. 그러나 이처럼 그저 경험하는 것으로 만족한다면 프로젝트 수업을 굳이 해야 할 이유가 무엇일까? 게다가 교사들은 그런 수업 이후에, 아이들의 신나는 활동과 높은 만족도 뒤에 남는 공허함을 메꾸어줄 방법을 가지고 있을까? 이는 교사 스스로가 해결해야 할 숙제이다.

당연한 것 같지만 프로젝트 수업을 해야 할 이유를 찾고, 자신만의 목표를 세우고, 어떻게 수업을 채워갈 것인지 고민해야 한다. 이런 과정 없이 성공적인 수업의 사례를 아무리 따라 한다고 해도 그 수업이 좋은 수업이 될 수는 없다.

이 책의 목표는 좋은 수업을 실천하는 방법으로서 프로젝트 수업을 교사 스스로 기획하고 운영할 수 있는 기본적인 능력을 갖추기 위해 고민을 함께 나누는 것이다. 여기에서 기술한 내용이 반드시 정답일 수 없고, 이대로 한다고 해서 성공적인 수업을 만들 수 있다는 보장을 할 수도 없다. 다만 좋은 수업을 위해 이러한 고민을 하나씩 보태고, 이것을 교사들 각자가 더 다양한 고민으로 발전시켜간다면 학생과 교사 모두가 함께 만들어가는 좋은 수업을 위한 작은 기여는 되지 않을까 생각한다.

교육연구소 배움

이 책을 집필한 선생님들은 〈교육연구소 배움〉에서 활동하는 분들입니다. 〈교육연구소 배움〉은 '행복한 배움을 꿈꾸는 사람들의 소통 공간'입니다. 혁신 교육의 정착과 지속적인 발전을 위해서 교사, 학부모, 연구자들을 연결하는 다양한 정책과 현장의 실천 사례를 공유, 확산하는 역할을 하는 것을 목표로 합니다.

http://cafe.naver.com/instofbaewoom

1부
프로젝트 수업, 우리의 교실을 바꾼다

1부

프로젝트 수업,
우리의 교실을 바꾼다

프로젝트 수업은 '훌륭한 선생님'만 한다?

　최근 학교에서는 프로젝트 기반 학습을 통해 학습자의 자기주도성이나 심화학습, 협력적 학습의 효과가 높아진다는 보고와 함께 프로젝트 수업에 대한 교사들의 관심이 높아지고, 실제로 시도하는 경우도 늘어나고 있다. 이에 따라 다양한 수업 사례들이 제시되고 있으며, 이를 통해서 학생들의 사고가 한층 성장하고, 체계적인 지식의 이해도 가능해질 것으로 기대된다.

　그럼에도 불구하고 여전히 프로젝트 수업은 교사들에게 힘겨운 도전으로 느껴진다. 특히, 교육과정의 측면에서 교사들은 프로젝트 수업을 어렵게 인식한다. 이는 기존의 교과서나 교사지도안으로는 해결하기 힘들며 교사의 창의성과 적절한 대응 및 판단이 필요한 프로젝트 수업의 비정형성 때문이다. 통합적이고 구성주의적인 프로젝트 학습의 특성상, 단순한 교과 내용이나 분절된 지식을 배우는 것이 아니라 특정한 주제를 중심으로 다양한 지식을 연결하고 깊이 탐구해야 하므로 교육과정의 재해석과 교사 스스로의 기획이 필요하기 때문이다.

　즉 교육과정에 제시된 교육내용과 성취기준을 분석하고, 이들 가운데 프로젝트로 진행할 교육내용을 사전에 선정하여 이에 따른 성취기준을 달성하기 위한 프로젝트 수업의 범위와 방법을 조직하는 기획과정이 필수적이기 때문이다. 이러한 수업 기획은 일반적인 수업 설계와는 달리 낯설며, 교사의 주도적인 역할이 요구된다. 이런 이유로 프로젝트 수업은 매력적이고 도전해보고 싶은 수업이긴 하지만 쉽게 시도하기 어려운 것으로 인식되기도 한다.

그리고 프로젝트 수업을 시도하는 교사들의 경우에도 교과수업을 중심으로 이루어지는 프로젝트 수업보다는 창의적 체험활동이나 방과후학교 등 교육과정과 일정 부분 분리된 특정한 수업진행방식을 선호한다. 물론 이런 형태의 수업을 통해서 프로젝트 학습이 지향하는 전반적인 사고력 향상이나 문제 기획·해결 능력, 협동적 작업능력 등의 목표를 달성할 수 있다. 그러나 이런 형태의 수업은 학습자들이 프로젝트 수업을 학습과 별개의 이벤트 정도로 인식하거나, 프로젝트 수업을 통한 경험을 실제 학습과 연결시키지 못하는 등의 문제점을 발생시킬 수도 있다. 교사들도 프로젝트 수업이 학습자들에게 체계적인 지식을 형성시키고 성장하도록 연결시키는 계기가 될 수 있도록 철저한 고민과 준비 없이 일회적인 경험에 만족하는 경우가 많아, 프로젝트 학습의 효과를 충분히 얻기는 쉽지 않다.

> '프로젝트 접근법을 초등교육 현장에 적용했을 때 유아교육 현장과는 달리 국가교육과정으로 인해 부딪히는 문제가 가장 큰 어려움으로 나타났다.'　　　(김민정, 2008)

이것은 그동안 제시되고 연구된 많은 프로젝트 수업의 모델들이 가진 가장 큰 약점일 것이다. 교육과정 속에서 발현된 프로젝트 수업이 아니다 보니 흥미 위주나 이벤트로 생각되는 경우도 많이 발생한다. 또한 교사들은 효과적인 프로젝트 수업을 위해 학생들에게 어느 정도의 자율권을 주고, 어느 정도의 수준에서 개입해야 하며, 어떤 순간에 도움을 주는 것이 학생들의 사고의 전개에 도움이 되는지 고민하게 된다.

한편 이러한 새로운 수업방식의 어려움뿐만 아니라 프로젝트 수업의 여러 가지 특성 ― 학생의 주도성, 비구조화된 문제의 설정, 실제적 상황을 활용한 정답이 없는 문제 ― 을 잘 반영할 수 있는 평가방법 역시 기존의 평가방식과는 전혀 다른 접근이 필요하다. 또 다른 어려움은 학습자들이 프로젝트 학습에서 요구되는 자기 주도적 학습능력이나 토론의 기술과 자세, 다양한 자료나 자원을 활용하는 능력을 갖추고 있지 않다는 점이다. 프로젝트 수업을 어렵게 생각하고 소극적으로 수업에 임하는 경우가 대부분이다. 그러므로 수업 초기에는 이러한 기초적인 능력을 길러나가는 시기로 생각하고, 진도나 성과에 초점을 맞추기보다 학생들이 이런 학습환경에 익숙해지고 학습을 위한 능력들을 갖추도록 해야 하는 부담감도 있다. 학습 부진 학생들의 경우 이러한 경향이 더 두드러지므로 이들에 대한 적절한 배려와 역할 부여를 통해 수업에 적극적으로 참여할 수 있도록 유도해야 한다.

또한 프로젝트 수업의 운영에는 학부모들의 교육과정 운영에 대한 이해가 매우 중요한 요소이므로, 프로젝트 학습의 긍정적인 측면인 장기적이고 근본적인 학습효과를 학부모가 이해할 수 있도록 하는 노력도 필요하다.

프로젝트 수업 톡! Talk?

PBL의 2가지 의미

일반적으로 교사들은 프로젝트 기반 학습(PBL: Project based Learning)을 문제 중심 학습(PBL : Problem Based Learning)으로 등치시켜서 인식하는 경우가 대부분이다. 실제 생활의 문제로부터 출발하며 비구조화되고 자기주도적으로 문제를 해결해나가며 협력적인 작업을 중시하는 문제 중심 학습의 특성상, 프로젝트 수업의 대표적인 유형으로 인식되고 있는 것이다. 그러나 프로젝트 기반 학습은 문제 중심 학습에 비해서 모둠 작업의 성격이 더 강하다. 개인적 차이에 따른 개별 심화학습에 적합하다는 특성은 공통적이지만 프로젝트 기반 학습은 역할 분담을 통해서 공동으로 작업을 해야 효율적으로 목표를 달성할 수 있으며, 기본적으로 일정한 물리적 시간이 요구되기 때문이다. 그러므로 공동의 작업을 통해서 실제 탐구에 소요되는 시간을 줄여가고 공동작업의 장점을 잘 살려 집단지성의 힘을 극대화할 수 있도록 해야 한다.

프로젝트 수업, 그것이 알고 싶다

프로젝트 수업은 교사가 주도하여 일방적으로 학습자에게 지식을 전달하는 전통적인 학습방법이 아니다. 그렇다고 해서 학습자 중심의 학습만을 의미하는 것도 아니다.

프로젝트 학습이란 무엇인가?

프로젝트 학습은 상호작용, 일반적으로 강조하는 학습자 간의 협력을 의미하는 상호작용을 넘어서 학습자와 교사의 상호작용을 강조하는 학습의 형태이다. 교사나 학습자에게 전적으로 맡겨두는 것이 아니라 학습자와 교사의 상호작용을 통해서 어떤 주제나 질문을 설정하고, 이를 해결하기 위해서 스스로가 해결방안을 기획하여, 조사와 탐구를 통해 구체적으로 경험하고 실천하면서 함께 과제를 해결해나가는 과정이다.

이런 과정을 통해 학습자가 스스로 탐구하고 경험하고 실천한 결과를 학습자들 사이에서 공유함으로써 배움의 극대화가 일어난다. 교사에 의해서 주도되는 보편적인 지식 전달 방식으로서의 수업에서 탈피하여, 학생들의 주도적인 사고활동과 경험과 실천으로 스스로 살아 있는 지식을 획득하는 방식을 지향하는 것이 프로젝트 학습이 추구하는 수업이다.

그런 의미에서 교사는 수업 전반을 주도하기보다는 학생들이 스스로의 생각을 끌어내고 서로의 생각을 공유하며 이를 통해서 자신만의 사고를 키워갈 수 있도록 수업을 기획하는 데 주력해야 한다. 더욱 중요한 것은, 교사가 학생을 지도하는 입장에 서기보다 학생들과 상호작용을 통해서 함께 배워간다는 입장으로 수업에 적극적으로 참여하는 참여자의 자세를 가질 때 진정한 의미의 탐구와 배움이 일어날 수 있다는 점이다.

"프로젝트 학습이란 학습자가 스스로 문제(질문)를 찾아내고 해결방안을 기획하며 협력적인 조사 탐구를 통해 과제를 해결하고 결과를 공유하는 일련의 과정에서 배움이 일어나는 수업형태이다. 프로젝트 학습은 교사가 교육과정을 구성하고 수업을 기획함으로써 학습자와 조력할 뿐 아니라 학습자와 상호작용하여 역동적 배움의 장을 형성하는 것이다."

프로젝트 학습의 조건은 무엇인가?

다른 학습이론과 구분하여 프로젝트 학습의 특징을 정의하기 위한 조건은 네 가지 정도로 분류할 수 있다. 이것은 어떤 절차나 방법을 말하는 것이 아니라 프로젝트 학습이 가져야 할 모습을 말하는 것이며, 프로젝트 학습을 이루는 네 기둥과 같다.

1) 자기주도성

프로젝트 학습에서 교사는 큰 범주에서 주제나 문제를 던져줄 뿐 구체적인 탐구의 내용을 제한하지 않아야 한다. 이는 학습자 스스로가 주어진 범주에서 특정한 주제나 문제를 설정하고 이를 해결하기 위한 방안을 자신의 고유한 아이디어로 찾아가야 한다는 것이다. 물론 이 과정은 프로젝트를 수행하는 모둠 구성원들의 협력적인 참여를 통한 기획까지를 포함한다.

일반적으로 프로젝트는 모둠으로 진행하지만 경우에 따라서는 개인적으로 수행하는 경우도 있으며, 집단에서 각자에게 주어진 역할과 임무가 있으므로 모둠으로 작업을 하더라도 학습자 개개인의 능동적인 참여와 책임 있는 역할의 수행이 요구된다.

따라서 프로젝트 학습에서 자기주도성이란 개인과 모둠 전체의 능동적이고 고유한 아이디어에 의해서 각자의 역할을 스스로 충실히 수행하는 가운데 프로젝트가 추진되는 것을 말한다. 즉 학습자, 또는 학습자들이 스스로 능동적으로 학습과정에 참여하고 계획 수립, 조사 및 수행, 결과물 도출 및 공유까지의 학습과정을 체계적으로 실행하는 것을 의미한다.

2) 공동작업과 협력적 리더십

제대로 된 프로젝트 학습에는 학습자들의 협력 과정과 공동작업이 반드시 포함되어 있어야 한다. 따라서 프로젝트 학습의 주제를 선정할 때는 혼자서 해결할 수 있는 정도의 수준이나 내용을 넘어서 협력의 가치를 경험할 수 있는 크기와 내용을 포함해야 한다. 프로젝트 학습을 개인적으로 진행하는 경우도 있겠지만 이런 경우에도 전체 학급에 주어진 대주제 안에서 학습자는 한 명의 구성원이며, 전체 구성원들의 협력이 이루어져야 한다. 따라서 프로젝트 학습이 진행되는 과정에서 모둠 구성원 간의 정확한 역할 분담과 모둠 구성원들 각자의 충실한 역할 수행이 필요하다. 또한 모둠 내에서 자신의 역할에 충실하면서 다른 구성원들에 대한 지원과 정보의 공유도 적절히 이루어져야 한다. 그러므로 구성원 각자는 자신이 담당한 역할을 주도적으로 수행하는 리더십과 함께 공동작업에서의 성과를 높이기 위한 구성원 상호간의 지원 및 아이디어 공유를 위한 활발한 토론 등에 참여하여 협력하는 것도 중요하다. 이는 모둠 구성원 간의 문제로만 국한되지 않으며, 수업에 참여하는 모둠들 상호간에도 적용된다. 즉 학급 전체에도 정보의 소통과 협력이 이루어지도록 유도하는 것이 프로젝트의 효과를 높이게 된다.

3) 탐구를 통한 사고의 성장

프로젝트 수업은 학습자 스스로가 문제를 설정하고, 자신의 아이디어로 해결 방안을 기획하며, 스스로 조사·탐구하면서 결론에 이르는 수업이므로 주제나 문제를 설정하는 학습자의 창의적 아이디어와 기획능력이 핵심이다. 뿐만 아니라 조사와 탐구를 진행하는 과정에서 상황을 논리적으로 판단하고 다음 단계로 발전시키며 이런 과정을 통해서 적절한 결론에 이르는 것까지, 모두 학습자의 논리적 사고력에 기반을 두게 된다.

프로젝트 수업은 단순히 지식을 습득하고 이해하는 것이 아니라 스스로 지식의 본질을 탐구하고 이를 찾아가는 과정에서 배움의 방법을 알아가고 사고하는 힘을 기르는 것이다. 즉 누군가 이미 만들어놓은 길을 가는 것이 아니라 스스로 길을 만들어가는 것이며, 다른 사람의 아이디어가 아닌 자신의 아이디어와 기획력, 문제 해결 능력이 필요하다. 이를 위해서는 자신만의 고유한 아이디어 등 창의성과 스스로의 결정을 합리적으로 이끌어나갈 수 있는 논리적 사고력이 수반되어야 하며, 프로젝트의 과정이 창의력과 사고력을 길러가는 과정이 되도록 계획되어야 한다.

4) 성취된 지식의 공유

프로젝트 수업을 통해서 얻어진 결과는 두 가지 측면에서 전체적으로 공유하는 과정이 필요하다.

첫 번째, 프로젝트 수업의 주제가 정해지더라도 각 모둠이 탐구하게 되는 세부과제가 다를 수 있고, 같은 과제라 하더라도 접근하는 방향과 방법이 다를 수 있다.

두 번째, 프로젝트 수업을 통해서 얻어지는 결과는 프로젝트를 수행하는 학습자 개개인과 모둠들의 특성과 능력에 따라 편차가 매우 클 수 있다. 어떤 모둠이나 학습자는 논리적이고 분석적인 부분에서 장점과 높은 성과를 보일 수 있는 반면 정성적이고 감성적인 부분에서 뛰어난 능력을 보이는 학습자도 있을 수 있다.

프로젝트 수업에서 한 학급의 모둠들이 서로 다른 세부과제를 다루게 되면 각 모둠이 다룬 내용을 서로 배우는 공유의 과정이 필요하다. 또 같은 과제를 다루더라도 정해진 답을 찾는 것이 아니라 다양한 해답과 지식의 탐구방법을 추구하는 것이므로 학습자들에 따라서 다양한 시각과 탐구 방향, 방법을 통해 얻어지는 다양한 해답이 존재하게 된다. 또한 학습자들의 다양한 특성과 재능이 최대한 발현되고 서로에게 긍정적인 영향을 미칠 수 있도록 하기 위해서 프로젝트 수업의 결과가 전체 학습자들 사이에 공유되는 것이 필요하다. 이러한 공유는 각 모둠이나 학습자가 얻은 결과, 즉 지식이 다른 학습자들에 의해서 판단되고 토론되는 과정에서 보완되고 발전되면서 지식의 질적 가치를 높이는 역할을 한다. 이러한 차이를 이해하고 다른 시각을 통해서 자신의 생각을 반성하고 발전시켜나가는 과정이 프로젝트 수업이 가진 최대의 장점이라고 할 수 있다.

결과를 공유하는 과정에서는 다양한 방식의 표현을 권장하고 유도해야 한다. 이것은 학생들마다 서로 다른 재능과 뛰어난 분야 — 수월성 — 를 가지고 있기 때문이다. 따라서 자신이 획득한 지식을 자신이 가장 잘 표현할 수 있는 방법으로 발표하도록 하여 배움을 극대화시키고, 동료들도 더 깊이 학습내용을 이해할 수 있게 하며, 누구나 자신만의 재능과 탁월함이 있음을 인식하도록 돕는 것이 좋다.

프로젝트 학습의 요소에는 어떤 것이 있을까?

이런 조건을 갖춘 프로젝트 학습을 구체적인 수업에 성공적으로 적용하려면 방법이나 절차에서 고려해야 할 요소들이 있다. 물론 프로젝트 학습의 조건과 요소를 명확히 구분하는 것은 쉽지 않은 일이며, 오히려 중복되는 내용들로 인해서 혼란을 초래할 우려도 있다. 그러나 이 부분은 독자들이 판단할 문제이며, 각자의 창의적인 해석이 필요하다.

프로젝트 학습에서 반드시 거쳐야 할 절차나 포함되어야 할 요소는 주제 선정의 과정과 주제 선정에서 학습자의 결정권의 범위, 다양한 텍스트의 활용, 수업 방법의 다양성, 학습자의 주도적인 조사와 탐구, 공동작업과 협력적 리더십, 표현과 공유 등으로 정의할 수 있다. 일부 항목은 제목으로만 보면 프로젝트 학습의 조건과 동일하지만 절차나 방법의 구체화라는 측면에서 차이를 이해할 필요가 있다.

1) 주제 선정

프로젝트 학습의 주제 선정을 위해 고려해야 할 사항은 다음과 같다.

① 학습자가 주도적으로 주제를 선정하는가?
② 학습자의 흥미와 몰입을 유도할 수 있는가?
③ 학습자의 도전과 심화탐구를 이끌어낼 수 있는 내용인가?
④ 교육과정의 목표인 내용요소를 포함하며 성취기준을 달성할 수 있는가?
⑤ 학습자 상호간의 협력과 공동작업이 가능한 내용인가?

이렇게 주제의 선정은 사실상 프로젝트 학습이 추구하는 목표와 내용을 모두 포괄하는 프로젝트 학습 기획의 기초이므로 주제의 선정이 프로젝트 학습의 질과 성패를 좌우한다고 할 수 있다.

한편 주제 선정에서 학습자의 주체적인 역할에 대해서는 많은 논란이 있다. 이것은 학습자의 주체적 역할을 어느 정도까지로 보아야 하는가에 대한 문제이다. 일반적으로 교육과정의 제한이 적은 유치원 단계에서는 주제의 선정이 전적으로 학습자에 의해서 이루어지기도 한다. 그러나 상급 학년으로 올라갈수록 교육과정의 제한이 강해지고, 교사들은 국가나 교육청에서 제시하는 교육과정을 준수할 것을 강요받는다. 이러한 경향은 입시에 영향을 받는 고학년으로 갈수록 더 심해져서, 프로젝트 수업을 시도하는 것 자체에 대한 제한으로 작용한다.

특히, 교과교육과정에서 이루어지는 프로젝트 수업은 정규 교과수업을 할애해서 운영되므로 주제의 선정은 교과교육과정이 목표하는 교육내용과 성취기준에 의해 더욱 제한될 수밖에 없다. 주제의 범위나 내용은 교사가 사전에 기획한 수업 목표에 따라서 제한되며, 학습자는 정해진 범위 내에서 관련된 세부과제(topic)를 제안하고 결정하는 역할을 할 수 있다.

그러나 교과교육과정 이외의 창의적 체험활동이나 방과후학교 또는 동아리 활동 등을 통해서 프로젝트 수업이 이루어지는 경우에는 좀 더 열린 형태로 학습자가 주도적으로 주제를 선택할 수 있도록 열어주는 것이 좋다. 학습자의 주도성이 높아지면 흥미와 몰입도가 자연히 높아지는 긍정적인 측면 외에도, 다루게 될 내용의 깊이와 범위 면에서 제약이 사라져 심도 있는 탐구가 가능해지기 때문이다. 그러나 주제가 다루는 내용이 너무 산만해져서 자칫하면 프로젝트를 수행하는 모둠 간의 내용 공유나 집중력 있는 토론이 어려워진다는 단점도 감수해야 한다.

그 외에 주제 선정 시에 고려해야 할 요소들은 앞에서 언급된 것처럼 학습자의 흥미와 몰입이 가능한 내용을 담을 수 있는가 하는 것이다. 선정된 주제가 학습자의 흥미와 몰입을 끌어내기 위해서는 두 가지 점을 유의해야 한다.

첫 번째 유의점은 학습자가 스스로 주도적으로 학습을 진행한다는 인식을 갖도록 해야 한다는 것이다. 이를 위해서는 주제 선정에서부터 학습자들의 주도적 역할을 고려해야 한다. 주제를 학습자 중심으로 할 수도 있지만 그것이 어렵다면 정해진 주제 내에서 세부과제를 선정할 때 학습자가 주도적으로 제안하도록 적극적으로 절차를 마련해주어야 한다.

두 번째 유의점은 프로젝트 수업의 주제가 다루는 내용이 학습자의 경험이나 삶과 밀접한 관련이 있어야 한다는 것이다. 주제가 다루는 학문적 의미도 중요하지만, 구체적 내용이 지식적인 측면으로만 이해되지 않고 현실의 삶과 연결되도록 유도해야만 프로젝트를 수행하는 과정에서 학습자들이 작업에 흥미를 가지고 몰입할 수 있다.

프로젝트 학습은 학습자가 주도적으로 진행하는 학습의 형태이다. 스스로 문제를 파악하고 이를 해결해나가는 과정에서 배움이 일어나게 된다. 그러므로 프로젝트 학습에서 얻어지는 배움의 질과 수준은 거의 전적으로 학습자에게 달려 있다. 프로젝트 학습의 주제가 이미 학습자들이 알고 있거나 쉬운 내용이어서 쉽게 해결할 수 있으면 흥미를 잃게 되고, 너무 어려우면 포기하게 되어 학습의 진전이 일어나지 않는다. 따라서 학습자가 적절히 실마리를 파악할 수 있고 도전하려는 의욕이 생기는 주제를 선정하는 것이 중요하다. 이런 도전을 통해서 좀 더 심화되고 통합적인 탐구가 가능해진다.

이렇게 학습자의 자발성과 주도성에 의해서 진행되는 프로젝트 수업에서는 학생의 관심이나 지식의 수준에 따른 심화탐구나 수준별 학습이 자연스럽게 이루어진다. 이것은 단지 더 깊고 심도 있는 내용으로의 심화탐구만을 의미하는 것은 아니다.

이미 많은 지식을 갖추고 있는 학생들은 그 지식을 바탕으로 보다 확대되고 복잡한 내용에 대해서 스스로 탐구해나간다. 그러나 이런 준비가 되어있지 않은 학생이라 해도 그 수준에서 스스로의 이해를 바탕으로 기본적인 지식을 제대로 소화해낼 수 있게 된다. 같은 주제를 학습하더라도 학습자의 수준에 따라 서로 다른 방법과 수준으로 학습하는 수준별 학습이 이루어지게 되는 것이다. 이것이 바로 교사의 사전 기획과 적절한 주제와 과제로의 유도가 중요한 요소로 추가되어야 할 이유이다.

프로젝트 학습에서 교사들에게 가장 큰 도전은 교과교육을 통한 프로젝트 수업의 실천이다. 교과교육과정 내에서 운영되는 프로젝트 수업은 교육과정에서 제시된 내용요소와 성취기준을 만족시킬 수 있도록 기획되어야 한다는 제한이 있다. 물론 성취기준을 엄격하게 그대로 따라야 한다는 의미는 아니지만 그것을 기반으로 한다는 의식을 가져야 한다. 즉 교과수업을 프로젝트 형태로 운영하는 것이므로 교과수업에서 다룰 내용을 더 효과적으로 습득하고 학습자에 따라 더 심화, 발전하는 것이 목표가 되어야 한다. 따라서 학습자들이 단순히 흥미를 보이거나 더 집중했다는 것만으로 만족할 수 없으며, 반드시 교과수업에서 도달해야 하는 성취기준과 내용의 이해가 제대로 이루어졌는지 확인해야 한다.

프로젝트 수업을 하면서 성취기준을 달성하며 교과의 내용요소를 다루는 것은 결코 쉬운 일이 아니다. 이런 목표를 달성할 수 있는 적절한 주제의 선정이 교과교육에서 프로젝트 수업의 성패를 좌우하는 결정적인 요인이다.

2) 조사와 탐구의 과정

교사에 의해서 주도되는 보편적인 지식 전달 방식을 탈피하고 학생들의 주도적인 사고활동, 경험과 실천으로 스스로 살아 있는 지식을 획득하는 방식을 지향하는 것이 프로젝트 수업의 중요한 특징이다. 그러나 이런 특성이 오직 프로젝트 학습만이 가지고 있는 고유한 성격이라고 보기는 어렵다. 프로젝트 수업은 학생들의 주도성이 강화되고, 그 주제와 관련된 자료 조사와 탐구 과정에서 학습자의 역할이 중요하다. 이 과정에서 교사는 조언하고 힌트를 줄 수 있지만, 적극적으로 개입해서는 안 된다. 교사는 조사된 자료와 탐구 내용의 적정성에 대한 검토와 의견 개진 등의 역할을 해야 한다.

무엇보다 중요한 것은 프로젝트 학습은 기본적으로 탐구와 표현이 핵심이 되는 활동이라는 점이다. 여기서 탐구란 문헌조사, 현장조사, 현장실험, 관련자 면담 등만을 의미하는 것이 아니다. 배움을 추구하는 프로젝트 학습에서는 이렇게 조사한 지식과 자료들이 낱낱의 것으로만 존재하면 안 되며, 이들 간의 연결성과 맥락을 찾아내서 재정리하고 주제가 내포하고 있는 질문에 대한 해답을 도출해야 한다. 그리고 그 결과를 토의하고 분류, 정리하는 작업까지 수행해야 탐구활동이 완성된다. 프로젝트 학습이 일반적인 탐구수업이나 발표수업과 다른 것도 바로 이런 심화된 탐구의 과정을 포함해야 하기 때문이다.

3) 다양한 텍스트의 활용

정해진 주제와 관련해서 충분한 자료를 수집하는 것은 프로젝트 결과의 객관적 타당성과 질적 수준을 보장하는 필수적인 과정이다. 여러 가지 견해나 주장이 담긴, 그리고 서로 다른 관점을 반영한 텍스트를 활용해야 프로젝트 학습의 내용을 풍부하게 하고 결과의 질적 수준도 담보할 수 있다. 프로젝트 학습의 강점은 책이나 기사, 예술작품, 영화, 실험이나 실제 체험 등과 같은 다양한 텍스트의 활용 폭이 크다는 것이다. 다양한 텍스트를 활용하는 것의 이점은 이들 자료를 조사하고 검토하는 과정에서 그 자료가 지닌 정보의 타당성이나 논리적 정합성에 대한 검증의 필요성을 체험함으로써 자신의 논리나 주장을 뒷받침하기 위해서 활용하는 자료의 근거나 타당성에 대해 확인하는 자세를 배우게 되는 것이다.

또한 기존에는 크게 주목하지 않았지만 관심을 가져야 할 것이 사회적 실천이다. 프로젝트 학습이 실제적인 삶의 문제와 연결될 때 학습자의 흥미와 몰입이 가능해지며, 이것을 사회적 실천으로 발전시킴으로써 프로젝트 학습의 가치를 높일 수 있게 된다. 사회적 실천은 프로젝트 수업을 통해서 얻은 배움을 실제의 삶에 적용하고, 사회적으로 기여할 수 있는 방법을 고민함으로써 지식을 내면화하고 사고의 확장을 가능하게 하는 중요한 부분이다.

4) 수업 방법의 다양화

프로젝트 학습에서는 다양한 수업 방법을 도입할 수 있다. 기초적인 프로젝트 수업 안내와 진행 방법, 기본적인 지식에 대해서는 강의식 전달 수업이 더 효과적일 수도 있다. 무조건 강의식 수업을 배제한다거나 특정한 수업 방법으로 고착화하는 것은 바람직하지 않다. 어떤 특정한 수업 방법이 효과적이라고 하면 많은 교사들이 맹목적이고 배타적으로 그 방법만을 고집하는 경향이 있으므로, 이를 경계해야 한다는 것이다.

어떤 선생님이 이와 관련해서 교사들이 이야기하는 것을 들은 적이 있다. 이야기인즉슨 교사들이 연수를 마치고 돌아오면 한동안 그 주제가 교사 자신에게 '강림'한다고 한다. 예를 들어 협동학습에 대한 연수를 받고 나면 그 방법에 몰두하게 되어 모든 수업을 협동수업으로 하려고 하다가 실패하는 경우도 많다는 것이다.

주어진 주제와 관련해서 각 조별 토픽을 정하거나 프로젝트 진행과정에서 논점이 되는 문제나 주제에 관해서는 토론식 수업으로 학습자의 참여를 높이고, 내용에 대해 심도 있게 파악하도록 하는 것이 바람직하다. 자료를 조사하고 수집하는 단계에서는 다양한 텍스트를 활용하기 위한 인터뷰, 집단 면담, 기록, 독서 등 여러 가지 수업 방법을 활용할 수 있다. 또 탐구와 공유의 과정에서는 협동학습이나 디베이팅과 같은 수업 방법이 도입될 수 있다. 이처럼 프로젝트 수업은 매우 자유롭고 열려 있는 구조의 수업이므로 각 수업 방법의 특성을 잘 활용하면 학생들이 갖추어야 할 여러 가지 역량을 종합적으로 추구할 수 있다.

즉 명확한 목표를 가지고 수업을 하며, 성취기준과 내용에 따라 수업 방법을 다르게 선택하는 것이 프로젝트 학습을 더 효과적으로 만들어갈 수 있다.

5) 공동작업과 협력적 리더십

프로젝트 학습의 또 다른 중요한 장점 중 하나는 학습자들의 협력과 공동작업을 통한 공동체 의식을 형성할 수 있다는 점이다. 프로젝트 조건에서 설명했듯이 프로젝트 학습은 학습자의 협력 과정과 공동작업을 반드시 포함하고 있어야 제대로 된 프로젝트 학습으로 평가할 수 있다. 이때 유의해야 할 점은 내용 탐구 과정에서 모든 구성원이 각자의 역할을 할 수 있도록 교사가 잘 조절해야 한다는 것이다. 일부 협동학습 형태에서 보이는 '이끔이', '기록이' 등의 작업 단위별 역할 배정 방식은 경계해야 할 필요가 있다. 이런 역할 분담의 특징은 프로젝트 수업에서의 핵심적 역할이 특정한 아이들 위주로 진행되기 때문이다. 수업 진행의 효율성을 고려하여 그러한 역할 분담을 선택하는 경우도 있겠지만, 프로젝트 학습에서는 프로젝트의 핵심과정에 모든 구성원이 참여한다는 원칙에 따라서 역할 분담이 이루어져야 한다. 이것은 내용 중심의 역할 분담을 의미하며 기능적인 역할 분담과는 전혀 다른 접근이다. 이 원칙은 표현과 공유에서도 비슷하게 적용되어야 한다. 프로젝트 수업의 결과물은 구성원의 관심과 재능에 따라서 다양한 방법으로 표현되는 것이 좋다. 모든 학습자가 자신만의 표현방법으로 결과를 정리하도록 하면 학습자 각자가 주도적으로 참여하도록 할 수 있으며 이는 모든 학습자가 자신의 배움을 내면화하는 효과적인 수단이 되기 때문이다.

6) 표현과 공유

프로젝트 학습은 학습자가 주제를 탐구해가는 과정을 통해서 많은 것을 경험하게 된다. 이것이 자기주도적인 조사와 탐구의 과정에서 얻게 되는 교육적 가치이다. 또한 프로젝트 학습은 결과를 도출하는 수업 형태이므로 학습자가 성취감을 맛볼 수 있는 대단히 중요한 요소를 포함하고 있다. 그것이 바로 표현이다.

프로젝트 수업은 바로 이 표현을 통해서 완결되며, 학습자의 입장에서는 자신의 사고와 활동을 정리해내는 과제를 수행하게 된다. 즉 학습의 결과를 재구성하고 정리해서 드러냄으로써 타인에게 자신의 생각을 전달하고 공유하는 것이 가능해진다.

생각을 드러내고 표현하는 방법은 글을 비롯해서 멀티미디어 활용, 전시, 연극, 발표 등 다양한 전달 매체를 활용할 수 있다. 이러한 매체들을 이용해 탐구의 결과를 정확하게 전달하는 능력을 기르는 것이 표현 활동이다. 주의해야 할 것은 표현 활동으로 어느 특정한 방법만을 고집해서는 안 된다는 것이다. 학습자의 다양성을 고려하여 같은 주제에 대해서도 서로 다른 다양한 표현방법을 선택할 수 있도록 허용하는 것이 바람직하다. 심지어는 같은 모둠에서도 모둠원마다 다른 형태의 표현으로 결과를 도출하도록 시도해보는 것도 좋다.

무언가를 표현하려 할 때 일반적으로 놓치기 쉽지만 중요한 요소의 하나가 아름다움이다. 표현은 무엇보다 아름다워야 한다. 문자나 말로 표현되는 것이면 명징한 아름다움이 있어야 하며 음악이나 미술, 종합예술로 표현되는 것이라면 심미적인 아름다움이 있어야 한다. 그러나 이것이 표현의 전문성을 의미하는 것으로 오해되어서는 안 된다. 여기서 말하는 아름다움이란 학습자의 몰입이 드러나는 표현을 의미하며, 최선을 다해 결과를 정성스럽게 마무리하는 것, 또한 학습자 스스로가 자신의 성취에 대해서 만족하고 자부심을 가질 수 있는 수준을 말한다. 결과를 드러내기 위해 대충 표현하는 것으로는 학습자 스스로도 만족할 수 없으며, 그 결과물에 대해서도 애착을 느낄 수 없다. 저작자의 애정이 담긴 산출물이 아름다움을 갖춘 표현이라는 겉옷을 입게 된다면 프로젝트에서 표현이 갖는 의미를 제대로 실현했다고 할 수 있을 것이다.

결론적으로 프로젝트 학습은 학습자의 프로젝트 주제의 선정과 추진방법의 선택에 있어서 자기주도적인 역할과 팀 구성원의 협력, 역할 수행을 통한 협력적 작업능력이 중요하며 작업의 결과를 다양한 방법으로 표현하고 공유하는 과정을 통해 사고의 확장이 이루어지는 학습이라고 정의할 수 있다. 따라서 프로젝트 학습을 기획할 때 이러한 요소들이 충족되고 관련 능력이 길러질 수 있도록 수업을 잘 설계하고, 운영 과정에서 학습자들의 반응을 확인하고 격려하는 교사의 역할이 매우 중요하다.

프로젝트 수업에 대한 진실과 거짓

프로젝트 학습의 긍정적인 측면에 대한 이해의 확산과 창의적 체험활동의 강조 등으로 이제는 우리의 학교 현장에서도 다양한 형태의 프로젝트 수업이 실천되고 있다. 프로젝트 수업에 대한 이런 높은 관심과 적극적인 시도는 물론 긍정적으로 평가할 수 있다. 그러나 이러한 시도들이 프로젝트 학습의 장점을 제대로 살려낼 수 있는 방식인지에 대해서는 비판적으로 살펴볼 필요가 있다.

국내의 프로젝트 학습 현황을 이해하기 위해서는 국내에 프로젝트 수업이 도입되고 활성화되기 시작한 배경을 살펴보는 것이 필요하다.

프로젝트 학습의 기원에 대해서는 여러 가지 주장이 있지만 현대적 의미의 프로젝트 학습은 존 듀이(John Dewey)의 실험학교로부터 출발하고 있다는 것이 공통된 의견이다. 듀이는 시카고 대학의 실험학교에서 아동의 흥미를 바탕으로 하는 프로젝트를 수행하는 과정에서 삶과 연결된 지식을 습득할 수 있도록 시도하였다. 이것이 현대적 의미의 잘 짜여진 교육활동으로서의 프로젝트의 출발이라고 볼 수 있다.

프로젝트 학습이 미국에서 대중화된 것은 킬패트릭(William H. Kilpatrick)과 듀이가 프로젝트 수업의 효용성을 옹호하면서부터이다. 이후 프로젝트 학습은 지속적으로 확산되어 1960년대에 절정에 도달했으나, 이후 1980년에 이르기까지는 일부 교과에서 수업 방법의 하나로 사용되는 경우를 제외하면 미국의 교육 문헌에서는 거의 자취를 감추었다(Tanner & Tanner, 1980). 그 이유는 진보주의 교육의 쇠퇴 영향도 있었지만 프로젝트 학습이 교과와의 연결성을 잃고 아동 중심주의로 흘렀기 때문이다.

오히려 영국과 독일을 비롯한 유럽의 여러 나라에서는 듀이의 교육 이념에 바탕을 둔 진보주의 운동이 도입되면서 프로젝트 학습이 활발해졌지만 이러한 프로젝트 학습의 부침은 눈여겨보아야 할 점이다.

한편 미국에서는 1980년대 후반 카츠(Lilian G. Katz)와 차드(Sylvia C. Chard)가 프로젝트 접근법(project approach)을 제창한 뒤 유아교육과 초등학교에서 프로젝트 학습이 다시 부각되기 시작했고, 1990년대로 접어들면서 더욱 활발하게 전개되었다. 그리고 이것이 우리나라의 프로젝트 학습의 도입에 큰 영향을 미쳤으며 우리나라에 도입된 프로젝트 학습은 이러한 미국의 프로젝트 학습 이론에 기반하고 있다. 우리나라에 현재적 의미의 프로젝트 학습이 도입된 것은 1990년대 이후에 스티븐스(Stephens)의 저서(신옥순, 유혜령 역, 1991)와 차드의 저서(지옥적 역, 1995)가 출간되고, 차드가 한국의 여러 도시에서 워크숍을 통하여 프로젝트 접근법을 소개한 것이 계기가 되었다고 볼 수 있다. 당시는 열린 교육의 확산으로 다양한 수업 방법에 대한 모색이 활성화되어 있던 시기이기도 하다.

이런 배경으로 현재 우리 학교 현장에서는 프로젝트 수업에 대해 대체적으로 긍정적인 인식을 가지고 있으며, 프로젝트 수업이 활발하게 도입되고 있고, 또 도입하고자 하는 의사도 높은 것으로 나타나고 있다.

프로젝트 학습의 도입은 교사 중심으로 이루어지던 교과서와 지식 위주의 교육을 학습자의 흥미와 관심에 기반을 두고 실제 생활과 연결하여 삶과 하나가 되는 교육으로 전환하는 중요한 역할을 하고 있다. 그러나 국내의 프로젝트 학습은 대개 유아교육 중심으로 도입된 프로젝트 접근법을 초등학교교육과정에서 활용하는 경우가 많은데, 이것은 두 가지 문제점을 드러내게 된다.

첫째, 외국에서 도입된 프로젝트 학습은 국내의 교육 여건에 맞지 않은 부분들이 있으며, 이로 인해 학교 현장에서 문제를 드러내게 되었다.

둘째, 정형화된 교육과정이 없는 유아교육의 프로젝트 접근법을 교과수업을 중심으로 교육과정이 이루어지는 초중등학교에서 적용하기에는 어려움이 있으므로, 학교에서 운영되고 있는 프로젝트 수업은 대부분 교과와 연계성이 떨어지는 활동 중심의 학습으로 운영되었다. 따라서 단순한 경험에 그치거나 일회성 행사를 프로젝트 수업으로 억지로 연결시키려는 경향마저 띠게 된다. 물론 이런 활동이나 행사를 통해서도 학생들은 많은 것을 경험하고 배울 수 있다. 그러나 프로젝트 수업은 그 이상의 의미와 장점을 가지고 있다는 점을 이해하지 못하면 프로젝트 수업이 배움의 과정이 아니라 단순히 즐거운 활동이나 행사의 일부로만 인식될 우려가 있다.

프로젝트 수업이 많은 시간을 투여해야 함에도 시도할 가치가 있는 것은 프로젝트 수업을 통해서 다른 수업 방법으로는 얻기 어려운 다양하고 높은 수준의 배움을 획득할 수 있기 때문이다. 그럼에도 현재 대부분의 학교에서 이루어지고 있는 프로젝트 수업은 학생들의 흥미에 기반한 창의적 체험활동과 관련된 것이 대부분이며, 교과와 연계된 프로젝트 수업이라고 제시되는 것들 또한 교과의 내용을 비판적으로 분석하고 심화, 확장하는 단계로 나아가지 못하는 단순한 연결의 수준에 그치고 있다.

이러한 현상은 프로젝트 수업이 시도된 외국의 환경과 우리 학교의 환경이 전혀 다름에도 불구하고 외형적으로 드러난 긍정적인 측면만을 보고 섣부르게 도입한 결과이다. 그리고 학교 현장의 깊이 있는 고민이나 검토 없이 교육부나 교육청에서 일방적인 정책으로 밀어붙인 창의적 체험활동이 교사들에게 프로젝트 수업으로 잘못 인식된 탓이기도 하다. 이것은 최근 교육부에서 강조하고 있는 STEAM 교육의 현실과도 닮아 있다. 융합교육이 실현되기 위해서 갖추어야 할 학교의 교육환경, 교사의 이해와 준비는 무시하고 무리하게 정책을 추진하다 보니 일선에서는 진정한 의미의 융합이 아닌 단순한 교과 간 연결을 STEAM으로 이해하는 현상도 벌어진다.

이처럼 프로젝트 수업의 경우도 현장에서 실천을 위한 충분한 고민과 이해 없이

외국의 사례를 들여오거나 다른 학교의 지도안을 그대로 가져와 형식적으로 진행하는 경우가 많다. 앞에서 언급한 것처럼 프로젝트 수업이 제대로 운영되기 위해서는 교육과정의 설계와 내용적인 측면에서의 체계적인 준비와 진행이 필요하다. 전혀 배경이 다른 교육과정으로부터 몇몇 수업사례만을 가져오는 것으로는 제대로 된 프로젝트 수업의 운영을 기대할 수 없을 뿐만 아니라, 많은 시간을 투여한 것에 비해 성과가 미약해서 오히려 배움의 지체를 가져올 수도 있다.

현재 학교 현장에서 이루어지고 있는 프로젝트 학습의 또 다른 흐름은 ICT를 활용한 프로젝트 수업의 구현이다. 이런 형태의 프로젝트 학습은 정보통신과 교과와의 연계라는 의미로 해석될 수도 있다. 현대 사회에는 정보통신기술의 활용능력이 매우 중요해지고 있으므로 그런 해석도 무리한 것만은 아니다. 하지만 엄밀하게 말하자면 ICT는 프로젝트 수업의 본질적인 내용이라고 보기에는 무리가 따르며, 보조적인 도구의 성격으로 이해해야 할 것이므로 이것을 교과 통합적 프로젝트라고 분류하기는 어렵다. 그리고 ICT를 이용한 프로젝트 수업은 자칫 교사와 학습자가 도구의 활용에만 몰입하는 결과를 초래할 수 있다. 교사도 ICT의 활용을 안내하고 강조하다 보면 학습의 중심이 도구의 이용으로 쏠릴 수 있고, 학습자들은 도구의 활용에 흥미를 보이는 경향이 있으므로 세심한 주의가 필요하다.

프로젝트 수업은 선생님의 기획력으로
완성된다

앞에서 언급한 것과 같이 단순히 프로젝트 수업만을 한다고 해서 프로젝트 수업을 통해서 추구할 수 있는 가치들이 얻어지는 것은 아니다. 수많은 프로젝트 수업이 학교 현장에서 이루어지고 있지만 대부분 프로젝트를 수행하는 것으로 만족하거나 활동 위주의 수업으로 흘러가서 프로젝트 수업이 지향하는 핵심적인 요소인 고차적 사고력과 획득된 지식의 진정한 공유가 이루어지지 못하고 있는 것이 그 반증이다.

또한 프로젝트 수업이 대부분 활동 위주로 이루어지고 학생들의 흥미를 끌 수 있는 일반적인 주제에 머무르다 보니 교과와는 관련이 없는 것처럼 인식되고, 실제 교과와 무관한 창의적 체험활동이나 방과후학교, 동아리 활동 등에서 이루어지는 경향을 보이고 있다. 이러한 경향은 특히 중등과정에서 두드러지는데, 그것은 한 교사가 전 과목을 모두 다루는 초등과정과 달리 교과 간의 벽과 전체 학교교육과정 조정이 필요하다는 어려움 때문으로 보인다. 이러다 보니 교사들은 교과에서의 프로젝트, 특히 통합교과 성격의 프로젝트를 교과시간 내에 시도하는 것을 매우 어렵게 여기고 있다.

한편 한 교사가 대부분의 교과를 다루는 초등과정에서는 상대적으로 교과 내 프로젝트 수업이 수월하고 통합교과적 내용의 프로젝트가 많이 시도될 것 같지만, 초등과정에서도 이러한 프로젝트 수업을 찾아보기는 쉽지 않다. 이것은 제도나 구조적인 문제일 수도 있지만 교사 개개인의 노력과 도전 없이는 교과 내에서 프로젝트 수업을 하는 것이 쉽지 않다는 것을 여실히 보여주는 것이다.

이런 한계와 어려움으로 인해서 앞에서 정의한 진정한 의미의 지식 탐구와 고차적 사고력을 기르기 위한 프로젝트 수업의 특성과 조건에 부합하는 수업을 설계하는 것은 쉬운 일이 아니다. 그래서 처음 프로젝트 수업에 접근하는 교사나 제대로 된 프로젝트 수업을 실시하고자 고민하는 교사들을 위해 프로젝트 수업을 설계하기 위한 가이드라인을 소개하고자 한다.

첫째, 프로젝트 수업의 목적이 무엇인지에 대한 분명한 제시가 필요하다.

프로젝트 수업을 통해서 추구하고자 하는 가치가 무엇인지에 대한 명확한 목표와 방향이 있어야만 프로젝트 수업이 단순한 경험이나 체험으로 그치지 않고 지식의 심화된 탐구로 이어질 수 있다. 프로젝트 수업의 형태나 프로젝트의 규모에 따라서 추구하는 목표는 달라져야 할 것이다. 프로젝트 수업의 성격에 따라서 사고의 확장이 주된 방향이 되기도 하고 보다 세밀하고 정확한 분석적 능력을 길러가는 과정이 될 수도 있기 때문이다.

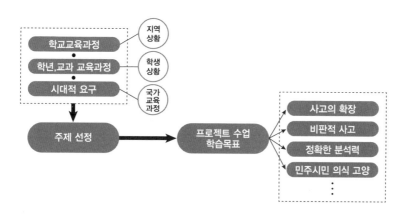

프로젝트 수업의 목적 추출 과정

어떠한 목표나 성격으로 프로젝트 수업을 규정하는가는 프로젝트 수업을 통해서 얻어지는 성취의 수준과 질적 가치를 결정하므로, 명확한 목표를 제시하는 것은 프로젝트 수업의 성공적인 출발의 기준이 된다.

둘째, 학교교육의 목표를 설정하고 이를 실천하기 위한 단위학교의 전체적인 교육과정의 프레임 속에서 프로젝트 수업이 계획되어야 체계적이고 통합적인 구조에서 프로젝트 수업이 이루어질 수 있다.

이를 위해 국가 수준의 교육과정과 시도 교육과정에 대한 분석을 통해서 단위학교의 교육목표를 설정하고, 이를 실천하기 위한 학교교육과정 프레임을 설계할 필요성이 있음을 이해해야 한다. 이것은 단위학교교육과정에 대한 전 학년, 전 교과에 대한 구성원 전체의 공동논의구조가 필요함을 의미한다. 교육과정에 대한 구성원 전체의 논의구조는 새로운 것이 아니다. 이미 각 학교에 구성되어 있는 "교육과정협의회"를 정상적으로 운영해야 한다는 것을 인식해야 한다. 개정교육과정의 취지가 단위학교 교육과정을 강조하면서 교육과정에서 단위학교와 교사 수준의 자율권을 폭넓게 보장하는 것임을 이해한다면 단위학교에서 교육과정을 새로운 차원에서 검토하고 계획하는 과정이 있어야 한다. 단위학교의 교육과정 프레임은 단순히 시수의 배분을 의미하는 것이 아니라 전반적인 학사 운영에 대한 방향과 이를 반영한 시수 배분, 수업 운영 방법 등을 결정하는 것을 의미한다.

초등학교의 경우 학년별, 교사별로 교과목 전체를 가르치고, 창의적 체험활동도 담임교사가 자율적으로 운영하는 것이 가능하므로 전체 학교 시간 운영에 대한 기준 정도만 설정하는 것으로도 프로젝트 수업에 제약을 받지 않을 수 있다. 그러나 중등 과정에서는 교과별, 학년 간 수업 운영에 대한 협의와 창의적 체험활동 시간이나 방과후 수업 또는 동아리 활동에 대한 협의 및 조정이 이루어져야 교육과정 운영에 문제가 생기지 않는다.

학교 전체가 창의적 체험활동을 어떻게 학교교육목표를 달성하기 위한 방향으로 운영할 것인지 논의해야 하며, 프로젝트 수업을 위한 수업시간의 탄력적 운영 방안이나 교과 통합을 위한 교과 간 교육내용요소 조정 등 심도 있고 높은 수준에서의 교육과정에 대한 협의가 필요하다.

셋째, 프로젝트 수업에 적합한 주제를 추출하는 방법과 근거(기준)가 명확해야 한다.

프로젝트 수업은 단순히 학습자가 주도적으로 탐구하고 협력해서 과제를 수행해 나가는 것에 의미가 있는 것이 아니다. 이런 인식으로 프로젝트 수업을 할 경우 프로젝트 수업이 활동 위주로 흘러서, 본연의 장점인 깊이 있는 지식의 탐구와 이해가 어려워진다. 프로젝트 수업이 성공을 거두려면 프로젝트 수업에서 지향하는 지식의 종류와 추구하는 가치에 적합한 주제를 잘 선정해야 한다. 주제는 교육과정에서 목표로 하는 내용요소를 포함하면서 성취기준을 잘 달성할 수 있는 것이어야 한다. 이를 위해서 교육과정의 내용요소와 성취기준을 분석해서 관련 있는 내용요소나 성취기준을 묶어내고 이들을 포괄할 수 있는 주제를 선정해야 한다. 이 주제는 단일 교과나 여러 교과의 소단원, 또는 이들을 묶어낸 몇 개의 소단원의 묶음일 수도 있고, 중단원 이상 큰 범위의 묶음, 또는 학교교육목표를 달성하기 위한 큰 주제일 수도 있다.

넷째, 프로젝트 수업 분량(시수)에 따른 계획이 필요하다.

프로젝트 수업을 하는 데 있어서 가장 큰 제약 중의 하나는 시수 확보의 문제이다. 프로젝트 수업은 학생이 주도적으로 수행해야 하므로 학생을 믿고 기다려주는 것이 무엇보다 중요하다. 충분한 시간을 가지고 학습자가 주제를 이해하고, 방향을 설정하고, 기획하며 탐구하고, 결과를 정리하는 단계까지 많은 절차와 과정이 필요하다. 따라서 제대로 된 프로젝트 수업을 하기 위해서는 많은 시간이 필요하게 된다. 이런 제약으로 인해 프로젝트 수업을 설계할 때에는 적은 시간에 할 수 있는 낮은 단계의 프로젝트부터 장기간 수행하는(이 경우는 창의적 체험활동이나 학생 스스로의 과제를 통해서 진행하는 경우가 많을 것이다) 심화단계의 프로젝트까지, 프로젝트의 성격을 잘 규정하고 적당한 시수를 확보해야 내실 있는 결과를 얻을 수 있다.

다섯째, 프로젝트 수업의 유형(교과 내, 창의적 체험활동, 방과후학교, 동아리 등)에 따라 프로젝트 수업 기획이 달라져야 한다.

앞에서 언급한 여러 가지 프로젝트의 유형에 따라서 프로젝트 수업을 어떤 형태로 진행할 것인지가 결정된다. 즉, 장기적으로 진행할 프로젝트는 창의적 체험활동이나 방과후학교, 동아리를 통해서 진행해야 할 것이다. 그리고 통합교과 성격의 프로젝트도 교과 내에서 수행하기 힘든 경우 창의적 체험활동 시간을 활용할 수 있도록 사전에 기획하는 것이 필요하다. 프로젝트 수업의 유형은 어떤 방식의 수업이냐가 중요한 것이 아니라 어떤 성격의 프로젝트인지에 따라 수업의 방식을 다양하게 운용하는 것이 필요하다.

교사의 역할

프로젝트 수업에서 교사의 역할은 전달 위주의 일방향 수업보다 더 중요하며, 많은 노력이 요구된다. 학습자가 주도적으로 학습을 하기 때문에 교사의 역할이 상대적으로 줄어드는 것처럼 생각되지만, 일방향 수업에서의 교사는 교재에 나오는 지식을 제대로 이해하도록 하는 노력으로 충분한 반면 프로젝트 수업에서 교사는 협력자나 조력자로서 학습자들의 학습활동을 자세히 관찰하고 조언 또는 안내해야 하며 학습활동이 제대로 이루어지도록(프로젝트 수업에서는 압축된 시간에 교육과정상의 많은 내용요소와 성취기준을 동시에 다룰 수 있도록 해야 한다) 복합적인 상황분석이 필요한 과제를 부여해야 한다.

또한 성공적인 프로젝트 수업을 위해서는 교사와 학생들의 의사소통이 원활하게 이루어져야 한다. 프로젝트 수업의 성공 여부는 교사가 학생의 활동을 정확히 파악하고 각 단계와 활동에 대한 피드백을 어떻게 하느냐에 좌우된다고 할 수 있다. 따라서 프로젝트 수업의 핵심은 교사가 학생들의 활동에 관심을 갖고 관찰하면서 필요한 부분에서 적절한 피드백을 해주고, 그러면서도 학생들의 자기주도적 학습이 일어날 수 있도록 유도하는 데 있다. 교사의 피드백은 조언과 방향 제시의 수준을 넘어서는 안 되며, 정답을 제시하는 것이 아니라 질문을 통하여 스스로 답을 찾아갈 수 있도록 도와주어야 한다. 피드백을 강조하다 보면 자칫 교사가 너무 깊숙이 학습자들의 활동을 침범해 들어가는 오류를 범하게 된다. 학생들의 문제나 고민에 대하여 너무 쉽게 정답을 제시하는 것은 교사에 대한 의존성을 높이고 결과적으로 학생들의 자기주도성을 약화시킨다.

프로젝트 수업 기획에 필요한
네 가지 핵심 전략

[제 1전략] 유형 세 가지 스타일에 주목하라

교과 내 프로젝트 수업을 설계하기 위해서는 교육과정을 분석하고 교육과정 요소 중에서 프로젝트 수업을 위한 주제를 추출해야 한다. 그것이 제대로 프로젝트 수업을 하기 위한 첫걸음이며 이는 교육과정 재구성을 의미한다. 하지만 지금까지 프로젝트 수업에서는 대부분 이런 과정을 중요하지 않게 생각하고 생략해온 것이 사실이다.

다음 페이지의 그림에서는 국가수준 교육과정이 가지고 있는 체계를 도식화하여 이해를 돕도록 하였다. 요즘은 많이 달라졌지만 여전히 대부분의 교사들은 교육과정을 읽지 않는다. 교육과정을 재구성한다는 경우에도 단순히 교과서를 교육과정으로 이해하거나 교사용 지도서를 보는 것만으로 교육과정을 이해했다고 생각하는 경우가 많다. 그러나 교과서나 지도서는 교육과정을 기본으로 누군가가 이를 재해석한 것이다. 다른 사람의 생각에 의존하는 것이 아니라 교사 스스로가 교육과정을 해석하고, 이를 바탕으로 어떤 내용으로 어떤 방법을 통해서 학생들을 가르칠 것인지 결정해야 한다. 이런 과정에서 교과서나 교사용 지도서는 단지 참고자료일 뿐이다. 그것이 전문가로서 교사의 기본적인 역할이다. 그러므로 교과 내 프로젝트 수업을 기획하기 위해서는 교사가 교육과정을 스스로의 눈으로 읽어내고, 정확한 분석을 통해서 학교, 학년, 교과단위의 교육과정을 재구성하여 이를 바탕으로 학생들에게 진정한 배움이 일어나도록 하는 수업을 설계하고자 노력해야 한다.

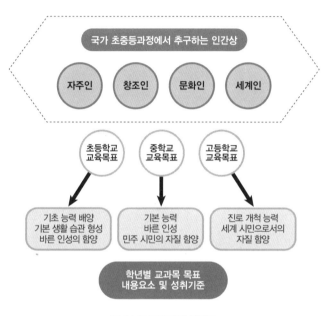

국가수준 교육과정 체계도

주제 추출의 기준과 유형

주제 추출을 위한 교육과정 재구성은 국가 수준의 교육과정이 추구하는 인간상을 실현하기 위한 단위학교의 교육목표 설정, 그리고 이 목표를 실현하기 위한 각 학년 또는 교과별 주제와 그 주제에 포함되는 소주제를 묶어내는 작업이다. 다음 그림은 프로젝트 수업의 주제 추출을 위한 교육과정 재구성의 개념도이다.

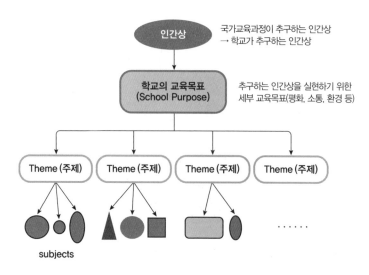

주제 추출을 위한 교육과정 재구성 개념도

이러한 주제 추출의 내용과 범위에 따라 프로젝트 학습을 유형별로 크게 세 가지로 구분하고, 지식의 계열성과 학습의 형태에 따라서 구체적으로 세분하였다. 이렇게 구분하는 이유는 프로젝트가 담아내고자 하는 내용의 범위나 계열성에 따라서 학습의 범위나 시수가 달라지고 교과 간의 연계가 필요한 경우에서부터 단일 교과 내에서 실천이 가능한 경우, 그리고 전체 학교의 범위에서, 또는 학년 전 기간에 걸쳐서 수행해야 하는 유형도 있기 때문이다. 프로젝트 수업은 학습자가 스스로 지식을 탐구하고, 이를 재해석하고 자신만의 방법으로 표현하는 과정이 전제되어 있으므로 배움을 일으키기 위한 형식적인 틀을 제대로 갖추고 있다고 할 수 있다. 그렇지만 어떤 유형의 지식을 어떤 방법으로 접근하느냐에 따라 배움의 내용은 전혀 달라진다. 이런 의미에서 프로젝트 학습의 유형을 프로젝트 수업에서 다루는 지식의 유형에 따라 분류할 필요가 있다.

이런 목적으로 프로젝트 수업의 유형을 선정된 주제의 범위와 규모에 따라서 소주제(subject) 유형, 대주제(theme) 유형, 교육목표(Purpose) 유형으로 나누었다. 그리고 이를 다시 프로젝트에서 다루는 지식의 질적인 측면으로 재구분하여 다음의 표와 그림에서 제시하는 형태로 유형화하였다.

프로젝트의 유형을 규모와 내용의 범위에 따라서 purpose, theme, subject형으로 나누고, 프로젝트에서 다루게 되는 지식을 사실확인 및 실험형, 탐구형, 사고확장형으로 구분한 것이다.

	사실확인 및 실험형	탐구형	사고확장형
purpose형	제한적으로 다루어져야 함. 사전학습에서 다루도록 할 수 있음	프로젝트의 중심이 되는 지식	purpose형 프로젝트의 핵심적 목표
theme형	기초가 되는 지식. 사전학습으로 다루도록 할 수 있음	수업의 목표가 되는 지식. 핵심적 지식	중요한 지식의 요소
subject형	subject형의 중심이 되는 일반적인 지식의 유형	일부 포함될 수 있는 지식	가능할 수 있음

사실로서의 지식이나 실험을 통해서 알아내게 되는 지식은 깊은 탐구나 사고의 확장으로 이어지지 않더라도 꼭 알아야 할 앎(knowing)으로서 중요한 지식의 유형이다. 이런 유형의 지식은 subject형의 프로젝트 수업에서 주로 다루게 되는 지식이다. 그러나 이것은 절대적인 구분을 의미하는 것은 아니다. subject형 프로젝트에서도 탐구적인 지식이나 사고 확장으로 발전할 수 있지만 그것이 주된 지식을 구성하거나 subject형 프로젝트의 일반적인 특성이 되지는 못한다.

다음으로, 심화탐구를 통해 파악하는 지식은 더 많은 자료의 조사와 시간이 소요되는 프로젝트를 통해서 얻어지게 된다. 심화탐구형 지식은 다양한 지식의 통합적 사고를 통해서 접근해나갈 수 있는 학습자 스스로의 이해(understanding)가 필요한 지식이므로 프로젝트에서 다루는 내용의 범위가 theme형 수준 이상이어야 한다. 물론 매우 구체적인 지식에 대해서도 심화해서 파악해나갈 수 있지만 여기에서 말하고자 하는 심화탐구형 지식은 다양한 요소를 통합적으로 사고하는 가운데 파악해나가는 유형의 지식을 의미한다. 이런 심화탐구형 지식은 theme형 프로젝트와 purpose형 프로젝트에서 주로 다루게 되는 지식이다. purpose형 프로젝트에서 추구하는 지식은 주로 심화탐구형이나 사고확장형 지식이어야 한다는 것을 의미한다. 이런 과정에서 사실확인형이나 실험형 지식은 자연스럽게 기반지식으로 다루어지게 된다. 사고확장형 지식은 여러 가지 정보와 지식을 통합해서 새로운 아이디어를 만들어내는 창의적인 (Creative) 지식을 의미한다.

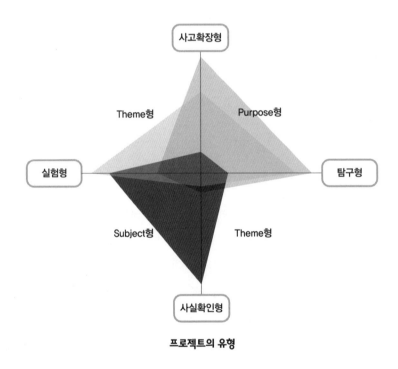

프로젝트의 유형

위의 그림은 프로젝트의 외형적 유형과 지식의 질에 따른 유형과의 관계를 도식적으로 표현한 것이다. subject형 프로젝트에서는 사실확인, 실험형 지식을 주로 학습하게 되고, theme형과 purpose형은 심화탐구 및 사고확장형의 지식을 주된 학습의 목표로 설정해야 함을 나타내고 있다.

이 책에서 제안하는 프로젝트 유형 구분은 프로젝트 수업 기획과 교육과정의 구성에서, 지식의 유형은 프로젝트 수업 방법과 내용의 선택을 위한 기준이 될 수 있다. 그러나 이것은 하나의 제안이고 편의상의 구분이지 모든 프로젝트를 이 유형에 포함시키거나 정형화할 필요는 없다. 프로젝트 수업을 설계할 때 이러한 기준을 염두에 두고 참고하면 수업을 설계하는 단계에서 놓치기 쉬운 프로젝트 수업의 목적을 철학적으로 깊이 있게 고민할 수 있을 뿐만 아니라 프로젝트 수업을 제대로 운영하기 위해서 필수적으로 고려할 조건이나 필요한 절차들을 놓치지 않고 체계적으로 접근할 수 있을 것이다. 이는 프로젝트 수업의 유형에 따라서 지식의 범위를 어느 정도 제한하는 것이 한정된 시간의 범위에서 효율적이고 완성도 있는 프로젝트의 수행을 보장할 수 있기 때문이다. 또한 계열을 명확히 해야 하는 것은 학습자들이 상급 학년이나 상급 학교로 성장해가는 과정에서 배움이 일정한 연계성을 가지고 발전할 수 있도록 하기 위한 것이라고 할 수 있다.

프로젝트 수업의 범위와 계열의 정의는 수업이 지향하는 내용의 범위와 지식 탐구의 방법을 제시하지만 학습자 개개인의 특성과 능력에 따라서 개별 맞춤형 수업이 이루어지도록 하는 기준으로도 활용할 수 있다. 즉, 경우에 따라서 이해도가 빠르고 사고의 수준이 높은 학생의 경우 선행학습이 되지 않도록 하면서 흥미를 잃지 않도록 하려면 주제가 포괄하는 내용의 범위 내에서 지식 탐구의 방법에서 깊이 있는 심화학습이 이루어질 수 있도록 유도해야 한다.

[제 2전략] 기획 **기획의 절차에 집중하라**

앞에서 살펴본 프로젝트 수업의 특성과 조건에 대한 검토를 바탕으로 프로젝트 수업을 설계하는 절차를 정리하면 다음 그림과 같이 5단계로 나눌 수 있을 것이다.

먼저 교육과정에 대한 전체적인 검토가 이루어지고 나면 단위학교 수준에서 학

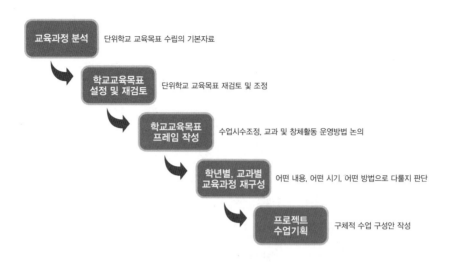

| 교육과정 분석 | 단위학교 교육목표 수립의 기본자료 |

프로젝트 수업 설계의 절차

교교육목표를 재검토하고 조정할 필요가 있다. 그 다음 세 번째 단계로 학교교육과정 프레임 작성을 위한 구성원 전체의 협의를 통해서 프로젝트 수업을 체계적으로 수행하기 위한 교과수업과 창의적 체험활동의 연계, 교과 간 내용 통합을 위한 학교 전체의 교육과정 조정 등이 이루어져야 한다. 이렇게 학교 전체의 교육과정 운영의 틀이 결정되면 구체적인 학년별, 교과별 교육과정의 재구성이 이루어지게 된다. 이를 통해서 프로젝트 수업으로 다루게 될 교과의 내용이 결정되고, 이렇게 결정된 프로젝트 수업의 실행 계획을 수립하는 수업 기획이 프로젝트 수업 설계의 마지막 단계가 된다. 프로젝트 수업을 프로젝트답게 만드는 결정적인 단계이기도 하다.

교사는 프로젝트 수업의 기획을 위해서 "프로젝트 수업의 모습은 어떠해야 할까?"를 상상해야 한다. 프로젝트 수업에서 교사는 얼마만큼 개입해야 하며 학생들의 역할은 어디까지인지, 주제의 선정과 프로젝트 수행을 위한 기획에서 교사와 학생은 어떻게 협력하고 얼마만큼의 책임을 요구할 것인지, 학생들의 수준과 능력에 따른 적절한 수준의 조절과 내용을 어떻게 제한할 것인지를 결정하는 것은 교사의 몫이다.

수업의 기획에서 고려해야 할 또 다른 요소에는 수업시간의 배분, 수업의 구성, 자원의 활용 및 지식의 공유 등이 있다. 프로젝트 수업의 문제와 한계는 많은 시간이 필요하다는 것이다. 따라서 수업시간의 배분은 프로젝트 수업을 기획하는 단계에서 매우 중요한 고려 요소가 된다. 기본적으로 프로젝트 수업에서는 기초적인 설명, 주제의 선정, 프로젝트 수행을 위한 모둠별 토론과 기획 및 역할 분담, 본격적인 프로젝트 수행, 그리고 결과의 공유 등과 같이 기본적으로 일정한 물리적 시간이 필요하다. 이런 이유로 프로젝트 수업은 일반 강의식 수업에 비해서 많은 시간이 소요되고 그 시간 동안 학생들의 주도적이고 자발적인 역할이 중요하며, 또 필요하다. 이렇게 교사의 적절한 조절이 이루어진다고 하더라도 프로젝트 수업을 한 학기의 정규시간 내에 여러 차례 진행하는 것은 어려울 수 있다. 지나친 욕심을 부리지 않는 자제력도 교사에게 필요한 덕목이다.

또한 프로젝트 학습은 모둠으로 작업을 해야 하는 성격이 강하다. 개인적 차이에 따른 개별 심화학습에 적합하다는 특성을 살려야 하지만 프로젝트 학습은 역할 분담을 통해서 공동작업을 해야 효율적으로 목표를 달성할 수 있다.

프로젝트 수업의 성패를 좌우하는 중요한 요소의 하나는 평가이다. 프로젝트 수업의 여러 가지 특성이 배움에 긍정적이라 하더라도 평가가 이것을 반영하는 상태로 이루어지지 않으면 학습의 효과는 급격히 떨어진다.

그리고 앞에서 언급한 것처럼 프로젝트 수업에서 요구되는 학생들의 역량은 순식간에 갖추어지기 힘들다. 이런 역량을 모두 갖추는 것만으로도 충분히 학습적 의미를 가진다는 생각으로 교사의 여유 있는 접근이 필요하다.

이런 조건들을 잘 고려할 때 프로젝트 수업의 기획이 성공적으로 이루어질 수 있다.

프로젝트 수업 기획

프로젝트 수업 기획은 주제 및 학습목표, 선택된 주제가 다루게 될 내용이 포함된 교과 및 그 내용, 프로젝트 수업을 위해서 사용할 텍스트, 차시별 수업구성안, 그리고 프로젝트 결과의 표현과 평가방법을 결정하는 것이다.

이 과정에서는 프로젝트의 주제를 선정하고 기획하는 교사의 의도가 그대로 드러나게 되며 교사의 고민의 깊이와 수준에 따라서 프로젝트 수업의 질과 수준이 결정된다. 따라서 교사들은 바로 이 단계에 많은 노력과 시간을 쏟고 집중해야 한다. 그러나 한편으로는 이전 단계, 즉 교육과정의 분석과 학교교육과정 프레임의 작성, 그리고 교육과정 재구성이 제대로 될 경우 이 단계는 매우 수월하고 체계적으로 이루어질 수 있다. 반면에 앞의 단계를 소홀히 하거나 무시하고 바로 프로젝트 수업의 기획으로 접근하면 이 단계에서 여러 번의 시행착오를 겪거나 수업을 설계하여도 애초에 기획한 의도대로 잘 진행되지 않으며, 프로젝트 수업에서 기대만큼의 성과를 달성하지 못한다. 따라서 교사의 창의력과 다양한 시도가 중요하지만 이전 단계의 체계적인 접근이 있어야만 이 단계에서의 교사의 노력이 빛을 발하게 된다.

1) 주제 및 학습목표 제시

프로젝트 학습에서의 핵심은 어떤 문제를 제기하느냐 하는 것보다는 어떤 주제를 중심으로 지식을 형성해나갈 것인가를 고민하는 것이다. 이 주제가 실제적인 상황과 연결되는 내용을 담고 있기도 하지만 이론적으로 깊이 있게 탐구, 심화해가는 내용이 되어야 한다.

또, 학생이 학습의 중심이 되어야 하고 교사는 조언자와 안내자의 역할에 충실해야 하지만 프로젝트 학습에서는 주제의 선정에서 학생의 역할과 교사의 역할의 범위를 어떻게 정하는가가 기본적인 철학의 문제로 논의되고 있다. 이것은 두 가지 관점에서 검토되어야 한다.

◎ 학습의 주체, 진정한 학습자 중심 학습이라는 의미
◎ 교육과정의 연계성과 요구조건을 어떻게 충족할 것인가라는 관점

여기에서 교사의 개입 정도 및 역할에 대한 입장의 차이가 분명해지며 이것이 프로젝트 수업의 성격과 학습적 의미를 좌우하게 된다.

먼저 학습자가 주체이며 학습자의 흥미와 자발성에 의해서 진정한 학습이 일어난다는 입장에서는 주제의 선정 과정이 프로젝트 학습의 시작이며, 이것은 누구에 의해서도 제한되지 않아야 하고 교육과정에서 정하고 있는 내용요소에 구속되지 않아야 한다고 주장한다. 이런 관점은 학생이 어떻게 배워나가고 성장해가는지는 알 수 없으므로 어떠한 내용을 어떻게 배우든 학생은 성장하며, 최종적으로 교육과정에서 목표로 하는 인간으로 성장해가므로 주제의 선정은 전적으로 학생의 관심과 흥미에 기초해서 이루어지는 것이 바람직하다는 것이다. 이것은 설령 교사가 해당 교과나 통합교과와 관련하여 주제(theme)를 제시하고 그 범위 내에서 학생들이 세부과제(task)를 정하는 경우, 학생들이 선정한 세부과제가 주제의 범위를 벗어난다 할지라도 허용하고 용인해야 한다는 입장까지 포함하는 것이다. 즉 교사의 역할을 최대한으로 제한하여, 교사는 주제를 제안하지만(유아교육에서는 극단적인 경우 주제조차 제안하지 않는다) 제한하지 않고 학생들이 선정한 주제에 따라서 충실한 탐구가 이루어지도록 조력하는 것을 의미한다. 이런 구조의 프로젝트 수업에서는 수업 기획의 추상성이 더 강해지며 교사는 창의적이고 유연한 자세가 필요하다. 반면에 학생들의 주체적이고 중심적인 역할이 강조되어 책무성이 높아지므로, 학습자 스스로 주제 선정에 대해서 고민하고 수업을 진행하는 과정에서도 주체적으로 임해야 성과를 높일 수 있다.

다음으로 학생의 주체성을 인정하면서도 계획된 교육내용이나 수업의 방향이 일정한 틀로서 제공되어야 한다는 주장이 있다. 이는 지금까지의 프로젝트 수업이 주로 창의적 체험활동이나 방과후학교, 동아리 활동 등의 비교과적인 성격으로 운영되어 온 것에 대한 반성으로부터 시작된다. 이런 형태의 프로젝트 수업은 교육과정과의 밀접한 연계성과 교육과정요소가 추구하는 목표를 달성하기 위한 유목적적인 수업 설계가 필요하다. 이런 구조의 프로젝트 수업에서 교사의 역할은 전자와 달리 적극적으로 주제를 선정하고 제안하며 이 주제에 따른 세부과제에 엄격하게 개입하여 학생들이 선택하는 세부과제가 교사가 설정한 교육과정요소에 따른 주제의 범위를 벗어나지 않도록 설득하고 유도한다. 또한, 프로젝트 진행과정에서도 가급적이면 교사의 기획의도에 맞도록(이것은 수업을 통해 전체 학생들이 공유해야 할 학습요소의 누락을 막기 위해서, 또 평가의 계획과 일관성을 위해서 중요하다) 지도해야 한다는 입장이다.

다시 말해서 교사는 사전에 프로젝트가 학생의 흥미를 유발할 수 있도록 주제를 선정하고, 학생들이 주체적으로 지식을 탐구해갈 수 있도록 수업의 진행을 기획해야 한다. 따라서 수업의 성패를 대부분 교사의 사전 기획능력에 의존해야 하는 만큼 교사의 역량에 좌우되고 학생들의 자발성을 저해할 수 있다는 단점이 있지만, 그만큼 수업이 혼란을 겪거나 애초의 목표와 다른 방향으로 흘러가는 것을 최소화할 수 있으며 교육과정과의 연계를 통해서 명확한 교육목표의 달성이 가능하다는 장점도 있다.

프로젝트 수업에서 주제에 대한 개념을 정확하게 이해하지 못하여 주제 선정의 방법에 대해 오해를 낳는 경우도 있다. 여기에서 가장 중요한 것은 주제(Theme)와 세부과제(Topic)의 차이를 이해하는 것이다. 토픽(Topic)이 연구하고자 하는 구체적인 사실이라면 주제(Theme)는 토픽이 전제되고 있는 추상적인 아이디어로서 사물들을 연결하는 포괄적이고 일반적인 개념을 의미한다. 프로젝트 수업에서 어떤 주제를 선정하여 탐구할 때 그 토픽은 주제를 벗어나서는 안 될 것이다.

따라서 주제의 선정은 교육과정에 의해서 이미 결정된다고 하는 것이 정확한 표현일 것이다. 즉, 교육과정 안에서 교사가 특정한 주제를 프로젝트 수업의 주제로 선정하면 학습자는 그 주제의 범위를 벗어나지 않는 틀 내에서 세부과제를 선택하고 탐구해야 한다.

2) 관련 교과 및 내용 제시

프로젝트 수업을 위한 교육과정 및 내용요소 분석은 몇 가지 이유에서 매우 중요하고 핵심적인 절차이다. 프로젝트 수업을 진행하기 위해서는 시간이 많이 필요하므로 교육과정 재구성을 통하여 프로젝트 활동을 할 수 있는 충분한 시간을 미리 확보해야 한다. 프로젝트 수업을 진행하는 데 필요한 시간은 최소한 4~5차시 이상이다. 선정된 주제와 관련된 교과 및 필수적인 내용요소를 파악하고 교육과정 재구성 작업을 통하여 과감하게 기존 교육내용을 줄이고 단원별 핵심 질문을 중심으로 요약하여 수업할 수 있어야 한다. 그렇게 하지 않으면 진도 문제로 프로젝트 수업에 많은 차질을 빚게 될 것이다. 제대로 된 프로젝트 수업을 위해서 반드시 교육과정 재구성이 필요한 이유이다. 물론 프로젝트 수업에서 자료조사나 탐구 과정을 학습자가 스스로 진행하는 과제의 형태로 제시하여 수업시간의 부담을 줄이는 경우도 있다. 하지만 이러한 학습 방법은 학습자들이 충분히 프로젝트 수업을 경험하고 훈련되어 있지 않으면 제대로 효과를 얻기 힘들다.

3) 학습 방법

프로젝트 수업이란 교사에 의해 주어진 학습목표에 따라 학습 단원 내용을 수동적으로 학습하는 형태가 아니라 학습자 스스로가 문제의식을 가지고 주제를 선정하는 단계에부터 조사나 연구, 발표 및 평가에 이르기까지 학습의 전 과정에 걸쳐 참여하는 학습 방법이다. 일반적인 강의식 수업과 같이 객관론적인 인식론에 근거하여 교사가 주도하는 수업이 아니라 주관론적 인식론에 근거하여 학생의 자율성을 강조하는 자기주도적 학습 형태이면서 이를 객관적인 인식으로 이끌어가기 위한 상호협력적 과정을 중시하는 수업 방법임을 인지한 상태에서 학습 방법의 다양화를 꾀해야 한다.

4) 표현과 평가방안

표현이란 자신의 생각을 실체화하는 과정, 즉 구체적인 결과로 만들어가는 과정이므로 아이디어를 실현하는 것으로 정의할 수 있다. 이런 훈련을 통해서 머릿속에만 존재하는 고유한 생각을 구체화하는 경험을 하게 되며, 이는 창의성을 기르는 중요한 방법이다. 이런 과정을 통해서 학습자들은 자신의 생각을 자신 있게 표현하게 되고,

독립적이고 창의적인 인간으로 성장해간다.

또 프로젝트 학습은 특정한 주제, 또는 다양한 주제에 대해서 각 팀의 학습결과를 표현하고, 이를 공유함으로써 서로 배우고, 자신의 생각을 객관화하고 발전시킬 수 있는 기회를 가지게 된다. 따라서 각 팀의 학습결과를 공유하는 과정은 절대 소홀히 취급되거나 형식적으로 이루어져서는 안 된다. 이 과정을 통해서 학습자와 교사가 자신의 생각을 정리하고 확장할 수 있어야 제대로 된 프로젝트 학습이 이루어졌다고 할 수 있다. 앞에서 언급한 것처럼 학습자들이 서로의 탐구를 공유하는 과정은 자신만의 생각에 갇히지 않고 객관적인 사고를 갖추어가는 과정이며, 동시에 혼자서는 할 수 없는 다양한 지식을 파악할 수 있는 기회이다. 또한, 각자 자신이 맡은 역할을 소홀히 할 수 없는 책임감과 타인과의 협력과 소통의 중요성을 배우는 계기를 제공하기도 한다.

프로젝트 수업의 교육목표 달성은 내용을 얼마나 알게 되느냐가 아니라 탐구하는 방법을 제대로 이해하고 있는가의 여부로 판단되어야 한다. 이렇게 교육목표가 프로젝트 수업이 지향해야 하는 바를 정확히 제시해야 평가에서도 구체적인 내용을 묻는 것이 아니라 핵심적인 지식의 탐구과정을 확인하는 과정 중심의 평가가 된다. 그러나 이것이 수행평가만을 의미하는 것은 아니며 지필고사를 통한 평가에서도 구체적인 사실을 확인하거나 서술형 및 논술형 평가에서도 단순한 지식의 나열을 요구하는 문제를 지양하여 대주제를 중심으로 서로 다른 세부과제를 탐구한 학생들을 공정하게 평가할 수 있게 된다.

특히 과정평가는 단순한 지식의 이해를 중심으로 평가하는 것이 아니라 학습자에 대한 깊은 관심과 조심스러운 관찰을 통해 학습자의 변화 모습과 성취의 과정을 포착하고, 스스로 탐구한 지식을 어떤 방식으로 자신의 재능을 드러내면서 표현해내는지를 기록해야 한다.

이러한 프로젝트 수업의 목적을 잘 달성할 수 있도록 하기 위해서

첫째, 과정평가는 관찰과 표현이라는 항목으로 교사와 학습자가 각각 학습자와 동료를

평가할 수 있도록 하며

둘째, 지필평가는 프로젝트 수업의 특성을 살릴 수 있는 교과 내용의 평가가 되어야 한다.

그러나 유의해야 할 점은 여기에서 제시하는 평가항목 모두를 반영해야 하는 것은 아니라는 점이다. 교사에 따라서 프로젝트 수업이 이루어지는 교과의 특성이나 주제에 따라 일부 항목을 제외하거나 더하는 것이 필요하다.

[제 3전략] 표현 우리의 수업을 세상과 만나게 하라

프로젝트 수업에서 표현은 다양한 형태로 이루어질 수 있다. 이런 표현은 그 형태에 따라서 글쓰기, 발표(PT), 노래와 같은 언어적 표현(verbal expression), 그림, 음악 연주, 무용, 동작 표현과 같은 비언어적 표현(non-verbal expression), 그리고 뮤지컬, 연극 및 UCC와 같은 종합예술적 표현으로 구분할 수 있을 것이다. 학습자에 따라서 각자 보다 익숙하고 강점을 가진 표현방법이 있을 것이다. 따라서 학습자의 특성을 고려하여 여러 가지 표현을 한 수업에서 동시에 활용하는 것이 바람직하다. 획일적으로 모든 학습자가 동일한 방식으로 표현하는 것은 경계할 필요가 있다. 또한 교사는 각 표현 형태가 가지는 특성에 맞추어 산출물의 성격에 가장 적합한 표현방법을 선택할 수 있도록 안내하는 것이 프로젝트 학습의 성과를 높이는 길이다.

언어적 표현

1) 글쓰기

글쓰기는 대부분의 학습자에게 익숙한 형태의 표현방법으로, 자신의 생각을 논리적인 설명의 형태로 전달하거나 감성적인 내용으로 자신의 내면을 표출하는 수단이다. 글쓰기는 자신의 생각을 체계적으로 정리하고 주장을 설득력 있게 전개해나가며 자신의 내면을 글로 드러내는 능력을 기르는 목적으로 활용될 수 있다. 글쓰기에서 시로 표현하는 경우에는 학습자들의 지식과 생각을 은유적으로 압축해서 표현하는 훈련으로 사용할 수 있다.

그 외에도 글쓰기는 다양한 글의 형태로 학습자의 사고를 정리해내는 훈련이 가능하다. 이때 유의할 점은 학습의 내용과 탐구의 형태에 따라서 적절한 글의 종류를 선택하도록 유도해야 한다는 점이다. 글쓰기의 종류로는 보고서, 에세이, 논설문, 기사, 편지글, 연설문, 시, 단편소설, 기록문 등이 있을 수 있다.

2) 프레젠테이션(발표) : 가장 일반적으로 사용하는 방법

일반적으로 프로젝트 학습에서 결과의 표현방식으로 가장 많이 사용하는 형태가 프레젠테이션(PT)이다. 이 방식은 주로 결과에 대한 보고서의 제출과 더불어 사용된다. 프로젝트 수업이 아니더라도 학습자들이 손쉽게 접할 수 있는 발표 방식이므로 많은 교사들이 선호한다. 자신의 학습내용을 효과적으로 전달하기 위한 방법을 모둠 구성원이 함께 고민하고, PT 구성안을 기획하고, 각자 탐구한 내용에 대해서 각자가 직접 작성하도록 하는 것이 바람직한 운영방법이다. 이렇게 하는 경우 특정한 구성원에게만 PT 자료 작성의 역할이 맡겨져서 다른 구성원들은 표현의 과정에서 소외되는 문제를 해결할 수 있다. 또 발표 시에는 다양한 도구(tool)를 사용하여 효과를 높일 수 있으며, 이런 도구의 사용에 대해서도 프로젝트의 일부로 다루거나 다른 수업에서 사전에 학습할 수 있다. 최근 새롭게 대두되고 있는 프레지(prezi)와 같은 다양한 프레젠테이션 도구의 활용을 고민해야 한다. 프레지는 온라인상에서 공동작업이 가능하므로 표현과정에서 협력적 작업을 잘 경험할 수 있다는 장점이 있다. 그 외에도 다양한 PT 도구의 사용이 권장되어야 한다.

3) 전시회 방식

일반적인 발표는 학습자의 집중과 관심을 유지하기 어렵다는 한계를 가지고 있다.

전시회 방식은 이런 일반적인 발표방식과 달리 각각의 모둠이 발표자료를 전시하고 서로 돌아가면서 방문하고 설명을 공유하는 방식이다. 이 방식에서는 모둠원 전체가 각각 자신의 산출물을 만들어서 전시할 수 있다는 장점과 상호간의 질문과 토론이 자유롭다는 장점이 있다.

반면 모둠원이 각자 개별 산출물을 만드는 경우 결과 표현에서 통일성을 잃을 가능성이 높아지고, 각 부스의 방문과 토론이 형식적으로 이루어지면 결과의 공유라는 중요한 과정이 상실될 수 있다.

전시회 방식은 전시물이 그림이나 영상과 같이 비언어적 표현으로 이루어질 수도 있지만 설명이 중심이라는 점에서 편의상 언어적 표현으로 구분하였고, 이를 명확히 언어적 표현과 비언어적 표현으로 구분하는 것은 그다지 의미가 없다.

비언어적 표현

1) 그림

그림은 학습자의 탐구결과를 함축적이면서도 감성적으로 표현할 수 있는 방법이다. 특히 예술적 재능이 있거나 흥미가 있는 학생들에게는 미술적 표현을 적극적으로 권유하는 것이 학습에 관심을 높이고 몰입을 이끌어낼 수 있는 방법이다.

그림으로 학습의 결과를 표현하는 경우에도 협력적 작업이 가능한 방법을 고민해야 한다. 프로젝트의 결과를 디자인으로 표현하기 위해서 아이디어를 창출하고, 콘셉트를 결정하고, 카피를 만들고, 그림으로 표현하는 과정에 모둠 구성원 각각이 역할을 맡아서 참여하도록 하는 방법이 가능할 것이다.

예를 들면 협동화 그리기를 하는 것도 함께 전체적인 그림을 구상하고, 각자의 역할을 나누어서 작업하며 협력적으로 표현을 완성해나가는 방법으로 적극적으로 활용할 수 있을 것이다.

2) 만화/애니메이션

만화는 그림과 비슷한 표현방식이지만 여러 개의 장면으로 연결되며 스토리를 담고 있다는 점에서 차이가 있다. 따라서 만화를 표현방식으로 채택하는 경우는 학습자의 흥미를 기반으로 하는 개별작업도 가능하지만 스토리와 그림을 분리해서 모둠 구성원이 협력작업을 하는 방식을 택하면 표현의 과정에서도 협력을 통한 공동체의식을 기를 수 있을 것이다.

3) 음악

음악은 학습자의 감성과 창의성을 끌어낼 수 있는 좋은 표현수단이다. 뿐만 아니라 합창이나 오케스트라 연주를 통해서 학습자들 간에 공동체의식을 키울 수 있다. 프로젝트 수업에서 표현의 방법으로써 음악은 UCC, 연극, 그리고 뮤지컬 등의 일부로 이용될 수 있지만, 가사 바꾸어 부르기나 합창 등과 같이 음악 자체만을 통한 표현도 가능하다.

종합예술적 표현

1) UCC와 영화

UCC는 학습자들이 흥미를 느끼고 몰입할 수 있는 조건을 갖추고 있다. 뒤에서 언급할 연극이나 뮤지컬과 달리 규모가 크지 않기 때문에 짧은 시간과 모둠 구성원만으로 제작이 가능하다는 장점이 있다.

특히 UCC는 다양한 방법으로 구성원들이 참여할 수 있으므로 협동작업으로 표현이 가능한 방식이다. 아이디어를 만드는 과정에서 협력적 작업이 가능하고 시나리오, 카피, 영상, 음악, 연기 등 모둠 전체가 각자의 역할을 가지고 표현에 참여할 수 있으므로 UCC로 결과를 표현할 때는 이런 점을 제대로 살릴 수 있도록 유도해야 한다. 이와 마찬가지로 영화도 모둠원들의 참여와 협력에 의한 작업이 필요하고 가능한 표현방식이다. 연극이나 뮤지컬처럼 영화도 그 자체를 프로젝트의 목표로 삼을 수도 있다. 그러나 이 경우도 영화의 제작 자체보다는 영화를 이루는 내용과 그것을 구성해 가는 과정에서 더 많은 교육적 내용이 담길 수 있다.

영화 제작에는 긴 시간이 필요하므로 영화를 표현의 방법으로 선정한다면 장기적 프로젝트로서 가능하다는 것을 사전에 이해할 필요가 있다. 프로젝트 초기부터 영화의 제작을 염두에 두고 자료조사나 내용의 탐구과정이 진행되어야 할 것이다.

2) 연극과 뮤지컬

연극과 뮤지컬은 종합적인 예술인만큼 프로젝트 수업에서 시도할 때에도 다양한 많은 교과의 통합 또는 여러 교과학습의 총합으로서 접근할 필요가 있다. 연극과 뮤지컬은 언어, 역사, 사회, 도덕, 미술, 음악, 체육 등 거의 모든 과목과 연결될 수 있으므로 소규모 프로젝트에서 결과의 표현으로 채택하는 것은 바람직하지 않다. 그것은 단순히 연극이나 뮤지컬을 소화하는 것에 지나지 않으며, 종합적 예술로서 학습의 결과가 총합되는 결정체로서의 연극이나 뮤지컬과는 구분되어야 한다. 소규모의 역할극과는 다른 차원에서 접근해야 한다는 것이다.

흔히 학교에서 쉽게 채택할 수 있는 표현 형식이 연극이나 뮤지컬이다. 물론 그 자체로도 무의미하다고 할 수는 없지만 연극이나 뮤지컬이 내포하고 있는 통합적이고 총체적인 완성체로서의 성격을 고려한다면 학습자가 그 의미를 제대로 이해할 수 있도록 기획하고 준비하는 것이 올바른 접근법이라고 할 수 있다.

미국의 버지니아 웨스트민스터 아카데미에서는 최고학년인 7학년과 8학년에서 학년 말에 모든 학생들이 참여하는 프로젝트로 연극과 뮤지컬을 진행하고 있다. 이 학교에서는 거의 모든 과목이 학년 말의 프로젝트에 연결되고 있는데, 특히 최고학년에서 그동안 학습한 내용을 모두 활용하는 종합적 완성의 개념으로 접근하는 것이다. 언어(영어)시간에는 셰익스피어를 읽고 그 작품을 이해하도록 하며 연극과 뮤지컬의 대본을 작성해본다. 체육시간에는 율동이나 몸의 움직임을 주된 활동으로 하고,

음악시간에는 극에 사용할 음악을 만들며, 미술시간에는 자신들의 공연을 홍보하는 포스터를 디자인한다. 그리고 역사시간에는 극의 배경이 되는 시대에 대해서 배우고, 당시의 사회적 문제나 도덕적 관심사를 연결하여 사회과 수업이 이루어진다.

이렇게 연극이나 뮤지컬은 거의 모든 과목과 연결될 수 있으며, 이들 과목의 학습을 총체적으로 이해할 수 있게 한다. 그러므로 연극이나 뮤지컬을 중심으로 구성하는 것도 효과적인 프로젝트 수업의 사례를 만들 수 있으며, 이 경우 교육목표유형(purpose type)의 프로젝트를 목표로 하는 것이 올바른 접근이다.

[제 4전략 평가] 최고의 프로젝트 수업을 완성한다

프로젝트 수업이 성공적으로 진행되려면 평가방안이 잘 뒷받침되어야 한다. 프로젝트 수업에 알맞은 평가방식은 포트폴리오 평가방법일 것이다. 그러나 포트폴리오 평가는 평가방법과 기준을 정하는 어려움과 객관성에 대한 부담으로 현장에서 실천하기 어려운 것이 현실이기도 하다. 따라서 프로젝트 수업 실시 이전에 포트폴리오 평가에 맞는 알맞은 수행평가 루브릭(채점기준표)을 개발하여 공개하고 활용하는 것이 좋다. 이를 통해서 학습자들은 프로젝트 수업이 어떤 목적으로 이루어지고 어떤 점들이 중요한 요소인지를 이해하게 될 것이다. 무엇보다 프로젝트 수업에 따른 정교한 루브릭이 없으면 수업은 산만해지거나 목표를 잃기 쉽다. 이때, 개인적인 책임을 강화하여 개인평가와 모둠평가가 잘 조화될 수 있어야 한다. 평가척도를 교사가 구체화하고 이것을 학습자에게 제시하는 것은 평가에 대한 신뢰성과 객관성을 획득하기 위해서도 필요하지만, 학습자가 앞으로 전개될 프로젝트를 통해서 어떤 학습을 하게 되고 교사가 학습자들에게 어떤 성취를 기대하고 있는지 이해하게 된다는 점에서 매우 중요하다.

그러나 이 척도는 전적으로 교사가 스스로의 수업목표에 따라서 결정하는 것이 바람직하며, 구체적으로 제시하는 것이 교사들에게 참고가 될 수는 있지만 이것이 교사들의 상상력을 제한할 수도 있다는 점은 조심스러운 부분이다.

과정평가는 학습과정에 대한 관찰과 표현의 항목에 대해서 교사의 평가뿐만 아니라 동료평가, 학습자의 자기평가와 자아성찰을 포함하여야 한다.

교사는 학습자 각 개인이 수업과정에서 과제 수행 능력이 얼마나 향상되는지, 학습자가 자신이 지니고 있는 능력수준에 비추어볼 때 얼마나 성실하게 최선을 다했는지 등을 확인할 수 있어야 하는데, 이것은 교사의 관찰이 중요함을 강조하는 것이다. 프로젝트 수업에서 평가는 학습문화의 변화를 목표로 기획되어야 한다. 교사가 학생을 면밀히 관찰하고 학생들이 스스로 동료를 평가하는 방식을 도입해서 학습자가 사고의 발전과정과 과제에 임하는 자세에 대한 관심을 높이고, 학습자가 창의적인 생각과 표현의 중요성에 대해 인식하도록 만들며, 협력적 학습문화가 형성되도록 한다. 다른 학생들과 상호작용하고 협동하여 함께 일할 수 있는 능력이 있는지, 팀의 구성원으로서 효과적으로 기능할 수 있는지, 학습자 개개인의 학습만족도는 어떤지 파악하는 것이 평가의 목적에 포함되어야 하며 학습자들이 스스로 동료를 평가하는 방식을 통해 진정한 의미에서의 협력적 수업이 이루어지도록 할 수 있다.

그러나 이런 논의가 프로젝트 수업에서 지필평가에 대한 중요성이나 필요성을 부정하는 것으로 받아들여지면 곤란하다. 그 이유는 현재 학교 상황에서 중요한 평가의 과정인 중간고사, 기말고사에 프로젝트 수업의 내용이 빠지면 프로젝트 수업의 의미를 낮게 평가할 수 있기 때문이다. 하지만 프로젝트 수업에서의 지필평가는 기존의 중간고사, 기말고사의 일반적인 목적인 학생평가체제(assessment of student)가 아닌, 학습을 돕기 위한 조력 차원의 평가체제(assessment of learning)가 되어야 한다. 즉 학생들을 변별하는 것이 목적이 아니라 학습주제와 관련된 지식이나 사고력에 있어서 학습자 개개인이 얼마나 습득하고 성장했는지에 관심을 두는 성취수준 파악이 목적이 되어야 한다.

이때 지필평가는 서술형이나 논술형으로 실시하고, 프로젝트 수업에서 추구한 교육적 목표가 달성되었는지를 평가하는 수업과 평가의 일관성 유지에 유념해야 한다. 그러므로 지필평가는 사실적 지식을 확인하는 정답을 찾는 선택형 문제가 아니라 열린 답을 요구하는 서술형 평가 및 논술형 평가로 시행하는 것이 바람직하다. 즉, 단순히 암기된 지식을 확인하기 위한 문제가 아니라 지식의 탐구 과정에서 얻어지는 통합적 사고의 성장을 확인하는 문제가 되어야 한다. 또 프로젝트 수업의 내용에 관련된 지필평가도 국가교육과정에서 제시하는 성취수준 도달 여부를 판단하기 위한 것이어야 한다. 교과교육 내에서의 프로젝트 수업은 교육과정의 내용요소와 성취기준을 반영하는 것이 원칙이기 때문이다. 그리고 국가수준 교육과정 역시 단순한 사실의 암기를 목표로 하고 있지는 않으므로, 과정 중심의 평가를 하더라도 교육과정에 충실한 평가가 될 것이다. 그러므로 서술형 평가 및 논술형 평가가 프로젝트 수업에 따른 적절한 평가방식이다.

관찰영역 평가

1) 주제 이해하기

주어진 주제와 관련된 문제와 배경지식을 제대로 이해하고 있는지의 여부를 평가한다. 주제와 관련해서 어떤 지식을 파악하고 활용해야 하는지 이해할 수 있어야 한다.

2) 문제 해결 기획

주제와 관련된 지식과 문제에 대한 이해를 기반으로 어떻게 문제를 해결할 것인지, 어떤 지식을 탐구할 것인지, 적절한 계획을 수립하였는지 평가한다.

3) 조사와 탐구방법의 적절성

프로젝트를 수행하는 과정에서 문제 해결을 위한 계획에 따라 적절한 자료조사와 탐구가 이루어지고 있는가를 평가한다. 적절한 조사와 탐구는 올바른 방향으로의 접근뿐만 아니라 다양하고 풍부한 자원의 활용과 적용을 의미한다.

4) 독창성

독창성은 프로젝트를 해결하기 위해서 접근하는 방법에서 새롭고 다양한 아이디어를 창출하는 능력을 평가하는 것이다. 주제와 문제를 파악하는 독특하고 창의적인 시각과 통찰력, 프로젝트를 수행하기 위해서 선택하는 방법과 결과를 이끌어내고 표현하는 방법에서 자신만의 고유한 아이디어와 창의성을 주의 깊게 관찰하고 발견하는 과정이 되어야 한다.

5) 모둠원의 충실한 역할 수행 및 협력

프로젝트를 한두 사람의 힘만으로 수행할 수 있다면 그 프로젝트는 규모와 내용의 범위에서 설계에 문제가 있는 것이다. 프로젝트는 여러 사람이 함께 해결할 수 있을 정도의 규모와 내용으로 설계되어야 하며 적절한 인원이 참여해서 의미 있는 결과를 만들어가는 데 목적이 있다는 것을 잊지 말아야 한다. 따라서 적절한 규모의 프로젝트가 제시되고 모둠원이 구성되면 모둠원 각각에게 역할이 부여된다. 이런 역할들은 서로 유기적 관계를 가지고 있으므로 각 모둠원들이 충실하게 역할을 수행하고 상호간에 소통과 협력이 잘 이루어질 때 프로젝트 결과의 질이 높아진다. 모둠원의 재능과 흥미에 따라서 적절한 역할을 나누고, 각자가 리더십을 발휘해 자신의 역할을 충실히 수행하며 협력을 통해서 프로젝트를 발전적으로 이끌어내는지를 평가한다.

6) 모둠원 간의 협력과 다른 모둠과의 협력

프로젝트는 모둠원 각자의 역할, 그리고 모둠 내에서 상호간의 소통과 협력에 의해서 성과가 좌우된다. 뿐만 아니라 모둠 사이에도 각 모둠의 아이디어와 경험이 공유되어서 서로 영향을 주고 이를 통해 각 모둠의 과제 수행이 발전적으로 변화할 수 있다. 교사는 프로젝트 과정에서 이러한 소통과 협력이 잘 일어날 수 있도록 유도하고,

이를 통해서 협력하면서 경쟁하는 가치를 배워갈 수 있도록 해야 한다. 프로젝트 학습에서 일반적으로 모둠원 간의 협력과 결과의 공유는 잘 이루어지는 데 비해 전체적인 학급의 협력이나 결과 공유는 쉽지 않아서, 프로젝트 학습의 목적과 괴리가 발생하는 경우가 많다. 그러므로 모둠 간 상호평가를 통해 다른 모둠의 작업을 이해하고 서로 소통하면서 학급 전체의 협력적 작업이 일어나게 하고 결과의 공유를 원활하게 함으로써 학습의 효과를 극대화할 수 있기를 기대한 것이다. 그러나 모둠 간 상호평가가 자칫 결과를 중심으로 이루어지는 등의 문제가 생길 수도 있다.

7) 흥미를 가지고 열중하고 있는지(과제에 임하는 가치, 태도)

과제에 대한 흥미를 가지고 집중하는지에 대해 정의적으로 평가한다. 공동작업에 대한 학습자의 시각, 임하는 태도를 평가하고 이를 서술하여 학습자의 적성 및 진로 결정에 도움이 되도록 한다.

8) 성취욕구를 가지고 도전의식을 발휘하고 있는지의 여부

과제를 해결하고자 하는 의욕과 과제에 몰입하는 끈기, 어려움을 극복하고자 하는 도전의식 등을 평가하는 항목으로, 정의적 평가에 해당되므로 서술식으로 기록한다.

표현영역 평가

1) 결과의 질적 수준

가) 결과는 성취기준을 잘 달성하고 있는가?

교과 내 프로젝트 수업은 수업과정에서 관련되는 내용요소를 잘 포괄하고 있는지가 중요하며 평가의 과정에서는 교육과정에서 제시하는 학습목표의 도달 여부를 나타내는 성취기준을 잘 달성하고 있는지 확인할 수 있어야 한다. 따라서 교사는 학생들이 프로젝트의 결과를 표현할 때 이러한 성취기준을 달성하고 있는지 유심히 살펴보아야 한다.

예를 들어 중학교 사회과의 일반사회영역에서 '문화의 이해와 창조' 파트의 성취기준은 "대중매체와 대중문화의 의미와 특징을 이해하고 사례 분석을 통해 문화와 미디어 간의 상호작용(예: 문화의 전달과 창조)을 인식한다."이다. 이를 만족하기 위해서 표현에서 미디어를 통한 문화의 전달(한류의 예)을 글로 쓰게 한다든지 또는 관련 영상이나 기사를 모아서 UCC나 파워포인트로 표현한다든지 하는 과정에서 문화와 미디어의 상호작용을 제대로 이해하고 있는지 파악해야 한다.

나) 결과는 독창적이고 사고의 발전이 이루어졌는가?

프로젝트 수업의 목적 중 하나는 자기주도적으로 자신만의 사고나 방법으로 문제를 해결하고 지식을 탐구해나가는 것이다. 따라서 그 결과 또한 자신만의 독창적인 아이디어가 있어야 한다. 그리고 무엇보다 중요한 것은 학습자가 프로젝트를 수행하는 과정에서 시작 단계에 비해 사고의 발전이 이루어졌는지를 평가해야 한다.

2) 결과물의 내용 반영의 적절성
가) 관련 교과의 내용이 충분하고 정확하게 반영되고 있는가?

교과 내 프로젝트 수업에서 가장 기본적으로 반영되어야 하는 것은 해당 주제가 포함하고 있는 학습내용 요소이다. 교사는 결과에 내용요소가 충실하게 반영되고 정확하게 표현되고 있는지 자세히 점검해야 한다. 이는 학습자가 교과의 내용을 정확하게 이해하도록 할 뿐만 아니라 프로젝트 수업이 교과의 중요하고 핵심적인 수업형태라는 것을 인식하게 한다.

나) 자원을 충분히 활용하여 결론에 도달하였는가?

프로젝트 학습은 학습자가 스스로 지식을 탐구하는 과정이므로 다루는 주제와 관련한 다양한 자료와 자원을 활용해서 자신이 얻은 결과의 신뢰성을 뒷받침해야 하며 관련지식을 풍부하게 해야 한다. 따라서 교사는 학생들이 결론에 도달하기 위해 조사하고 활용한 자료와 자원의 다양성을 평가해야 한다.

3) 결과물의 완결성

가) 결론은 논리적 전개가 명쾌하고 타당한가?

프로젝트 학습은 관련된 주제를 탐구해나가는 과정이 중요한 만큼 그 과정을 논리적으로 정리해내는 것도 무시할 수 없는 한 부분이다. 교사는 학습자가 도달한 결론을 명확하게 설명할 수 있는지, 결론을 도출하는 과정이 논리적으로 타당한지를 평가한다.

나) 결론을 도출하는 과정이 잘 설명되고 있는가?

이 항목은 앞서 언급한 '결론은 논리적 전개가 명쾌하고 타당한가?'와 유사한 항목이지만 표현에서 결론에 이르는 과정의 중요한 포인트를 명확히 드러낼 수 있는 방법을 택하고 있는지 평가하는 항목이다. 프로젝트 수업은 과정이 중요한데, 이 과정에서 일어나는 많은 의미 있는 일들을 학급 전체가 모두 공유하기는 어렵다. 따라서 결과의 공유과정이 중요하며, 학습자들은 그만큼 결과에 이르는 과정의 핵심적인 내용을 잘 표현해야 한다.

4)결과에 대한 적절한 설명과 표현방법

가) 결과물을 제대로 설명할 수 있는 표현방법을 선택하였는가?

결과를 가장 잘 설명할 수 있는 방법을 찾는 것 또한 학습의 한 과정이다. 주제에 상관없이 학생들이 자신의 의도를 가장 잘 드러낼 수 있는 표현수단은 다양하게 존재한다. 복잡하고 감성적인 결론은 글로 표현하는 것보다 영상이나 그림으로 압축해서 표현하는 것이 더 효과적일 수도 있다. 따라서 동일한 주제를 다루더라도 모둠의 의도에 따라서 다양한 표현방법을 찾도록 유도하고, 그것이 결과를 가장 잘 표현하고 있는지 평가해야 한다.

나) 결과의 표현은 모둠원의 관심과 재능을 잘 드러낼 수 있는 방식인가?

결과의 표현은 다양한 관심과 재능을 가진 학습자의 장점을 드러내는 과정이기도 해야 한다. 따라서 결과의 표현에 모둠원 모두의 다양한 재능이 반영되도록 유도해야 하며 이를 위해서는 모둠원 전체의 참여가 결과에 나타나는지 평가해야 한다.

자기평가를 위한 성찰일지

모둠원 간의 상호평가는 협력적 작업을 촉진하고 모둠원의 역할을 객관적으로 평가할 수 있다. 그러나 자신의 성취과정을 스스로 평가하는 자기평가도 프로젝트에서 중요한 요소이므로 이에 대한 평가방안도 학습목표 달성에 중요하게 작용한다. 자기평가의 방안에는 앞에서 제시한 평가의 틀과 같은 기준을 제시하는 방법과 성찰일지와 같이 비정형적인 형태로 스스로의 학습을 정리해보도록 하는 방법이 있다.

프로젝트 학습은 대상 지식의 확장성, 협력적 작업과 결과 공유의 과정이 학습에 미치는 영향으로 인해 객관적이고 정형화된 평가만으로는 학습의 과정을 제대로 이해하기 어렵다. 이때에 학습자의 성찰과정은 스스로의 학습을 돌아보게 하고 성공적인 과제 수행을 위하여 필요한 자원과 정보들을 정교화하도록 안내하는 것으로 알려져 있다. 많은 연구들에서 성찰이 협력학습이나 탐구학습에 긍정적인 영향을 미친다고 알려져 있다.

(김동호, 2013)

모둠원 간 상호평가 방식과 객관적 항목으로 제시되는 자기평가 방안은 중복되는 경향이 있으므로 성찰일지를 통한 비정형적 자기평가 방안이 바람직할 수 있다. 성찰일지의 작성에 대해서도 개인별로 작성하는 방법과 모둠원이 협력적으로 작성하는 방법의 특징과 장점에 대해서 많은 연구들이 진행되었다. 성찰일지 작성이라는 측면에서는 두 방안 모두 동일하게 긍정적인 측면을 강조하고 있다. 그러나 성찰일지를 협력적으로 작성했을 때에는 학생들의 협력과정이 구체적으로 어떤 방식으로 전개되는지 살펴볼 수 있다. 이렇게 성찰일지의 작성방식에 따라 팀 관련 공유정신모형의 형성 수준과 상호작용 양상이 자세하게 드러날 수 있다는 점에서 성찰일지의 작성은 프로젝트 수업의 중요한 정리과정이다.

어떠한 방식의 성찰일지를 채택할 것인지는 교사가 선택할 몫이다. 개별 학생들의 성찰일지는 프로젝트 수업을 통해서 이루어진 자기학습을 되돌아볼 수 있도록 안내해야 한다. 따라서 서술형으로 작성하는 것이 바람직하며 프로젝트 수업에서 자신의 역할, 자신에게 일어난 배움, 인상적이었던 경험, 동료와의 협력, 교사와의 관계, 그리고 앞으로의 학습에 대한 각오 등으로 자유롭게 서술하도록 해야 한다. 학생들의 성찰일지는 교사가 관찰하지 못한 학생들의 경험과 성장을 발견하게 함으로써 교사가 정확히 수업을 바라볼 수 있도록 하며, 학습자의 성장을 이해하도록 해준다. 무엇보다도 학생들이 스스로의 학습을 되돌아보면서 자신의 성취와 성장을 깨닫고 미래의 학습에서 어떤 자세를 가지는 것이 중요한지를 인지하는 것에 의미가 있다.

서술 및 논술형 평가

프로젝트 수업에서는 일반적으로 과정평가, 정의적 평가만을 적용하려는 경향이 있다. 이것은 프로젝트 학습에 대한 오해에 기인하는 것으로 볼 수 있다. 프로젝트 수업을 교육과정의 일부로 인식하기는 하지만 여전히 교과교육과정의 일환으로 보기보다는 특별한 활동으로 여기거나, 긍정적이지만 교과지식에 대한 학습으로서는 미흡하다고 이해하기 때문이다. 그러나 프로젝트 학습이 그 가치를 충분히 발휘하고 효과적이기 위해서는 과정에서 조건을 제대로 갖추는 것도 필요하지만 평가가 올바른 학습을 견인하도록 하는 것이 중요하다.

　이런 이유로 지필평가에서 프로젝트 학습의 성과를 높이기 위한 요소가 반영되어야 한다. 그러나 지필평가의 문항이 자칫 단순한 지식의 암기나 내용을 확인하는 문제가 되면 오히려 프로젝트 학습에 대한 그릇된 인식을 확산시키는 결과를 가져올 수 있다. 즉 프로젝트 수업에서 추구하는 탐구, 협력, 통합적 사고, 독창성 등의 가치가 실제 학습이나 학력과는 관련이 없다고 오해하게 되어 프로젝트 수업에 대한 열의를 떨어뜨릴 수 있음을 주지해야 한다.

　따라서 중간고사나 기말고사와 같은 정기고사에서 프로젝트 수업을 통해서 배운 내용을 반영하되 단순한 사실 확인이나 암기형 지식이 아닌 탐구적 지식, 통합적 사고를 요구하는 지식을 확인하는 문제를 출제해야 한다. 그리고 이런 지식은 프로젝트 수업의 주제와 관련하여 모든 모둠이 다루는 서로 다른 과제들의 본질적 구조를 이해했는지 확인하는 것이어야 한다.

　마지막으로 여기에서 제시하는 여러 가지 평가방안, 평가항목, 그리고 기준은 일반적인 예시이므로 모두를 반영해야 하는 것은 아니라는 점을 유의해야 한다. 교사에 따라서 프로젝트 수업이 이루어지는 교과의 특성이나 주제에 따라서 평가표 중 일부만을 선택하거나 세부항목의 내용이나 기준을 조정할 수 있다.

2부

초등학교 프로젝트 수업

: 교과서를 넘어 전체를 바라보는 수업(P유형) :

초등학교에서는 한 교사가 전 과목을 다루므로 주제를 선정하고 학습

목표를 설정하며 진행하고 평가하는 것에 있어 중등학교에 비해 훨씬

편리한 조건을 가지고 있다고 볼 수 있다. 그와 동시에 여러 가지 다양한

시각과 과목의 특성을 파악해야 하는 부담감도 지니게 된다. 이러한 상

황을 고려하여 각 학교에 맞는 형태의 프로젝트 수업을 진행해야 할 것

이다. 이러한 생각들을 바탕으로 초등학교에서 할 수 있는 프로젝트 수

업의 예를 제시해보겠다.

1장

〈우리〉 프로젝트 수업

: 초등 6학년 교실에서 만나는 프로젝트 수업 :

주제 선정 및 학습목표

주제를 선정하며 고려되는 학습목표를 '프로젝트 학습목표' 측면과 '교육과정 성취기준 학습목표'의 측면으로 나누어 바라보면 다음과 같은 형태가 나오게 된다.

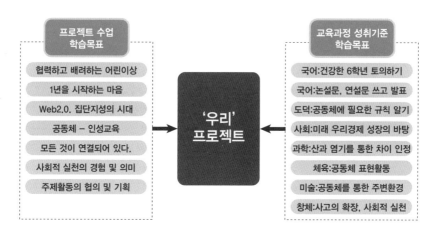

프로젝트 수업이 가진 프로젝트 수업목표와 교육과정 성취기준 목표

○○초등학교는 '모두가 함께 협력하고 배려하는 어린이'를 지향하는 어린이상을 가지고 있다. ○○초등학교 6학년 아이들과 앞으로의 1년을 준비하는 첫 프로젝트로 학교에서 추구하는 인간상에 부합하여 공동체를 지향하는 마음을 기르고자 한다. 여기에 Web 2.0, 집단지성 등 현대의 많은 시대적 화두로 등장하는 소통과 협력의 가치를 반영하려 한다. 이는 학교상황, 학년 교과상황, 시대상황 등이 고려된 프로젝트로 '공동체'라는 인간이 추구해야 하는 인성적 요소와 나뿐만이 아니라 우리와 주변까지 살펴볼 수 있는 시각을 가지게 할 수 있는 주제이다. 이를 통해 모든 것들이 따로따로가 아닌 하나로 묶여 있다는 사고의 확장을 경험할 수 있다. 내가 배운 학습 내용이 더 넓은 세상과 만나 그 의미가 실현될 수 있다는 것을 구체적 활동으로 경험할 수 있으며, 그럼으로써 아이들은 세상의 모든 현상들이 연결되어 있다는 사실을 인지할 수 있다.

프로젝트 수업을 통해 순수한 프로젝트 수업의 목표와 더불어 교육과정상에서 이루어야 할 성취목표가 동시에 달성되어야 할 것이다. 교육과정에서 달성해야 할 성취목표는 다음의 관련 교과에서 확인할 수 있다.

관련 교과

▲ 초등학교 6학년 1학기 교육과정 중 〈우리〉 프로젝트 수업에 맞추어 선정된 부분

교과	관련 단원	성취기준	선정 이유
국어	3. 다양한 설득	학습상황에서 제기되는 문제를 토의를 통해 해결한다.	새로운 1년을 시작하는 마음으로 '공동체'의 마음을 나누고 주장하는 글쓰기. 자신의 주장을 다른 사람에게 연설하기 활동과 연결. 6학년으로서의 사회적 책무성 알기
		논설문의 특성과 주장과 근거의 타당성과 적절성을 평가한다.	
	6. 타당한 근거	문제에 대한 해결방안이 잘 드러나게 연설문 쓰기를 할 수 있다.	
		글에서 문장의 연결 관계를 이해하고 주장에 대한 근거의 연결을 평가할 수 있다.	
도덕	3. 우리 함께 지켜요	법과 규칙을 준수하는 일의 중요성을 알고 이를 실천하는 태도를 기른다.	공동체를 유지하는 데 필요한 정신
사회	2. 우리 경제의 성장과 발전	우리 경제의 특징과 성장과정을 알아보고 성장 중 나타난 여러 가지 문제의 해결방안과 앞으로의 노력 알아보기	시대적 흐름인 Web2.0과 연계
과학	2. 산과 염기	우리 주변의 용액들이 산과 염기로 분류될 수 있다는 것을 이해할 수 있다.	차이와 차별의 구별. 차이를 인정하는 마음
체육	4. 표현활동	주제 표현의 이해 및 수행, 감상활동을 할 수 있다.	공동체에 대한 경험과 체험(실험)
미술	7. 시각문화 환경과 우리	주변의 시각문화 환경의 아름다움을 발견하고 특징을 이해할 수 있다.	협력하고 배려하는 우리들만의 공동체 만들기 경험
실과	4. 생활 속의 전기, 전자	전기, 전자용품의 사용과 관리 간단한 전자회로로 꾸미기	시대적 흐름인 Web2.0과 연계
창체	자율활동	프로젝트 수업 계획 및 반성	사고의 확장 경험
	동아리 활동	공동체 공연 준비 및 발표	사회적 실천 경험
	진로활동	현재의 나 돌아보기	시작하는 마음

관련 교과를 선정하고 프로젝트 수업을 위한 활동을 구안할 때 관련 교과의 성취 기준이 가진 학년별 계열성을 확인하면 관련 활동의 범위와 수준을 정하는 데 도움이 될 수 있다. 사회에서 경제영역의 단원을 추출해놓았는데 5, 6학년군의 사회과 경제 부분 성취기준을 보면 '시장경제 체제의 기본'에 대한 이해가 나오고 있다. 3, 4학년군에서는 '생산과 소비'의 기본에 대한 이해를 배운 상태이다. 중학교 1, 2, 3학년군에서는 '국민경제와 국제경제의 특징'에 대해서 배우게 된다. 이러한 교육과정 성취기준의 계열성을 참고한다면 그 학년군에서 만들어갈 프로젝트 수업의 범위와 수준을 정할 수 있을 것이다.

사회과 경제 부분 학년군별 성취기준 계열도[*]

즉 최소활동기준을 정하는 동시에 최대활동기준도 동시에 고려할 수 있다는 말이다. 물론 프로젝트 수업의 특성상 수업 중 중학교 단계까지 활동이 깊어져서 펼쳐질 여지도 있지만, 제한된 시간에 수행해야 하고 교육과정에서 요구하는 성취수준을 달성하기 위한 프로젝트 수업이라면 어느 정도는 지켜가는 편이 현실의 학교에서 수행하는 프로젝트 수업에 알맞을 것이라고 생각한다.

 ★ 2009 개정교육과정 해설서를 참고하여 공통교육과정상의 학년군별 영역성취기준을 정리한 내용으로 3, 4학년군부터 중학교군까지의 경제영역 내용.

과학 〈산과 염기〉 단원은 학년군 성취기준 계열성을 보았을 때 5, 6학년군에 처음 나오는 개념이므로 학생들에게 어려운 개념으로 다가갈 수 있을 것이다. 교사가 프로젝트 수업을 기획하는 단계에서 관련 교과를 살필 때 관련된 교육내용 요소를 살피는 것과 동시에 학생들이 어려움을 느낄 만한 부분을 살펴보고 고려하는 것은 무척 중요하다. 그러기 위해서는 교육과정을 전체적으로 파악하는 노력도 필요할 것이다.

과학 산과 염기 관련 학년군 성취기준 계열도[★]

★ 2009 개정교육과정 해설서를 참고하여 공통교육과정상의 학년군별 영역성취기준을 정리한 내용으로 5, 6학년 군부터 중학교군까지의 화학영역 내용.

수업 차시별 구성

초등학교에서의 구체적인 수업을 이야기할 때 배움을 중심에 둔 '배움 중심 수업'과 관련된 이야기를 할 필요가 있다. 배움을 중심에 둔 수업은 단순히 학생 중심의 수업이 아니라 교사와 학생이 함께 만나 이루어지는 수업이라고 이야기한다. 그런 의미에서 특히 초등학교에서의 수업은 학생 중심, 또는 교사 중심의 이분법적인 시각이 아닌 두 가지가 적절히 섞여 있는 수업을 추구하는 것이 타당할 것이다. 왜냐하면 프로젝트 수업을 하기 위해서는 기본적으로 여러 가지 능력들이 필요한데, 초등 단계는 이러한 프로젝트 수업을 풍성하게 이끌어나가기 위해 기초가 되는 과정의 단계라 할 수 있을 것이고, 배움이라는 측면에서 강조하는 교사와 학생이 함께 성장하는 모델의 적용이 담임교사제로 운영되는 초등학교 체제와 가장 잘 어울리기 때문이다. 하지만 지금까지의 논의에서는 이러한 초등의 특성이 고려된 프로젝트 수업이라기보다는 학생 중심 수업을 프로젝트 수업의 전부인 양 제시한 경우가 많은 것이 사실이다.

'배움의 공동체'에서도 비슷한 문제 제기를 하고 있다. 『배움으로부터 도주하는 아이들』(사토 마나부, 2003)이라는 책을 보면 "가르치는 것과 배우는 것, 지도와 원조, 교사 중심과 아동 중심의 수업관 모두 이항대립의 개념구도에 속박된 사고의 전형이다. (……) 이항 대립의 개념구도를 극복할 학력의 창조가 요구된다."라는 주장이 서술되어 있다. 또 "배움 중심 수업에서는 기존의 「학습자 중심수업」이 갖는 장점을 수용하되 교사의 역할을 소극적으로 규정하지 않고 학생과 학생, 교사와 학생 간의 협력에 의한 지식의 탐구를 넘어서 새로운 지식을 창조해가는 과정"(길현주 외, 2014)이라는 서술도 있다. 학생과 교사의 관계에서 어느 한쪽으로 치우진 관계가 아닌 양쪽이 적절한 협력관계를 형성하는 것이 배움 중심 수업의 형태이고, 초등학교 프로젝트 수업의 모델이 되어야 할 것이다. 그러므로 그동안의 프로젝트 수업과는 달리 새로운 관점으로 디자인된 수업에 대한 접근이 필요하다. 그리고 그 속에는 프로젝트 수업과 일반적인 수업이 모두 하나로 묶여 있어 큰 배움의 흐름을 형성해나가야 하고, 그 흐름 속에 학습자와 교사가 주인공이 되어 함께 활동하는 것으로 제시되어야 할 것이다. 때론 학습자가 중심이 되고 때론 교사가 중심이 되며, 어떤 경우에는 교사와 학생이 비슷한 위치에서 만들어나가는 모습을 보여주는 모형이 필요하다.

이러한 접근법은 실제 캐츠와 차드가 주장한 '프로젝트 접근법'(김혜민, 2004)의 적용에서의 유의점과 비슷한 모습을 지닌다. 캐츠와 차드가 이야기한 프로젝트 접근법은 교육과정의 대부분을 프로젝트 접근법에서 제시하는 프로젝트 진행절차에 따라 진행할 수도 있지만, 이와는 달리 기존의 프로그램 틀을 그대로 유지하면서 부분적으로 프로젝트를 통합하는 방법도 가능하다는 입장을 말한다. 교육과정에 프로젝트를 융통성 있게 통합하는 방법으로 프로젝트 접근법을 이야기하고 있으며, 이러한 부분은 실제 현장에 적용하기 위한 교육과정을 중심으로 하는 프로젝트 수업에 중요한 시사점을 준다고 생각한다.

교사, 새로운 과목을 창조하다

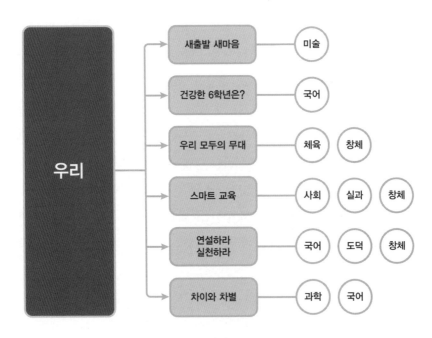

새로운 과목의 탄생

앞에 제시된 표는 〈우리〉라는 주제를 위해 선정된 각 교과의 성취기준을 분석하여 교사가 새로운 과목들을 창조해낸 모습이다. '새출발 새마음'은 비록 기존의 교과가 미술로 되어 있지만 미술시간이 아닌 '새출발 새마음'이라는 새로운 교과로 보아야 한다. 즉 단순히 미술 교과에서 추구하는 교육과정 성취기준인 '주변의 시각문화 환경의 아름다움을 발견하고 특징을 이해할 수 있다.'를 달성하는 것이 목적이 아니라 그것을 넘어 프로젝트 수업을 통해 얻고자 하는 공동체의 마음을 내면화할 수 있도록 만들어진 과목이라는 것이다. 여기서 새롭게 창조된 과목은 철저하게 국가수준 교육과정을 분석하고 각 교과별 성취기준에 맞추어 교사가 만들어내게 된다. 그렇게 했을 때 국가수준교육과정에서 달성하고자 하는 교육목표를 달성할 수 있기 때문이다. 하지만 여기서 문제가 생김을 알 수 있다.

'프로젝트 수업은 교사와 학생이 협력적으로 구성해야 하는 것이라 하지 않았나?'

앞서 언급한 것처럼 프로젝트 수업을 구성하는 단계부터 학생과 함께 협력적으로 구성하는 것이 기존의 프로젝트 수업이 보여준 모습이라는 프레임으로 바라본다면 국가수준교육과정부터 출발하여 학교교육과정과 학년이나 교과에서 추구하는 생각들과 시대적 요구사항까지 반영된, 그래서 교육과정상 제시된 성취기준이 녹아든 새로운 교과의 설정은 학생과 함께해야 맞을 것이다. 하지만 모든 단계에서 학생과 교사가 함께해야 한다는 생각의 프레임을 벗어나 다른 관점으로 접근하는 방법도 가능하다. 그래서 교사가 철저하게 교육과정을 분석하고 그것에 맞는 주제를 선정한 후 그 주제에 따른 새로운 과목을 창조하는 것까지 교사가 해나가는 것이 현재의 초등학교 교육과정 속의 프로젝트 수업에 더욱 어울리는 프레임일 것이다. 그리고 이렇게 만들어진 새로운 과목들은 한 교과만의 내용이 아닌 여러 가지 교과들이 융합하여 녹아 있어, 프로젝트 수업에서 추구하는 교육적 목표들을 달성하는 데 부족함이 없다고 생각한다. 물론 그 하나하나의 새로운 과목들을 진행하는 주체는 학생이 될 때도 있고 교사가 될 때도 있을 것이다.

이러한 논의는 앞에서 언급한 배움 중심 수업 형태와도 관련이 깊다. 배움 중심 수업은 학생 중심의 수업과 다르다고 이야기하고 있으며 다음과 같은 설명이 있다.

> "아동 중심주의 수업, 학습자 중심 수업이 1940년대, 1950년대 비판을 받고 침체되었던 경험이 있습니다. 바로 학생들의 자율, 학생 존중을 강조하다 보니까 수업 자체가 혼란으로 비쳐지고, 배움의 질 자체가 저하되고 있다는 비판 속에서 그 운동이 큰 강점을 가지고 있음에도 침체되었던 것입니다. 그런 경험을 반복하지 않기 위해서는 교사의 철저한 수업 준비가 필요합니다."
>
> (이성대, 2012)

바로 이러한 문제를 극복하기 위한 수업이 교육과정 속에서 이루어지는 프로젝트 수업일 것이다. 프로젝트 수업은 단순히 학생 중심의 수업이 아니라 교사와 학생이 함께 성장하고 함께 배워가는 수업이며, 수업의 질적 수준이 유지되는 수업이어야 함을 이야기한다. 여기에서의 질적 수준은 철저하게 국가수준교육과정에서 도달해야 하는 성취기준이 최소기준이 되어 그것을 바탕으로 하는 수업을 말하는 것이다. 이러한 목표를 달성하기 위해서 교사가 새로운 과목을 만들게 되는 것이다.

이렇게 주제로 묶여진 새로운 과목들은 프로젝트 수업의 목표를 달성하는 데 필요한 요소들을 가지고 있으며, 동시에 각 교과가 추구하고 나아가야 할 교과별 성취기준을 달성하는 것에도 부족함이 없다. 그리고 주제에 묶여 있는 새로운 교과목들은 각각 분리된 것처럼 보일지 모르지만 사실은 다른 교과들과 상호의존적인 관계를 맺고 있다고 보아야 한다.

> "프리초프 카프라(Fritjof Capra)는 『인생의 조직망(The Web of Life)』에서 시스템 사고(Systems thinking)를 다음과 같이 설명하고 있다. 금세기 초반 동안 유기체 생물학자에 의해 생겨난 시스템 사고 개념은 연결, 관계, 맥락의 관점에서 새로운 사고방식이 탄생하는 데 도움을 주었다. 시스템의 관점에 따르면 유기체나 살아 있는 시스템의 본질적 속성은 부분으로 존재하지 않으며 전체적인 특성을 가진다. 이러한 속성은 그 체제가 물리적으로나 이론적으

로 분리된 요소로 나누어질 때 멸망한다. (……) 시스템 사고는 '맥락적'인 것으로 분석적 사고의 반대이다. 분석은 어떤 것을 이해하기 위하여 분리하여 다루는 것을 말하며 시스템 사고는 전체의 맥락으로 보는 것을 말한다."

(루이즈 보이드 캐드웰Louise Boyd Cadwell, 2008)

이러한 관점에서 보아도 교수방법이나 각 교과목들이 유기적, 맥락적으로 연결되어 있을 때 새로운 사고방식이 탄생한다는 것을 알 수 있다. 지금까지의 학교교육이 보여온 한계는 이러한 시스템 사고로 이어지지 못한 것이 그 한 가지 이유라고도 할 수 있을 것이다. 배움 중심 수업은 이러한 한계를 극복하는 수업이며 그 중심에 프로젝트 수업이 위치하고 있다. 그렇다면 이에 따른 새로운 교육활동 구상안은 어떤 모습일지 제시해보겠다.

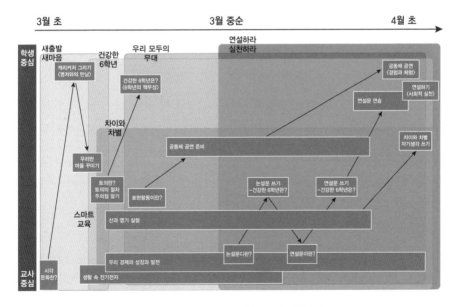

〈우리〉 프로젝트 수업의 전체 교과별 진행사항

3월 초부터 4월 초까지 진행되는 〈우리〉 프로젝트 수업은 학생들이 주도적으로 진행하는 수업과 교사들이 주도적으로 진행하는 수업, 그리고 학생과 교사가 함께 비슷한 주도성을 가지고 진행하는 수업으로 다양한 수업의 모습을 보여준다. 수업은 앞뒤로 각각의 순서가 있지만 그것이 미치는 영향은 그 수업으로 끝나지 않으며 뒤에 이어지는 수업과 계속적인 관련성을 가진다. 교사 중심의 수업이라 하더라도 그것이 가진 수업의 내용요소나 가치들이 계속 맥락을 유지한다. 프로젝트 수업에서의 활동조직은 기본적으로 협력을 중심으로 하는 것을 반영하여 모둠을 구성하고 활동하도록 한다. 모둠 구성원은 4인[*]을 기본으로 하였다.

교사는 학생들의 상호작용이 프로젝트 수업에서 차지하는 중요한 배움의 모습이라는 생각을 가지고 접근하는 것이 무엇보다 중요하다. 스마트 교육 부분에서 표시된 부분은 교사 중심의 수업 쪽으로 치우쳐 진행된 수업이지만 그 속에서 진행한 '생활 속 전기전자' 부분과 '우리 경제의 성장과 발전' 부분은 학생 주도적으로 진행되는 다른 수업과 공동체라는 주제로 묶여 하나의 맥락적 수업으로서 가치를 가진다는 것에 유의한다.

'새출발 새마음' 과목에서 진행되는 사항을 보면 교사 중심으로 진행되는 '시각문화란?'이라는 수업에서 시작하여 '캐리커처 그리기'를 통해 학생 주도의 수업으로 진행되고, 다시 '우리 반 마을 꾸미기'로 들어와 교사와 학생이 함께 자신의 반을 꾸미며 시각문화에 대해 배운 내용과 이후 활동이 의미를 가지고 만나게 됨을 알 수 있다. 교사 중심의 수업에서 학생 중심의 수업으로, 그리고 다시 교사와 학생이 함께 만들어가는 수업으로 계속 변화하는 모습이다. 이러한 모습에 맥락적 관련성이 있기에 일정한 배움의 모습을 유지할 수 있다.

★ 이화여자대학교 대학원 석사논문 중 '팀 기반 프로젝트 학습 성취도에 대한 커뮤니케이션 능력과 지식공유연결망 내향중심도의 예측력 규명'의 내용 중 Barkely(2005)의 연구결과를 예로 들며 무임승차를 줄이거나 사회적 스킬을 함양하는 가장 좋은 팀 규모가 3~4인이라 밝힌 것을 근거로 하였다. 실제 현장에서의 경험도 이와 다르지 않았다.

〈새출발 새마음〉 진행과정

　'새출발 새마음' 과목을 통해서 목표로 삼은 미술 교육과정상의 성취기준인 '주변의 시각문화 환경의 아름다움을 발견하고 특징을 이해할 수 있다.'와 프로젝트 수업의 성취목표인 '공동체의 마음'과 '1년을 시작하는 마음가짐'에 동시에 도달할 수 있다. 그리고 여기서 목표한 프로젝트 수업의 성취목표는 다음에 펼쳐질 다른 프로젝트 수업에도 기본적인 영향을 미치게 될 것이다. 그리고 이러한 영향은 아이들에게 본질적인 변화를 이끌어낼 수 있다.

　이는 〈우리〉라는 큰 주제에 작은 소주제들이 섞여 있는 프로젝트 수업 모형으로, 큰 주제의 Purpose 형태의 프로젝트에 작은 Theme 형태나 Subject 형태의 프로젝트 수업모형이 함께 연결된 복합적 모형의 프로젝트 수업이라 볼 수 있을 것이다. 이러한 다양한 수업이 함께 어우러져 펼쳐지는 수업형태는 다음 그림과 같이 표현할 수도 있다. 그림 가운데 위치한 〈우리〉 프로젝트를 중심으로 가운데와 가까울수록 프로젝트 수업에 더 가까운 수업의 모습을 보이고, 중심에서 멀어질수록 프로젝트 수업을 위해 바탕이 되는 수업이 될 수 있다.

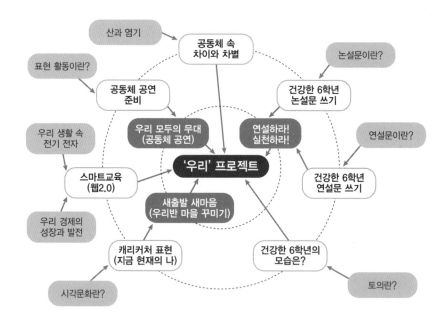

〈우리〉 프로젝트 수업의 수업 위상

〈우리〉 프로젝트 수업에서 가장 활발한 프로젝트 수업은 '우리 모두의 무대'나 '연설하라! 실천하라!'와 같은 활동들이다. 바로 이러한 활동들이 가장 중심에 가깝게 위치한다. 하지만 이런 활동만으로 프로젝트 수업을 이야기하다 보면 기존의 다른 교과들이 어떻게 연결되는지 쉽게 알 수 없을 뿐더러 기존 교과를 소홀히 할 수도 있다. 따라서 교육과정을 재구성하여 그러한 문제를 방지하며 프로젝트 수업을 해나가는 것이 중요하다.

프로젝트 수업은 교사와 학생이 끊임없이 서로 소통하며 역동적인 관계를 맺어가야 한다. 어떤 부분은 교사가 주도적으로, 또 어떤 부분은 학생이 주도적으로, 그리고 어떤 부분은 교사와 학생이 서로 반반씩 주고받는 관계라 하더라도 그것이 큰 흐름 속에서 이루어졌을 때는 그것들이 낱낱의 경험들이 아닌 맥락적 경험들이 될 수 있다. 이러한 부분이 교사가 프로젝트 수업을 준비하며 생각해야 하는 가장 중요하고 핵심적인 내용일 것이다. 그리고 이렇게 준비하기 위해서는 배움 중심 수업에서 말하는 교사와 학생의 상호관계 속 배움에 대한 이해와 교육과정 재구성에 대한 깊이 있는 이해가 있어야 한다. 그리고 전체적인 프로젝트 수업에 대한 목적과 내용이 교사의 이러한 준비와 함께 학생들과 공유되었을 때 훨씬 쉽게 맥락을 찾을 수 있고, 함께 공명할 수 있는 배움이 될 것이다.

프로젝트 수업은 친절한 안내자가
필요하다

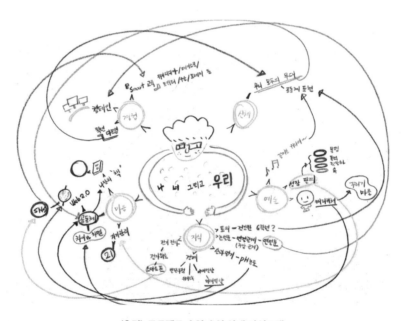

〈우리〉 프로젝트 수업 수업 안내 마인드맵

 ★ 마인드맵을 다양한 작은 그림들과 다양한 색을 사용하여 표현하는 것은 초등 단계의 학생들과 공감할 때 쉽게 다가갈 수 있는 형식으로, 중고등 단계에서는 좀 더 분석적이고 체계적인 마인드맵의 형태도 좋을 것이다. 마인드맵에서의 선들은 관련되어 있음을 시각적으로 보여줄 수 있는 수단으로 사용한다. 이렇게 함으로써 학생들은 자신들이 배우게 될 모든 과목들이 서로 연결되어 있음을 알 수 있다.

프로젝트 수업을 구체화하고 계획하는 단계에서 교사들이 협력하여 만든 프로젝트 수업 안내 마인드맵의 모습이다. 이러한 마인드맵을 학생들과 나누는 것으로도 프로젝트 수업에 대한 몰입과 함께 맥락적 배움의 모습을 가질 수 있다. 칙센트 미하이 (Mihaly Csikszentmihalyi) 교수가 이야기한 몰입의 세 가지 조건에 부합하기 때문이다. 학생들과 마인드맵을 나눌 때엔 학생들 각자가 개인별로 공책이나 스케치북(프로젝트 수업을 위한 스케치북)에 기록하며 의미 찾기를 진행한다. 학생들은 개인별 기록을 통하여 자신들이 해나가야 할 프로젝트 수업의 목적과 교과별로 주어진 성취기준별 목적에 대해 새롭게 인지하는 기회를 얻을 수 있다. 몰입의 세 가지 조건과 프로젝트 수업 관련 마인드맵 수업 안내와의 관계를 본다면 다음과 같다.

- 뚜렷한 목표 : 마인드맵을 개인별로 기록하며 자신이 달성해야 할 프로젝트 수업의 목표와 교과별 목표를 뚜렷하게 인지할 수 있다.
- 즉각적 피드백 : 〈우리〉라는 프로젝트 수업의 대주제 아래 새롭게 만들어진 교과들이 진행되고 마무리되는 과정에서 느끼는 성취감은 즉각적인 피드백으로 작용할 수 있다.
- 적합한 도전 : 프로젝트 수업을 계획하며 자연스럽게 그 학년이나 학생의 주변환경과 인지적 측면, 그리고 교육과정상의 수준까지 고려되기에, 적합한 도전의 프로젝트 수업이 될 수 있다.

이러한 프로젝트 수업의 안내는 프로젝트 수업에 대한 기본적인 교사의 철학과 계획을 학생들에게 알려줌으로써 큰 방향이 무엇인지 알게 하는 것이며, 그로 인해 학생과 교사가 일정한 수준을 유지할 수 있는 테두리가 된다. 큰 틀을 잡고 수준을 정하는 기준이 국가수준교육과정이 되기에 교사에게는 프로젝트 수업과 일반 수업이 따로 구별되어 이중의 부담으로 작용할 여지를 줄일 수 있다. 학생은 프로젝트 수업의 큰 틀은 교사가 정했지만 그 속의 작은 프로젝트 수업(새로운 교과)에서는 주인공이 되어 활동할 수 있다는 사실을 미리 알고, 자신이 주체적인 학습자라는 생각을 할 수 있다.

그리고 이러한 수업은 모두 교육과정 속에서 이루어지므로 학교에서의 배움에 대해 새로운 시각도 가지게 된다.

학생들에게 그동안의 학교교육은 교과서 속의 지루하고 실생활에 별로 도움도 되지 않는 지식을 배우는 것이었다. 그러나 프로젝트 수업에 대한 안내를 통해 그동안 배워오던 교과서 위주의 학교교육에 대해서도 새로운 시각을 가지게 되며, 앞으로의 배움을 바라보는 시각에 긍정적인 변화를 줄 수 있다. 이렇게 전체를 내려다보는 경험은 학생이나 교사 모두에게 큰 틀에서 연결되는 시스템 사고, 즉 맥락적 사고를 하도록 도와주고, 이는 결국 통찰력과 맞닿아 있다 생각한다.

프로젝트 수업의 안내에서 교사가 주의할 점은, 큰 계획은 교사가 교육과정 속에서 세웠지만 그 속에서 펼쳐지는 하나하나의 작은 활동이나 배움에서는 학생들이 주체적으로 만들어갈 수 있도록 해야 한다는 것이다. 그리고 실제 수업에서 큰 틀에서 정해진 프로젝트 수업의 안내에 없는 내용이 들어오더라도 얼마든지 수용할 수 있다는 생각을 가지고 학생들에게도 좋은 의견이나 활동의 제안을 열어두고 진행해야 한다. 그렇게 하기 위해 교사는 프로젝트 수업의 전체적인 안내에 대한 마인드맵을 매 시간 확인하고, 학생들과 어느 지점에서 어느 활동이 이루어지고 있는지 확인해야 하며, 그 과정 속에서 변화가 이루어질 수 있음을 받아들이는 자세가 필요하다.

기존의 프로젝트 수업을 실천적으로 실행해오고 있는 P초등학교의 사례를 분석했을 때 프로젝트 수업을 위한 주제 추출과 프로젝트 수업의 계획 및 실행 등에서 학생과 함께 전체적인 모습을 살펴보는 시간, 즉 전체적인 프로젝트 수업에 대한 소개가 빠져 있음을 확인할 수 있었다. 이처럼 보통의 프로젝트 수업을 진행하는 학교들 대부분이 전체를 함께 보여주고 고민하는 시간이 없음을 알 수 있다. 전체적인 계획을 교사의 '예비 주제망'(모기수, 2000 ; 박성예, 2010)이나 '수업 개요 정리'(강인애 외, 2011)로 만들어놓기는 하지만 실제 그것을 학생들과 나누지는 못하는 모습이었다. 그 이유는 예비 주제망을 제시했을 때 학생들이 주도적으로 자신들의 문제를 만들어가는 데 방해가 될 수 있다고 생각하는 것이 아닌가 추정된다. 하지만 거꾸로 생각해보면 막연하게 하루하루 프로젝트 수업을 진행하는 것보다는 학생들에게 전체적인 지향점을 알려주는 것이 훨씬 더 역동적인 배움을 이끌어낼 것이며, 실제로도 그러한 경험을 할 수 있었다.

프로젝트 수업의 전체적인 마인드맵을 작성할 때 특정한 영역을 지정하지 않고 작성할 수도 있지만 학년이나 교과에 어울리는 영역을 정해준다면 교사에게도 좀 더 명확한 마인드맵을 제시할 수 있으며 학생들에게도 선명한 프로젝트 수업을 제시할 수 있다. 〈우리〉 프로젝트 수업에서는 다섯 가지 영역을 정하고 그 영역별로 관련 있는 활동이나 내용들을 연결하였다.

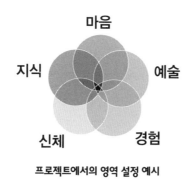

프로젝트에서의 영역 설정 예시

이러한 프로젝트 수업에 대한 안내는 창의적 체험활동과 같은 시간을 활용하는 것이 좋다. 왜냐하면 창의적 체험활동이 가진 성격 중 교과와 상호보완적, 통합적으로 운영되어야 한다는 것과 맥을 같이하기 때문이다. 그리고 전체적인 계획은 교사가 세우고 그것을 함께 나누는 시간 동안 다음과 같은 질문들을 학생들이 생각해보고 답할 수 있도록 한다면 좋을 것이다.

- 이번 프로젝트에서 가장 흥미 있어 보이는 활동은?
- 이번 프로젝트에서 가장 어려워 보이는 활동은?

- 이번 프로젝트에서 가장 의미 있어 보이는 활동은?
- 이번 프로젝트에서 혹시 더 좋은 활동을 제안한다면?

〈우리〉 프로젝트 수업을 소개합니다

앞에서 언급했던 것처럼 수업의 진행을 교사 중심, 혹은 학생 중심 수업으로 나누지 않고 교사 중심 수업과 학생 중심 수업이 연결되어 있음을 자연스럽게 보여주는 수업안의 형식을 제시하고자 한다. 다음의 케이스를 통해 〈우리〉 프로젝트 수업에서 만들어진 새로운 과목을 중심으로 수업이 어떻게 진행되었는지 확인할 수 있으며 새로운 과목이 가진 프로젝트 수업의 유형이 무엇인지(Purpose, Theme, Subject) 제시하였다. 수업 진행 중 자세한 예시가 필요한 부분은 '(예)'라는 표시와 함께 따로 제시되어 있다.

[케이스 스토리 01] 〈새출발 새마음〉 프로젝트 수업

[케이스 스토리 02] 〈건강한 6학년은?〉 프로젝트 수업

[케이스 스토리 03] 〈스마트 교육〉 프로젝트 수업

[케이스 스토리 04] 〈우리 모두의 무대〉 프로젝트 수업

[케이스 스토리 05] 〈연설하라! 실천하라!〉 프로젝트 수업

[케이스 스토리 06] 〈차이와 차별〉 프로젝트 수업

〈새출발 새마음〉 프로젝트 수업

교사 중심	교사와 학생	학생 중심
시각문화란? (1/8)	미술 7. 시각문화 환경과 우리	
우리 주변의 시각문화에 대한 기본적인 개념 설명 및 이해 및 초상화란 무엇인지, 어떤 표현방법이 있는지 확인한다.		
	미술 7. 시각문화 환경과 우리	캐리커처 그리기 (2~5/8)
『심술쟁이 보시베어』 그림책을 읽으며 처음 시작하는 마음을 되새겨보고 자신을 소개하는 경험 가지기. 그림책의 주인공들처럼 자신의 모습을 캐리커처로 그려보며 마음 다지기. 현재 자신이 관심 있는 것이 무엇인지 표현하기		
	우리 반 마을 꾸미기(6~8/8)	미술 7. 시각문화환경과 우리
반 아이들 모두의 발표를 경청하기. 비슷한 것에 관심 있는 아이들끼리 모여 자신들만의 상징물 꾸미기. 상징물과 함께 자신들의 캐리커처로 교실 꾸미기. 꾸며진 우리 반 마을 모습을 보며 서로 이야기 나누기 (감상활동). 공동체 의식 함양하기		

△ 3월 초 미술교과 8차시를 이용하여 진행
△ 첫 만남의 자기 소개 하기를 통해 현재의 자신을 되돌아보는 기회로 삼아 앞으로의 1년을 계획하게 함 (예1)
△ 미술교과의 성취기준인 주변의 시각문화 환경에 대한 이해를 넘어 새롭게 시작하는 마음과 공동체 의식을 함께 돌아볼 수 있는 프로젝트 수업(예2)
△ 〈우리〉라는 큰 프로젝트 수업을 위한 작은 subject형 프로젝트 수업 유형

학생들은 얼굴은 크게 그리고 몸은 작게 그리는 캐리커처를 그리는 활동을 한다. 이때 『심술쟁이 보시베어』 그림책을 참고로 하여 그림책 속의 주인공처럼 자신을 표현하도록 유도한다. 그리고 자신의 얼굴과 더불어 지금 현재 자신이 하고 싶은 것이 무엇인지 표현하게 한다. 『심술쟁이 보시베어』의 중심 내용인 지금부터 달라지면 된다는 이야기와 함께 과거나 미래가 아닌 지금 현재를 살아가는 모습을 살펴보도록 유도한다.

"제 이름은 △△입니다. 제가 지금 하고 싶은 일은 저희 집에 있는 사랑이라는 애완동물을 보는 것입니다. (……)"

아이들의 발표가 끝난 후 "자! 지금부터는 지금 하고 싶은 것이 비슷한 친구들끼리 모여서 자신들만의 상징물을 표현해봐요. 공통된 점을 잘 이야기해서 표현해주세요." 하고 유도한다. 학생들은 지금 하고 싶은 일이 비슷한 친구들끼리 모여앉아 무엇을 표현할지 의논한다.

"○○아, 넌 집에 있는 사랑이가 보고 싶다고 했지? 넌 동물을 교실에서 키우고 싶다고 했고? 그리고 난 동물을 연구하고 싶다고 했으니 우리의 공통점은 동물이네. 그럼 우리만의 상징물을 뭘로 만들까?"

"동물이 공통점이니까 동물원을 만드는 것은 어때?"

"그래, 그게 좋겠다. 동물원 모양은 어떻게 할까?"

이렇게 만들어진 각 모둠별 상징물들은 교실 환경을 꾸미는 데 사용된다. 교실 환경을 꾸미는 일이 시각문화와 관련되어 있음을 상기시키며 교육과정상의 성취기준을 다시 한 번 확인하고 인지하도록 도와준다.

학생들이 모둠별로 만든 상징물과 캐리커처가 교실의 한 면을 구성한다. 그리고 그 구성된 교실의 모습을 보며 우리 주변의 시각문화에 대해 다시 상기한다.

"선생님, 이렇게 우리가 꾸민 것으로 교실이 예뻐지니 좋아요."

"여기 친구들이 모두 있고 그 친구들이 만든 상징물이 함께 있으니 더 좋은 것 같아요. 꼭 우리가 한 마을 사람이 된 것 같아요."

"저는 이 마을에서 살고 싶어요. 우리 반만의 마을에서요."

자신들의 캐리커처와 자신들이 만들어낸 상징물들로 꾸며진 학급환경 구성은 그 자체의 아름다움을 넘어 그 속에 모두가 하나라는 공동체 의식을 고양할 수 있는 힘이 있다. 그리고 이때 만들어진 마을은 학생들이 생각하는 이상적인 마을의 모습을 가지고 있기에 『행복한 왕자』의 거인 이야기와 연결되어 우리 세상의 유토피아에 대한 이야기까지 확장될 수 있다.

우리반 마을

: 케이스 스토리 02 :

〈건강한 6학년은?〉 프로젝트 수업

교사 중심	교사와 학생	학생 중심
토의란? 토의의 절차 및 주의점 알아보기 (1~3/6)	국어 3. 다양한 주장	
국어 교과 성취기준인 '학습상황에서 제기되는 문제를 토의를 통해 해결한다'에 대한 기본적인 개념 이해		
	국어 3. 다양한 주장	〈건강한 6학년은?〉 (4~6/6)
토의의 절차를 생각하며 건강한 6학년의 모습에 대한 토의하기. 다양한 생각들이 존재함을 느끼며 6학년을 시작하는 마음 다지기. 〈6학년의 책무성〉에 대해 인식하기. 혼자가 아닌 우리 모두를 위한 건강한 6학년의 모습 설정하기		

△ 3월 초 교육과정의 성취기준이 자세히 설명되어 있는 교과서를 사용하되 그 속에 프로젝트 수업의 목적을 위한 활동을 연결

△ 학년 초 학급규칙과 학년규칙 등을 함께 만들어가는 경험을 통해 6학년으로서 느껴야 할 최고학년으로서의 책무성을 생각함(예1)

△ 6학년으로서의 책무성은 '사회적 실천'의 6학년 수준에서의 반영이라 생각함

△ 나 혼자만이 아닌 우리 모두를 위한 6학년 생활을 위한 토의가 진행되도록 〈우리〉라는 프로젝트 수업의 목적을 상기하며 토의를 진행함

학생들과 매년 학년 초 앞으로 어떤 모습으로 1년을 살아가게 될지 의논하는 시간을 가지게 된다. 교육과정 속의 토의 관련 성취기준을 가져와 토의란 무엇인지 배운 상태에서 이런 논의를 전개한다면 더욱 효율적인 논의가 진행된다.

여기에서는 교사의 첫 질문이 중요하다.

"우리가 앞으로 1년 동안 함께 지내며 지켜야 할 것은 무엇이 있을까요?"라고 물어보면 대부분은 부정적인 대답들이 되돌아온다.

"선생님, 우리가 지켜야 할 것은 폭력을 쓰지 않는 것 아닌가요?"

"왕따를 시키면 안 됩니다." 등과 같은 부정적인 대답들은 아이들의 마음을 밝게 하기보다는 오히려 그러한 일들에 익숙하도록 만드는 상황을 가져올 수 있다. 그러므로 질문을 다르게 접근하는 것이 필요하다.

"건강한 6학년은 어떤 모습을 가지고 있을까?"

발문을 바꿔준 것만으로도 학생들의 대답은 달라진다.

"선생님, 건강한 6학년은 몸이 건강한 6학년 아닐까요?"

"아니야. 마음이 건강한 6학년이지."

"아니야. 몸과 마음이 다 건강해야 하는 거야."

"최선을 다하는 6학년은 아닐까요?"

학생들은 건강한 6학년이라는 질문에는 긍정적인 대답들을 쏟아내었고 그것들을 가지고 토의를 진행해나갈 수 있다. 그러면서 자연스럽게 현재 학교의 최고학년으로서 어떤 자세로 생활해야 할지 스스로 책무성을 느끼도록 할 수 있다. 이는 사회적 실천과 연결되어 6학년 수준의 사회적 책무성의 실현에 도움이 될 것이다.

: 케이스 스토리 03 :

〈스마트 교육〉프로젝트 수업

교사 중심	교사와 학생	학생 중심
생활 속 전기전자(1~10/10)	실과 4. 생활 속의 전기전자	
전기, 전자용품의 사용과 관리 및 간단한 전자회로 꾸미기를 통한 우리 생활 속 전기전자기기 알아보기		
우리 경제의 성장과 발전(1~17/17)	사회 2. 우리 경제의 성장과 발전	
우리 경제의 특징과 성장과정을 알아보고 성장 중 나타난 여러 가지 문제 해결과 앞으로의 노력 알아보기		

△ 총 27차시 수업으로 3월 초부터 3월 말까지 계속 진행되어야 하는 수업으로 사회교과와 실과교과
　가 '스마트 교육'이라는 새로운 교과목으로 재탄생한 것임
△ 사회 책과 실과 책을 중심으로 수업을 진행하지만 그 속에 프로젝트 수업에서 추구하는 '공동체'의 시
　대적 흐름을 중심에 두고 배우도록 유도
△ 교사 중심의 수업 진행으로 일반적인 프로젝트 수업과는 다른 모습이지만 '우리'라는 전체 프로젝트
　수업을 완성하는 중요한 바탕이 되는 '시대적 흐름'을 생각하고 적용할 수 있는 프로젝트 수업임
△ 실과 속 전자회로와 전자기기를 다루면서 최근 아이들에게 가장 익숙하면서도 문제가 되고 있는 '스마
　트폰'을 중심에 둔 수업 진행(예1)
△ 스마트폰의 활용과 'Web 2.0'*의 개념(집단지성의 개념으로 한 사람의 전문가의 의견보다 많은 사람
　들의 의견들이 모여서 새로운 지식을 만들어내는 개념)을 연결하여 스마트폰을 새롭게 인식하도록
　유도
△ 스마트폰의 본질적 기능인 SNS(Social Network Service)의 올바른 활용법과 사이버상의 예절 등에
　대해 고민해보고 앞으로 우리가 살아가야 할 세상의 경제활동의 중심에 이런 소통의 구조가 있다는
　내용으로 사회수업 진행(예2)

예1

우리 주변의 전자기기엔 어떤 것이 있고 특히 우리에게 가까이 있는 전자기기엔 무엇이 있는지 서로 이야기를 나눈다. 학생들도 자신이 현재 가장 많이 사용하는 전자기기가 스마트폰임을 잘 알고 있으며 스마트폰의 문제에 대해서도 잘 알고 있다.

"스마트폰을 가지고 주로 게임만 해요."

"스마트폰에서 사진 찍기 기능을 가장 많이 사용하는 것 같아요."

"스마트폰을 활용해서 친구들과 소통하는 것도 있어요."

소통한다는 것을 이미 인지하고 있기에 그 경험을 바탕으로 SNS에 대한 이야기를 자연스럽게 이끌어낼 수 있다. 그러면서 학생들이 현재 사용하고 있는 소셜 네트워크에 대해 이야기하며 자연스럽게 분류하는 모습까지 진행 가능하다.

"그렇다면 우리가 많이 사용하는 스마트폰의 주요 기능은 무엇이라고 할 수 있을까?"

"게임도 있고, 사진을 찍을 수 있는 카메라 기능도 있고, 소셜 네트워크 기능도 있는 것 같아요."

"그런데 선생님 생각에는 게임, 카메라, 소셜 네트워크 모두에 공통되는 속성이 있는 것 같은데? 우리가 현재 하고 있는 주제인 〈우리〉 프로젝트와 관련지어 생각해보면 어떨까?"

"아! 관련이 있는 것 같아요. 요즘 게임은 혼자 하는 게임보다는 같이 하는 게임이 많아요. 카메라로 사진을 찍어서 친구들과 함께 공유하기도 하죠. 소셜 네트워크인 카카오톡이나 카카오스토리는 친구들과 이야기하며 나누는 것이니까 모두 공동체와 관련이 있는 것 같아요."

스마트폰의 기능에 대해 알고는 있었지만 그것이 어떤 속성을 가지고 있는지, 그리고 그것이 공동체와 어떤 연결성이 있는지 알아보는 시간이 될 수 있다. 단순히 스마트폰을 사용하지 못하게 하는 스마트 교육이 아니라 그것의 진정한 활용에 대해 함께 고민하고 만들어가는 것이 필요할 것이다.

사회교과의 성취기준인 우리나라 경제의 특징과 성장과정, 그리고 앞으로의 과제까지 함께 배워나가는 수업을 진행한다. 이때 교사 중심의 수업이라 하더라도 이 수업에서 추구하는 것이 공동체임을 잊지 않으면 그러한 주제나 프로젝트 수업에 대한 목표가 없이 진행하는 것과는 질적으로 다른 수업이 진행된다.

학년의 교사 모두가 이러한 스마트 교육에 대한 이해가 충분할 경우도 있지만 그렇지 못할 경우엔 교사들이 공동수업을 기획하여 함께 모여 수업하는 방법도 필요하다. 실제 이러한 수업을 통해 학생들은 교사들도 필요한 것을 위해서 함께 모여서 공동으로 협의하고 수업도 진행한다는 사실을 배울 수 있다. 교사들은 위에 나열된 스마트 교육에 필요한 부분을 서로 역할을 나눠 준비하고, 학생들에게 설명하는 모습을 보여줄 수 있다.

특히 스마트 교육에서 배우게 되는 프레지**와 같은 도구는 그동안 학생들의 발표나 프레젠테이션에 주로 사용되던 파워포인트를 넘어서 모두가 협력하여 함께 작업할 수 있고 인터넷이 연결된 곳이면 어느 곳에서나 발표나 프레젠테이션을 할 수 있다는 점을 통해 새로운 정보화기기의 사용법과 그것을 스마트하게 사용하도록 하는 안내의 역할도 담당할 수 있다. 앞으로의 프로젝트 수업에 이용할 수 있는 발표도구가 되기도 한다.

★ 웹 2.0의 개념은 인터넷 웹사이트가 가졌던 첫 번째 속성인 일방향의 소통에서 개방, 참여, 공유의 개념을 대표하며 사용자가 정보의 소비자이자 생산자가 되는 인터넷 통합 환경을 지칭하는 개념을 포함한 용어이다. (위키피디아 참고)
★★ http://www.prezi.com에서 운영하는 인터넷 기반 프레젠테이션

: 케이스 스토리 04 :

〈우리 모두의 무대〉 프로젝트 수업

교사 중심	교사와 학생	학생 중심
표현활동이란? (1/10)	체육 4. 표현활동	
체육교과의 표현활동 부분의 성취기준인 주제 표현에 대한 이해 및 앞으로 진행될 프로젝트 수업의 협의 과정		
	공동체 공연 준비 (2~8/10)	체육 4. 표현활동
〈우리〉 프로젝트 수업의 주제인 '공동체'를 주제로 하는 공연 구상 및 연습하기. 아이들이 중심이 되어 협의하고 연습하는 과정 진행. 교사는 그 속에서 벌어지는 다양한 상황들을 관찰하며 학년 초 아이들이 보이는 다양한 모습들을 기록		
	창의적 체험활동, 동아리 활동	공동체 공연 (9~10/10)
학생들 스스로 창의적으로 표현한 공동체 공연의 발표 시간. 공동체에 대한 마음이 잘 표현될 수 있도록 계속적인 유도		

△ 3월 초부터 시작하여 4월 초 공동체 공연이 발표될 때까지 매주 공동체를 생각하는 공연 연습이 이루어지도록 구성

△ 표현활동이라는 교과목표가 무엇인지 서로 이해하고 우리가 추구하는 궁극적인 프로젝트 수업에 대한 이해를 먼저 하고 공연 준비에 들어가야 함. 그랬을 때 학생들 스스로 자신들이 무엇을 해야 할지 고민하고 일정한 수준을 유지할 수 있음(예1)

△ 창의적 체험활동(이하 창체)이 본래 의미하는 교과와의 상보적인 관계를 생각하며 프로젝트 수업에 필요한 활동의 시간을 창체로 확보함

△ 체육교과가 가진 교육과정 성취기준의 달성뿐만 아니라 프로젝트 수업의 목표인 '협력하고 배려하는 어린이'의 모습을 공연을 준비하는 기간 동안 배울 수 있음

△ 체육교과라 하더라도 그 속에 인성적 요소인 '공동체'가 들어 있음을 알게 하여 세상의 모든 것들이 연결되어 있다는 사고의 확장을 경험할 수 있음

△ 〈우리〉 프로젝트 수업의 큰 목표를 위한 신체활동 중심의 subject형 프로젝트 수업 모형으로 아이들의 프로젝트 수업에 활기를 불어넣는 역할을 함

그동안의 체육교과 시간에 대한 인식을 변화시킬 수 있다. 체육교과는 그저 많이 움직이고 운동하는 것이 전부인 양 생각했던 시각이 체육교육과정을 제대로 바라보면서 변화하기 시작하였다. 실제 체육교과 교육과정의 각 영역에서는 '마음'을 중심에 둔 내용들이 소개되어 있으며, 신체를 통한 인성교육이라는 측면에서 모든 영역이 골고루 진행되는 것이 중요하다는 것을 알 수 있다.

표현활동영역을 공통교육과정까지의 내용으로 성취기준을 분석한 것에 따르면 '창의력'이라는 심리적 요인을 성장시킬 수 있는 영역으로 설정되었음을 알 수 있다. 이러한 교육과정의 성취기준을 만족하면서 〈우리〉 프로젝트 수업의 목표인 '공동체의 마음 가지기'가 합쳐서 나온 교과가 〈우리 모두의 무대〉일 것이다.

〈우리 모두의 무대〉 프로젝트 수업은 그 자체로 하나의 표상적 활동으로서, 레지오 에밀리아(Reggio-Emilia)를 포함한 다양한 프로젝트 이론들에서 강조하는 다양한 표상의 형태 중 하나라 생각한다. 여기에서의 표상은 그림을 포함하여 언어, 동작 등으로 표현된 다양한 상징적 표상을 이야기하는 것이며, 이러한 표상들은 자신들이 알고 있거나 표현하려는 생각들을 시각적 언어(visual language) 형태로 표현한 것이라 할 수 있다. 따라서 체육교과와 창의적 체험활동을 합쳐 만들어진 〈우리 모두의 무대〉 프로젝트 수업은 이러한 다양한 표상의 활용에 적합할 것으로 생각한다. 그리고 이러한 다양한 표상의 활용을 레지오 에밀리아에서는 '상징화 주기(cycles of symbolization)'(박성예,

2010)라고 하며, '우리'라는 주제를 중심으로 여러 가지 다양한 상징화를 통한 경험과 실천은 한 가지 상징체계로만 표상할 때 발견되지 않은 개념들을 이해할 수 있도록 할 것이다. 공동체를 지향하는 마음을 다양하게 표현하며 배움의 깊이를 더해가는 것이다.

학생들 스스로 '공동체'를 표현하는 동작을 창조해야 하므로 다양한 형태의 표현들이 교차하게 되고, 그러한 과정에서 교사는 학생들과 함께한다는 자세로 참여해야 한다. 학생들이 어려워하는 부분에서 길을 안내하는 동시에 학생들의 표현에 감동하고 논평을 해야 한다.

: 케이스 스토리 05 :

〈연설하라! 실천하라!〉 프로젝트 수업

교사 중심	교사와 학생	학생 중심
논설문이란? (1~3/18)	국어 3. 다양한 주장	
주장하는 글의 대표적 형태인 논설문의 특성알아보기와 주장과 근거를 파악하고 타당성을 평가하는 연습과 이해		
	나만의 논설문 쓰기(4~8/18) 국어 3. 다양한 주장 6. 타당한 근거	
'건강한 6학년은?' 프로젝트 수업에서 자신이 생각하는 건강한 6학년의 모습을 주제로 논설문 쓰기를 진행. 글을 쓸 때 문장의 연결관계를 이해하고 글을 쓰도록 유도. 주장과 근거가 적절한 연결관계를 가지고 있는지 교사와 친구들이 함께 확인하며 주장하는 글쓰기의 기본기능을 이해		
연설문이란? (9~11/18)	국어 6. 타당한 근거	
연설문과 논설문의 비슷한 점과 다른점을 이해하고 문제에 대한 해결방안이 드러나는 연설문의 이해		
		나만의 연설문 쓰기 (12~14/18) 국어 6. 타당한 근거
연설문의 주제가 '공동체'임을 다시 상기하며 앞서 작성했던 논설문 글을 참고하여 나만의 연설문 쓰기 진행. 연설문의 발표형식에 대해 이해하고 연설문을 발표하는 연습		

	창체 자율활동	연설하기 연습 (15~16/18)
학교 내에서 자신들이 작성한 연설문을 발표하는 연습하기. '공동체'의 주제와 맞추어 모두가 함께 다니며 연설문을 발표하는 연습. 연설문의 발표에 필요한 피켓 제작		
	도덕 3. 우리함께 지켜요. 창체 동아리활동	연설하기! (17~18/18)
학교 주변의 마을로 나가 자신들이 쓴 연설문을 발표함. 동네분들과의 만남을 통해 6학년으로서 어떻게 지내겠다는 다짐을 발표함. 공동체를 중심에 두고 있기에 한 사람의 학생도 빠짐없이 발표 진행		

△ 3월 중순부터 시작하여 4월초 연설문을 발표할 때까지 진행
△ 국어과와 도덕 그리고 창체가 함께 들어간 '연설하라 실천하라'라는 과목의 탄생
△ 자신들이 스스로 생각한 건강한 6학년이라는 토의내용을 주장하는 글로 탄생시키고 그것을 다른 사람들에게 연설하는 과정 속에서 '사회적 실천'을 경험(예1)
△ 연설하기에서 공동체의 의미를 살려 한 사람의 학생도 소외되지 않고 모두가 발표할 수 있는 모습을 유지하며 1년을 시작하는 프로젝트 수업의 목표를 이룰 수 있음
△ 사회적 실천을 경험한 학생들이 느끼는 자존감의 향상은 앞으로의 활동으로 이어짐(예2)

〈건강한 6학년은?〉이라는 Subject형 프로젝트 수업이 바탕이 되어 진행되는 Theme형 프로젝트 수업이다. 이번 프로젝트 수업을 통해 학생들은 모두가 하나라는 공동체 의식을 배우며 시민 가치를 익히고 연설을 위한 준비와 연습, 실전을 통해 기획능력을 키울 수 있다. 이때 교사가 학생이나 학교의 상황에 맞추어 6학년으로서 사회적 책무성의 범위와 수준을 설정하는 부분이 필요하다. 교사는 학교나 지역의 상황에 따라 그 범위나 수준이 달라질 수 있다는 것에 대해 고려한 다음 프로젝트 수업을 진행해야 할 것이다.

사회적 실천을 위해 준비하는 동안 학생들은 스스로 연습을 하게 되는데, 그럴 때도 학생들이 주체가 되어 어디서 어떻게 연습할 것인지 결정할 수 있다. 실제로 학생들은 쉬는 시간을 이용해 저학년 복도나 교무실, 도서실 등 학교 곳곳을 다니며 연습하였다. 그리고 각 학년별, 반별로 연설을 할 수 있는 공간을 미리 알아보며 스케줄을

짜고 스스로의 활동에 필요한 부분을 기획하는 모습도 보였다. 이렇게 연습된 연설은 실제 현장에서 불특정한 동네 사람들을 만났을 때 자신감 있는 모습으로 나타나는 결과를 보여주었다.

"선생님, 전 제가 연설을 못 할 줄 알았어요. 너무 다리가 떨려서 말이죠. 그런데 막상 하고 나니까 너무 좋고, 저 스스로에게 너무 뿌듯했어요."

연설 후 학생들의 반응은 위와 같았다. 실제 학생들은 공동체라는 마음을 다양한 방식으로 표현해왔고, 그 표현의 한 부분으로 〈연설하라! 실천하라!〉까지 오게 되었다. 그러다 보니 다양한 접근을 통해 공동체란 무엇인지에 대해 깊이 있는 성찰을 할 수 있었으며, 그러한 성찰은 모두를 하나로 만들어 아무도 소외되지 않고 〈연설하라! 실천하라!〉에 참여할 수 있는 힘을 가지게 되었다. 이러한 모습은 앞에서 설명한 '상징화 주기'와 깊은 관련성을 보여주는 사례라 할 것이다. 그리고 이렇게 깊어진 공동체에 대한 마음가짐은 스스로에 대한 자존감도 높일 수 있는 좋은 교육의 기회가 되었다.

학생들은 이와 같이 자신들이 배운 것을 자신들이 살고 있는 사회나 학교에서 실천하며 그 순간 나와 다른 대상과의 만남을 통해 더 깊이 있게 마음을 단련하고 지적으로 성숙하게 된다. 실제 학생들은 자신들이 이야기한 것처럼 살아가기 위해 노력하는 모습을 보이게 되는데, 학교에서는 저학년 학생들에게 자신이 이야기한 건강한 6학년의 모습을 보여주기 위해 노력하고 사회, 즉 자신이 살고 있는 마을에서는 어른들과 주변 분들에게 6학년으로서 어떻게 지내야 할지 몸소 실천하며 자신의 사회적 책무성에 책임감을 가지고 실천하는 모습을 보인다.

이제는 중학생이 된 학생이 찾아와 자신이 작년에 이 활동을 통해 변화되었다고 고백한 것은 개인적인 경험일 수도 있지만, 이 수업이 분명 학생들의 행동과 마음에 변화를 주었다는 확신을 주기엔 부족함이 없었다.

: 케이스 스토리 06 :

〈차이와 차별〉 프로젝트 수업

교사 중심	교사와 학생	학생 중심
산과 염기 실험 (1~9/11)	과학 2. 산과 염기	
과학 교과 산과 염기 단원에서 성취해야 하는 우리 주변의 용액들을 산성과 염기성으로 분류할 수 있다는 점을 이해하고 실험하는 과정		
	차이와 차별? (10~11/11)	과학 2. 산과 염기 국어 6. 타당한 근거
pH 농도에 따른 색의 변화를 직접 그려보고 그 속에서 차이와 차별의 의미 찾기 교사와 학생이 함께 찾은 차이와 차별의 의미를 자신의 주장을 담은 글을 문장의 연결관계에 주의하며 표현하기		

△ 총 11차시의 수업으로 과학 실험실 사용과 관련이 있어 매주 일정 분량의 수업을 진행한다. 산과 염기의 성취기준을 달성해가면서 교사는 그 속에 산도에 따른 다름이 존재한다는 사실에 대해 실험과 실습에서 계속 강조해나간다.

△ 산과 염기를 최종 정리하는 시간, 산도에 따른 그림을 그려보고 그 그림 속에서 차이와 차별을 구별하는 시간을 가짐. 아이들 스스로 차이와 차별을 구별할 수 있도록 유도(예1)

△ 학년 초 자신이 현재 보이고 있는 모습 속에서 차이와 차별을 잘 구별하고 있는지 자신을 돌아보는 글쓰기를 주장하는 글의 형식으로 써보기

△ 과학교과의 성취기준과 더불어 프로젝트 수업에서 달성하고자 하는 목표인 공동체를 지향하는 마음가짐과 새 학년을 시작하는 마음가짐, 그리고 세상 모든 것이 연결될 수 있다는 사고의 확장까지 가능함

공동체를 저해하는 위험요소는 차이를 인정하지 않고 차별하는 마음이다. 그러한 마음을 산도에 따라 다르게 반응하는 산과 염기 실험과 연계하여 학생들이 스스로 차이와 차별을 구별할 수 있도록 하는 프로젝트 수업의 한 유형이다. 실제 수업은 대부분 교사 중심으로 이루어지게 되지만 그 속에 전체 프로젝트 수업인 〈우리〉 프로젝트 수업이 함께하고 있기에 이 또한 프로젝트 수업의 한 형태라 할 수 있을 것이다.

차별이 아닌 차이를 인정하는 마음가짐은 공동체를 지향하는 마음과 새 학년을 시작하는 마음으로 적합하며, 과학시간에 산도를 가지고 진행한 수업은 학생들에게 세상의 모든 것이 연결될 수 있다는 사실을 보여주어 기존 교과의 성질을 다르게 볼 수 있는 기회를 제공한다. 그리고 이렇게 시각화된 학습상황은 학생들에게 오랫동안 기억에 남게 되어 평소 생활에서 차이와 차별에 대한 민감성을 길러줄 수 있다.

실제 수업에서의 진행사항은 다음과 같다.

학생들은 과학 교과 마지막 시간에 pH 농도에 따라 다르게 나타나는 산도에 따른 색의 차이를 그림으로 표현한다. 그동안 배워온 산도에 따른 산성과 염기성의 특성에 대해 그림으로 표현하며 다시 한 번 배우고 익히게 된다. 그런 다음 주제와 관련된 질문을 받는다.

"지금 우리는 산도에 따라 다르게 나타나는 색의 분포를 그림으로 표현해보았는데 그중에서 가장 중요한 색은 어떤 색일까요?"

학생들은 중요한 색이라는 말이 가진 애매함에 대해 인지적 갈등을 겪기도 하지만 나름 중요하다고 생각하는 색을 선택한다. 이럴 때 주로 학생들이 선택하는 색은 중성을 나타내는 노란색이다. 여기서 교사는 한 번 더 질문한다.

"그렇다면 이번엔 가장 중요하지 않은 색을 골라보세요."

처음에 중요한 색에 대한 질문에서는 불확실한 개념으로 인해 정확하게 말하지 못하다가 이젠 확실하게 말할 수 있게 된 학생들은 이렇게 이야기한다.

"그런 게 어디 있나요? 중요한 색과 중요하지 않은 색은 없지 않나요? 산도에 따라서 모두 다른 색으로 표현된다는 것을 배웠잖아요?"

여기서 교사는 방금 학생들이 말한 내용을 붙잡고 질문을 이어간다.

"그렇다면 방금 여러분이 말한 산도에 따라 다르게 색이 나타난다는 것은 '차이'가 있다는 말인가요, 아니면 '차별'이 있다는 말인가요?"

학생들은 이로써 차이와 차별을 정확하게 구별할 수 있으며 친구들과의 대화를 통해 이를 더 정확하게 구별하는 경험을 가진다. 그리고 여기서 교사는 한 번 더 질문을 던진다.

"그러면 우리가 지금 배우고 있는 주제, 즉 프로젝트가 무엇이죠?"

"'우리'라는 주제로 공동체에 대해 배우고 있어요."

"네. 그렇죠. 〈우리〉라는 프로젝트 수업을 하고 있죠. 그런데 '우리'라는 공동체를 흔드는 것은 차이와 차별 중 어떤 것인가요?"

"당연히 차별이죠."

이미 학생들은 차별이 무엇인지 정확하게 알고 있으며 차별로 인해 공동체가 흔들릴 수 있다는 것도 잘 알고 있다. 교사는 여기서 한 발 더 나아간다.

"그렇군요. 선생님 생각도 마찬가지랍니다. 그런데 궁금한 점이 있어요. 그렇다면 여러분은 지금의 생활, 즉 현재의 생활 속에서 친구들과 서로 차이를 인정하며 지내고 있나요? 혹시 차별을 하고 있는 것은 아닐까요?"

학생들은 공동체에서 우리가 가져야 할 마음가짐이 차이라는 것을 생각하고 있으며 그것으로부터 자신을 돌아보는 시간을 가지게 된다. 그런데 문제는 자신의 모습을 객관적으로 보기가 힘들다는 것이다. 그럴 때 교사는 그 부분을 정확하게 짚어주며 스스로 그것에 대해 생각해볼 기회를 제공한다. 학생들은 자신들이 차이를 잘 인정하며 지내고 있다고 말하지만 사실 초등학교 고학년이 보이는 또래집단의 끼리끼리 문화에 빠져 있는 자신의 모습은 돌아보지 못한다. 즉 또래집단하고만 소통하고 있는 학생들의 모습을 교사가 일깨워줄 필요가 있다.

　학생들은 이러한 수업을 통해 자신이 미처 생각하지 못한 자신의 생활 속 차별에 대해 생각할 기회를 가지게 되고 그것을 그동안 프로젝트 수업에서 진행해왔던 국어 교과 논설문, 연설문과 연계하여 자신이 생각하는 차이와 차별에 대한 글을 쓴다. 이 때도 글의 구성에서 문장의 연결관계를 고려하는 것은 교육과정 성취기준상의 목표 달성을 위해 반드시 필요한 부분이고, 교사는 글을 쓰기 전 그러한 주의점을 알려주어 학생들이 이를 놓치지 않고 다시 한 번 상기할 수 있게 한다. 그럼으로써 교육과정 속에서 진행되는 프로젝트 수업의 의의를 더욱더 살릴 수 있고 단순히 논설문과 연설문, 문장의 연결 관계를 배운 것을 넘어 자신의 삶 속에서 실천될 수 있는 교육적 의미까지 얻을 수 있다.

〈우리〉 프로젝트 수업 표현과 평가는
어떻게 할까?

'우리'라는 주제에서 보여주는 프로젝트 수업의 모습은 캐츠와 차드가 이야기한 '프로젝트 접근법'과 유사한 형태로서 다양한 경험을 할 수 있도록 교육과정을 재구성하여 진행한 프로젝트 수업이라 할 수 있다. '프로젝트 접근법'과 비교되어 많이 연구되는 레지오 에밀리아 방식의 프로젝트 수업 또한 이 프로젝트 수업에 녹아 있는데, 그 형태는 상징화 주기와 관련되어 공동체에 대한 다양한 표상활동을 통해 깊이 있는 이해를 할 수 있도록 돕는 역할을 하게 된다.

정리해보자면 프로젝트 접근법에서 이야기하는 다양한 경험을 할 수 있으며 동시에 레지오 에밀리아에서 말하는 상징화 주기를 통한 깊이 있는 이해가 이루어지는 프로젝트 수업이라 할 수 있다. 이러한 수업을 위해 교육과정을 재구성하였고 그 바탕에 국가수준교육과정과 학교교육과정이 함께 녹아 있어야 함은 두말할 필요가 없을 것이다.

이런 식의 교육과정 속의 프로젝트 수업은 단순히 활동만이 아닌 평가까지 이어져야 한다. 그리고 평가 또한 프로젝트 수업에서 추구하는 과정적 평가를 중심에 두면서 동시에 실제 학교 현장에서 다뤄야 하는 교육과정상의 성취기준 목표를 달성할 수 있는 지필평가 또한 만족할 수 있어야 할 것이다. 그리고 이러한 평가의 표현방법에는 레지오 에밀리아에서 말하는 상징화 주기와 같이 다양한 매체를 활용한 표현방식을 유도하는 것이 바람직하다.

프로젝트 수업의 과정 평가 – 관찰과 표현을 중심으로

1) 관찰

관찰 (교사용)	1. 프로젝트 주제를 잘 이해하고 있는가?	5	4	3	2	1
	2. 조사나 탐구방법 및 기획이 적절한가?	5	4	3	2	1
	3. 프로젝트 수업에 흥미를 가지고 몰입하고 있는가?	5	4	3	2	1
	4. 프로젝트 수업을 협력적으로 진행하고 있는가?	5	4	3	2	1
관찰 (교사용 척도)	1. 주제와 관련한 지식활용에 대한 이해의 정도	5	4	3	2	1
	2. 다양하고 풍부한 자원 활용 / 탐구방법과 표현에 자신만의 고유한 아이디어와 창의성이 있는가의 정도	5	4	3	2	1
	3. 어려움을 극복하는 도전의식과 끈기의 모습 정도	5	4	3	2	1
	4. 자신에게 주어진 역할의 책임 / 모둠 내 아이디어와 경험의 공유의 정도	5	4	3	2	1
관찰 (학생용)	• 자신이 맡은 역할에 최선의 노력을 하였는가?	5	4	3	2	1
	• 우리 모둠이 진행하는 해결방법은 독창적인가?	5	4	3	2	1
	• 우리 모둠 내의 소통이나 협력적 상황은 어떠한가?	5	4	3	2	1
	• 나를 제외하고 우리 모둠 내에서 최선을 다하는 친구는?					

교사용 관찰 평가지에서는 프로젝트 수업이 진행되는 동안 하나의 Subject나 Theme 형태의 수업이 끝났을 경우 평가하는 것을 원칙으로 한다.

평가는 프로젝트 수업 주제에 대한 이해 부분, 프로젝트 수업 기획능력, 프로젝트 수업에 대한 심리적 태도, 프로젝트 수업의 협력적 능력 부분으로 네 가지 영역에서 평가한다. 5점 만점 척도를 사용하고 초등학교의 특성을 반영하여 절대평가로 작성해도 무방하다.

학생들의 관찰평가는 학생들과의 동료성에 집중하는 형태의 문항이 더 필요하다. 실제로 학생들 사이에서 벌어지는 동료와의 관계는 교사의 관찰만으로 파악하기에는 분명히 한계가 존재하기 때문이다. 따라서 자신이 맡은 역할에 대해 최선을 다하며 동료와도 함께 협력해나가는 모습을 동시에 가져야 한다는 것을 평가척도를 통해 알려줄 필요가 있다.

학생들의 평가에서는 구조화된 평가지의 활용과 더불어 비구조화된 평가지, 즉 성찰일지 쓰기를 포함시키는 것이 바람직하다. 최욱현(2013)은 성찰일지 작성에 대한 논문에서 기존의 연구사례를 들어 비구조화된 성찰일지의 경우 형식의 제약이 없어 학습자의 부담이 적고 사고의 자유로움을 추구하여 창의적이고 심도 깊은 성찰이 가능하지만 성찰일지의 경험이 적거나 어린 학생, 즉 초등학생에게는 맞지 않는 방식이라고 말하고 있다. 초등학생에게 성찰일지를 통해 자신의 생각을 써보도록 하면 처음에는 어색하고 힘들어하는 모습을 보인다. 하지만 교사의 안내에 따라 금방 자신의 생각을 표현하는 방법을 알게 되고, 자신을 객관적으로 돌아보며 지금 하고 있는 프로젝트 수업을 긍정적으로 바라보는 모습을 관찰할 수 있었다.

학생들의 성찰적 글쓰기는 서기희(2004)의 연구에서 분석, 추론, 설명 영역에서 사고의 향상을 도울 수 있다는 것을 확인하였으며 분석과 추론, 설명과 같은 과정과 영역들이 비판적 사고를 촉진하는 것으로 기술되고 있다. 그리고 이러한 비판적 사고가 학생들의 성찰적 글쓰기로 표현됨으로써 자기주도적 학습에서 추구하는 자기 생각 쓰기가 이루어지리라 생각한다.

성찰적 글쓰기는 어떤 특정한 형태의 학습지 형태일수도 있지만 그것보다는 자유롭게 자신의 노트에 작성해보도록 할 수도 있다. 성찰적 글쓰기를 할 때 교사는 학생들에게 이러한 지향점을 줄 수 있을 것이다.

성찰적 글쓰기의 지향점은 강인애(1998)의 질문을 참고하여 제시할 수 있다.

내용	과정
• 오늘 학습활동을 통해 무엇을 배웠나? • 오늘 팀 활동에서 나의 기여도는? • 오늘 팀 활동에서 팀원 각각의 기여도는? • 오늘 학습에서 나의 부족한 부분은? • 어떻게 보강할 것인가?	• 오늘 학습과정은 어떠했나? • 오늘 학습과정을 통해 무엇을 느꼈나? • 실제 상황에서 오늘과 유사한 활동을 한다면 어떻게 할 것인가? • 오늘 팀 활동에서 팀원 각각의 기여도는? • 오늘 학습에서 나의 부족한 부분은? • 어떻게 보강할 것인가?

교사는 위의 질문들을 참고하여 상황에 맞는 질문 몇 가지를 선택하거나 또는 모든 질문을 다 제시할 수도 있다. 학년과 학교군의 상황에 맞추어 질문을 던지고 학생들이 그 질문에 대한 성찰적 글쓰기를 할 수 있게 유도하는 것이 바람직할 것이다.

2) 표현

표현 (교사용)	1. 최종 산출물(작품)의 질적 수준은?	5	4	3	2	1
	2. 최종 산출물에 프로젝트 수업의 의도가 얼마나 반영되어 있는가?	5	4	3	2	1
	3. 최종 산출물의 완결성은?	5	4	3	2	1
	4. 최종 산출물에 모둠 내의 관계(협력적, 역할분담 등)가 반영되어 있는가?	5	4	3	2	1
표현 (교사용 척도)	1. 성취기준 도달 정도/독창성과 사고의 발전	5	4	3	2	1
	2. 관련 교과의 내용 반영/자원의 충분한 활용	5	4	3	2	1
	3. 최종 산출물 도출 과정의 명쾌함과 타당성	5	4	3	2	1
	4. 모둠원 개인의 관심과 재능 반영/최종 산출물에 어울리는 방법 사용	5	4	3	2	1

표현 (학생용)	• 산출물에 대한 개인적인 만족도는?	5	4	3	2	1
	• 우리 모둠이 함께 관여한 산출물의 모둠 전체적 만족도는?	5	4	3	2	1
	• 산출물과 프로젝트 수업과의 관련성은?	5	4	3	2	1
	• 나를 제외한 우리 모둠 내 산출물의 최대 기여자는?					

프로젝트 수업의 지필평가

프로젝트 수업에 따르는 지필평가는 프로젝트 수업을 계획하는 단계에서 이미 정해져 있어야 한다. 즉 교육과정을 반영하는 프로젝트 수업을 위해 교육과정을 재구성하게 될 때 그 순간 평가의 기준도 정해놓아야 하는 것이다. 이때 평가의 기준은 다름 아닌 교육과정이 되어야 하는 것은 당연하다.

평가의 유형은 객관식 평가보다는 서술형, 논술형의 평가를 지향하는 것이 프로젝트 수업을 통해 얻고자 했던 사고의 다양한 확장과 잘 맞아떨어지는 형태일 것이다. 물론 어떤 영역에서는 오지선다형 유형의 객관식 평가도 실시할 수 있다. 그렇지만 될 수 있으면 프로젝트 수업이 추구하는 맥락적 사고를 반영할 수 있는 평가문항을 개발할 필요가 있다. 단순한 지식을 물어보는 평가가 아닌, 다양한 지식들이 어떤 맥락을 가지고 연결되어 있는지 묻는 평가를 개발해야 할 것이다.

이러한 평가양식과 평가문항은 초등 단계에서는 교과목의 구분 없이 통합된 형태의 문제를 제시할 수 있을 것이며, 중고등 단계의 경우에도 각 교과별 문항을 출제할 수 있지만 어느 정도는 교과가 통합되어 있는 문항을 개발하고 출제하는 것도 가능하리라고 생각한다.

〈연설하라! 실천하라!〉 프로젝트 수업 관련 지필평가 문항

공동체 생활에서 친구 문제는 너무나 중요한 사항입니다. 친구를 괴롭히거나 무시할 때 생길 수 있는 문제를 해결하기 위하여 다 같이 노력하자는 내용으로, 6학년 친구들에게 1~2분 정도 연설을 하기 위해 연설문을 쓰려고 합니다. 아래의 조건 3가지를 모두 넣어서, 주어진 문제에 대한 해결방안이 잘 드러나도록 연설문을 완성해보세요.

조건 1	연설문의 기본적인 특징을 생각하며 쓰기	이해하기 쉬운 내용, 높임말, 연설 시간, 희망적인 마무리 등
조건 2	가운데와 끝을 조건에 맞게 쓰기	• 가운데(문제에 대한 해결방법 2가지 이상 나타내기) • 끝(듣는 이가 행동하도록 요구하는 내용)
조건 3	다음의 이어주는 말을 넣어서 쓰기(2가지)	그리고, 그러나, 그러므로, 그래서

문항 번호	단원	평가목표	행동목표						정답
			지식	이해	적용	분석	종합	평가	
1	6. 타당한 근거	연설문의 특징을 알고 문제와 해결의 짜임으로 연설문을 쓸 수 있다. 이어주는 말의 쓰임새를 생각하면서 이어주는 말을 쓸 수 있다.	○	○			○		채점기준표 참고
채점기준표	친구를 괴롭히거나 무시할 때 생길 수 있는 문제를 해결하기 위해 다 함께 노력하자는 내용으로 연설문을 썼음								
	매우 잘함	• 연설문의 특징을 잘 살려서 연설문을 썼음 • 해결할 문제와 문제에 대한 해결방법을 2가지 이상 쓰고, 듣는 이에게 요구하는 내용을 설득력 있게 잘 연결하여 썼음 • 이어주는 말을 적절히 2가지 혹은 그 이상 사용하였음							

문항 번호	단원	평가목표	행동목표						정답
			지식	이해	적용	분석	종합	평가	
	잘함	• 연설문의 특징이 드러나도록 연설문을 썼음 • 해결할 문제와 문제에 대한 해결방법, 듣는 이에게 요구하는 내용을 비교적 잘 썼음 • 이어주는 말을 적절히 2가지 모두 사용하였음							
	보통	• 어느 정도 연설문의 특징을 알고 연설문을 썼음 • 해결할 문제와 문제에 대한 해결방법, 듣는 이에게 요구하는 내용을 썼지만 연결이 매끄럽지는 못함 • 이어주는 말을 1가지 사용하였음							
	노력을 요함	• 2~3문단 정도로 연설문을 썼는데 연설문의 본론(가운데)과 결론(끝)의 특징이 명확히 드러나지는 않음 • 해결할 문제와 문제에 대한 해결방법, 듣는 이에게 요구하는 내용이 잘 드러나거나 구분되지 않음 • 이어주는 말을 0~1가지 사용하였음							
	미흡	• 연설문을 썼는데 연설문의 특징이 거의 드러나지 않음 • 해결할 문제와 문제에 대한 해결방법, 듣는 이에게 요구하는 내용이 거의 드러나거나 구분되지 않음 • 이어주는 말을 제대로 사용하지 못함							

실제 자신들이 실천했던 연설문을 다시 써보는 평가문항으로, 제한조건에 국어 교과에서 다루었던 문장의 연결관계를 나타내는 단어들을 사용하게 하는 문항을 출제할 수 있다.

2장

〈나를 만나는 여행〉 프로젝트 수업

: 학생들의 미래를 생각하는 진로교육(O유형) :

초등 진로교육의 시작,
초등 3학년 진로 프로젝트

2014 교육부 진로교육계획에서는 학교진로교육 목표체계에 맞춘 단위학교별 진로교육계획을 수립하여 학교교육계획 작성 시 과목별 교과통합 진로교육 내용을 포함하는 것을 권장하고 있다. 학교진로교육 목표체계에 따르면 초등학교의 진로교육은 자아 이해와 다양한 경험과 체험을 통한 진로 인식의 단계이다. 학생들에게 적합한 진로교육을 운영하기 위해서는 동학년 동료 교사들의 성찰과 합의를 통하여 학생 스스로 자신의 흥미와 소질을 발견할 수 있는 기회를 마련하고, 다양한 경험과 체험을 통하여 진로 인식을 할 수 있는 교육과정을 마련하는 것이 필요하다.

"초등학교 시기는 학생이 가정을 떠나 새로운 환경 속에서 사회생활을 시작하는 단계로 일상생활에 필요한 기초능력 배양과 기본 생활습관을 형성하기 시작한다. 진로교육에서도 초등학교 단계에서는 진로개발역량의 기초를 함양하게 되며, 그 목표는 긍정적인 자아개념을 형성하고 일의 중요성을 이해하며 진로개발역량의 기초 소양을 배양하는 것으로 규정할 수 있다." (교육과학기술부, 2012)

진로개발역량의 가장 기초적인 토대인 긍정적인 자아개념의 형성은 기초를 다지는 초등 진로교육에서 가장 강조가 되어야 하는 것으로, 가정과 다른 학교 사회 구성원과의 적극적이고 활발한 상호작용을 통하여 긍정적 자아개념을 형성하고 타인과 공감하며 협동하는 태도를 기르는 것을 의미한다. 자아개념의 기초를 형성하고 직업에 대하여 건강한 의식을 갖기 위해 풍부한 학습 경험을 통하여 다양한 일의 세계에 대한 기초적인 개념과 중요성을 이해하도록 한다. 초등학교 단계는 구체적인 진로 선택이나 진로 준비를 하는 단계가 아니므로 진로를 탐색하고 진로계획을 수립할 수 있는 기초적인 능력과 태도를 갖추는 것에 초점을 맞추어야 한다.

진로교육 중심 프로젝트 수업의 필요성

학교에서 실시하고 있는 행사활동에 대하여 모니터링한 결과 과학탐구행사, 체육행사, 호국보훈의 달 행사, 독서행사, 학예회, 진로행사 등을 실시하고 있었다. 이중 진로행사는 진로주간을 정하여 다양한 활동을 하고 있지만 대부분 행사 중심의 일회성 교육으로, 학습지나 워크북을 작성하는 형태여서 학생의 창의적인 진로개발역량을 신장시키는 데에는 한계가 있다. 이러한 문제점을 극복하기 위해서는 학교 구성원의 성찰과 합의를 통하여 학교상황에 맞는 진로교육의 내실화, 다양화를 추구하는 것이 필요하며, 진로교육 관련 프로젝트 수업을 운영하는 것도 하나의 대안이 될 수 있다.

진로교육을 프로젝트 수업으로 운영하고자 하는 이유는 다음과 같다.

첫째, 진로교육은 활동에 참여하는 학생 모두가 주인공으로, 각 개인이 모두 주도적인 역할을 할 수 있다. 다시 말하면 다른 교육활동처럼 역할 분담을 통하여 리더 학생이 활동을 이끌어가고 그 외 학생은 지원하는 형태가 아니라, 참여하는 각각의 학생이 리더이자 지원자가 되기 때문이다. 이러한 이유로 진로활동은 학생들의 적극적인 참여를 기대할 수 있고 프로젝트 수업으로 운영하기에 좋은 활동이라고 할 수 있다.

둘째, 학교에서 실시하고 있는 행사활동 중 학생의 삶과 가장 관련이 깊은 것이 진로활동이다. 존 홀트(John holt)는 학생의 삶과 관련 있는 학습주제를 선정했을 때 학습효과가 높다고 하였다. 예컨대 과학탐구행사의 경우 그 주제가 자신의 삶과 관련이 깊은 학생과 그렇지 않은 학생의 간극이 크지만 진로활동은 모든 학생의 삶과 밀접한 관련이 있기 때문에 더욱 흥미를 유발할 수 있고 더불어 활발한 참여를 기대할 수 있다. 즉, 자신의 진로와 관련된 내용으로 활동이 이루어지므로 학습효과를 극대화할 수 있는 것이다.

셋째, 진로교육은 우리 교육에 있어서 가장 중요한 영역 중 하나이다. 2014년 교육부 비전인 '꿈과 끼를 살리는 행복한 교육'에 따라 학교교육과정 안에서 학생의 진로탐색이 가능하도록 진로교육을 강조하고 있다. 또한 경기도교육청에서 학교현장 의견수렴을 위한 현장 교사 토론회, 학부모 간담회, 25개 교육지원청의 일반학교 교직원 간담회, FGD(여론주도층 심층좌담회)를 실시한 결과, 학부모는 학교와 선생님들이 학생의 삶과 성장에 깊은 관심을 가지고 학생과 따뜻한 관계를 형성해주기를 기대하며 학교가 진로교육에 더 많은 관심을 가져주기를 원하고 있다고 조사되었다. 이처럼 진로교육은 시대적인 요구이며 학교교육과정에서 역점을 두어 운영해야 할 내용이라고 할 수 있다.

즉, 진로교육활동이 초등학교에서 프로젝트 수업으로 가능한 이유는 학습자가 자아 이해 활동을 통하여 자신을 알아가는 과정과 이를 바탕으로 직업의 가치를 이해하고 자신이 하고 싶은 일을 탐색해나가는 자기주도의 탐구과정에서 배움이 일어나는 수업이기 때문이다.

학교교육과정 내 진로교육 중심 프로젝트 수업 운영

☞ 프로젝트 수업 목표 : 긍정적인 자아개념을 형성하고 일의 중요성을 이해하며 진로
개발 역량의 기초 소양을 배양

진로교육은 대부분의 학교에서 행사 중심의 활동으로 창의적 체험활동의 진로활동으로만 구성되어 이벤트성, 일회성 교육으로 그치는 경우가 많다. 이러한 활동은 깊이 있는 진로교육의 운영이 어렵다는 한계가 있으므로 교과교육과정과 창의적 체험활동을 통합한 교육과정 운영이 필요하다.

교과교육과정과 창의적 체험활동을 통합한 교육과정을 운영하는 것은 한 명의 교사가 계획하고 운영하기에는 힘든 일이며 많은 어려움이 따른다. 그래서 동학년 교사들의 성찰과 합의를 통한 학년 교육과정으로서 준비가 필요하다. 따라서 교사들의 교육과정협의회가 반드시 필요하며, 협의회를 통하여 교육과정 재구성 및 지역 단위의 교육자원 목록과 연계한 진로교육을 실시하는 것이 바람직한 접근방법이다.

초등학교 3, 4학년군에서의 진로교육은 자신의 흥미와 장점을 알아가는 자아 이해 활동을 기본으로 운영하며 직업의 가치와 간단한 직업탐색활동으로 이루어진다. 그러나 3, 4학년군의 학생이라 하더라도 미래에 하고 싶은 일에 대한 확고한 인식이 있는 학생에게는 흥미 있어 하는 직업탐색활동을 지도할 수 있다. 즉, 학생의 상황에 따라서 맞춤형 진로교육을 실시해야 교육적 효과를 극대화할 수 있다.

관련 교과

〈나를 만나는 여행〉이라는 주제를 프로젝트 수업으로 운영하기 위해서는, 관련 교과와 창의적 체험활동의 진로활동을 통합하여 활동을 구성하고 운영하기 위한 교과교육과정 분석이 요구된다. 그러나 2009 개정교육과정의 각 교과 핵심성취기준 중 진로교육활동과 직접적으로 관련이 있는 내용을 찾기는 어렵다. 따라서 진로교육활동을 운영하는 과정에서 학생이 자연스럽게 달성할 수 있는 성취기준을 찾아 프로젝

트 수업으로 설계해야 한다. 또한 교과교육과정과 창의적 체험활동의 진로활동을 통합해서 진로교육 프로젝트 수업을 진행할 수 있도록 설계하면 더욱 효과적인 프로젝트 수업을 만들어갈 수 있다. 최근 교육과정 재구성에 대한 인식과 교사의 역량이 향상되고 있으므로 효과적인 수업을 위한 교육과정 재구성이 아주 어려운 일은 아니며, 특히 진로교육 프로젝트 수업은 다양한 교과에서 진로교육과 관련된 주제와 성취기준을 비교적 쉽게 선정하여 설계할 수 있다는 점에서 접근하기가 좋다.

그러나 학교에서 교육과정 재구성을 통한 교육과정을 운영할 때, 지도 시기를 크게 변경하면서 재구성하는 것은 부담이 따를 수 있다. 또한 교과서 중심의 수업에 대한 학생과 학부모의 인식이 변화하고는 있지만 여전히 부족한 실정이다.

이러한 부분을 고려하여 교과서 내용 중 3학년 1학기 5~6월에 지도하는 내용에서 진로교육과 관련된 내용으로 성취기준을 추출하는 사례를 제시한다. 그리고 학교·학년교육과정에 쉽게 적용할 수 있도록 성취기준과 관련된 교과서 내용을 지도하면서 자연스럽게 프로젝트 수업으로 연결되도록 설계하는 것도 처음 프로젝트 수업을 실시하는 교사에게는 좋은 방법이다. 또한 진로 관련 행사일을 정하여 행사 당일에 체험 중심의 진로교육활동을 집중적으로 실시하여 창의적 체험활동의 진로활동과 연계되도록 운영하는 것도 좋은 방법이다.

진로교육 프로젝트 수업 관련 교과 및 성취기준 선정

진로교육 중심 프로젝트 수업을 계획하기 위해서는 교과교육과정에서의 진로교육과 연관이 있는 성취기준을 분석해야 한다. 3, 4학년군에서 진로교육과 연관이 있는 성취기준은 초등학교 진로교육의 목표에서 중요하게 다루고 있는 「자아 이해」와 「직업의 가치 이해」이다.

교과	관련단원	성취기준	선정이유
도덕	1. 소중한 나	도411. 자신을 소중히 하는 생활을 해야 하는 이유와 중요성을 종합적으로 이해하고, 자신과 자신의 삶을 소중히 하는 방법을 익혀 생활 속에서 실천할 수 있다.	초등학교 진로교육의 목표인 긍정적인 자아개념을 형성하고 일의 중요성을 이해하며 진로개발 역량의 기초 소양을 배양
과학	3. 동물의 한살이	과4031-3. 곤충을 기르며 생명을 소중히 하는 태도를 기를 수 있다. 과4034-2. 여러 가지 동물의 번식 과정에서 암·수의 역할이 다름을 설명할 수 있다.	
창체	진로 탐색	긍정적 자아개념을 형성하고 일의 중요성을 이해할 수 있다.	
국어	3. 중요한 내용을 적어요	1413-1. 이야기를 듣고 일의 원인과 결과를 파악할 수 있다.	텍스트 교체를 통한 연계지도
미술 (금성)	3. 주제를 살려서	미4212. 자신이 표현하고 싶은 주제를 자유롭게 표현할 수 있다.	공동체에 대한 경험과 체험(실험)

프로젝트 수업 준비활동

[준비활동 1] 프로젝트 수업 도구 활용 지도

프로젝트를 수행하기 위해서는 인터넷 검색을 통하여 자료를 조사하고 워드프로세서 등을 이용하여 프레젠테이션을 작성할 수 있는 기본 활용 능력을 갖추는 것이 도움이 된다. 또한 도서관에서 필요한 도서를 검색하고 활용할 수 있는 능력이 필요하다. 이를 위하여 프로젝트 수업 시작 전까지 창의적 체험활동의 정보통신기술교육 시간에 컴퓨터 활용 방법과 국어교과 시간에 도서관 활용 방법에 대한 기본 소양 능력 향상에 대한 지도가 이루어지도록 교육과정 재구성이 필요하다. 창의적 체험활동 시간의 확보가 어려운 경우 이러한 기본 소양 능력의 향상을 위한 시간까지 프로젝트 수업에 포함되도록 계획할 수도 있다.

[준비활동 2] 모둠 구성

프로젝트 수업에서 일어나는 활동 중에 가장 많이 활용되는 것이 모둠 협력활동이다. 초등학교 3, 4학년군에서 모둠 협력활동이 효과적으로 이루어지기 위해서는 교사의 개입이 필요하다는 것이 일반적인 생각이다. 학생의 자유 선택을 중심으로 모둠을 선정할 경우 모둠 역량의 간극이 존재할 수 있기 때문이다. 그래서 학습결과의 수준을 높인다는 이유로 교사가 인위적으로 학생을 배치하여 모둠을 구성하는 경우가 많다. 하지만 이러한 인위적 조정은 모든 학생들의 적극적인 참여를 이끌어내기 어려우므로, 간극이 존재하는 모둠은 교사가 적극적으로 도움을 주어 자연스럽게 협력이 이루어질 수 있도록 하여 학생들이 스스로 상황을 해결했다는 성취 동기를 갖도록 하는 것이 프로젝트 수업의 목적에 알맞다.

또한 모둠활동에서의 기본 소양인 배려와 협력에 대해 교과 활동시간에 꾸준히 지도하여 효과적인 모둠활동이 이루어질 수 있도록 준비해야 한다.

: 케이스 스토리 07 :

〈나를 만나는 여행〉 프로젝트 수업을 소개합니다

진로교육 프로젝트 수업은 진로 주간을 정하여 도덕교과에서 기본적인 자아 이해 활동을 실시하고, 과학교과의 '동물의 한살이' 단원에서 나비의 한살이를 통한 자아 이해 활동과 동물의 암수에 따른 역할을 통하여 직업의 가치를 이해하는 활동으로 구성한다. 기본 성찰활동과 연계하여 창의적 체험활동(진로활동)에서 추가적인 성찰 및 조사활동을 실시하며, 미술교과 시간과 국어교과 시간을 활용하여 프로젝트 결과물에 대한 발표 및 공유 활동을 실시하는 것으로 완성된다.

프로젝트 수업 준비	프로젝트 수업 운영 안내, 배움수첩 활용 안내
⇩	
학습계획 수립	자아 이해 활동, 진로 프로젝트 계획 수립
⇩	
관련 주제 탐색	배추흰나비 관찰, 배추흰나비의 단계와 나 비교 동물의 암수 관찰, 일과 직업의 중요성 알기
⇩	
산출물 작성 및 발표	프로젝트 수업 산출물 작성(자아 이해, 진로탐색 등) 프로젝트 산출물 발표(학급 순환 발표)
⇩	
평가	지필평가(서술형 논술형), 수행평가

프로젝트 수업 준비

본 수업을 프로젝트 수업으로 진행하기 위하여 계획 단계에서 가장 필요한 것은 학생의 프로젝트 수업에 대한 이해이다. 3, 4학년군 학생에게 프로젝트 수업은 처음 접해보는 매우 낯선 용어이고, 어떤 수업인지 모르는 경우가 많다. 프로젝트 수업 시작 전 아침활동 시간을 활용하여 프로젝트 수업의 정의, 프로젝트 수업을 하는 이유, 프로젝트 수업을 위해 준비해야 할 내용에 대한 안내가 필요하다.

프로젝트 수업 활동을 위한 배움수첩 활용 안내

프로젝트 수업 전 과정에서 학생의 성찰과 집단지성을 활용한 나눔의 과정을 학생이 직접 기록하는 것은 매우 중요하다. 이 활동은 학생이 주도적으로 계획하고 활동하는 프로젝트 수업만의 특징적인 활동이라 할 수 있기 때문이다. 이를 위하여 모든 학생이 '나를 찾아가는 여행' 공책이나 메모 수첩을 준비하여 기록할 수 있도록 안내한다.

경험적으로 3, 4학년군 학생들은 PD수첩 형식의 작은 크기의 수첩에 대한 선호가 높다. 작은 크기의 수첩은 평소에 사용하는 공책보다 작기 때문에 식상하지 않고 휴대하기에 간편하므로 좋아하는 것으로 나타났다.

배움수첩을 기록하는 부분에 있어서 프로젝트 수업의 취지에 맞게 학생이 자기주도적으로 프로젝트 수업 과정에서 성찰, 나눔, 공유의 내용을 기록하는 것이 가장 이상적이겠지만 초등학교 학생에게는 다소 어려운 부분이 있다. 이를 위하여 교사는 배움수첩 작성방법에 대한 지도 및 예시를 제시하여 안내해야 한다. 예를 들면 일자, 페이지, 제목, 내용을 기록하는 등 배움수첩을 작성하는 방법, 공부한 내용을 작성할 때 마인드맵, 만화, 그림, 시,

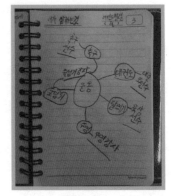

배움수첩

이야기 등의 다양한 형식을 활용하여 작성하는 방법, 스프링 형식의 배움수첩인 경우 왼쪽 페이지를 작성할 때에는 오른손잡이 학생은 불편함을 느낄 수 있기 때문에 오른쪽 페이지에만 작성하는 방법 등 최대한 친절한 안내가 필요하다. 또한 이 자료를 프로젝트 수업의 평가에서 과정평가의 자료로 참고할 수 있다.

진로교육 프로젝트 수업 준비를 위한 교사의 안내

진로교육 프로젝트 수업에 대한 학생의 이해를 돕기 위하여 프로젝트 수업의 정의와 수업 방법에 대한 설명이 필요하다. 수업 중 교사의 설명에 대한 내용은 다음과 같다.

– 프로젝트 수업이란 쉽게 말하자면 학생 스스로 공부할 주제를 찾고 주제에 대하여 친구들과 함께 협력하여 공부하는 것을 말합니다.
– 이번에 공부할 프로젝트 수업의 주제는 진로교육입니다. 진로라는 말을 들어본 적이 있나요? 들어본 학생들도 있겠지만 쉽게 설명하면 미래에 하고 싶은 일을 찾아서 준비하는 것을 말합니다.
– 여러분은 꿈이 있나요? 단순히 인기가 많아서, 돈을 많이 벌어서, 멋있어서 등의 이유로 꿈을 정하기보다는 자신이 무엇을 좋아하고, 무엇을 잘하는지 충분히 생각해보고 꿈을 정하는 것이 좋습니다.

진로교육 프로젝트 수업 계획단계

진로교육 프로젝트 수업에서 계획단계는 1~2/14차시로 구성되어 있으며 자아 이해 활동을 통한 진로교육과 앞으로 실시할 진로교육 프로젝트 수업에 대하여 어떠한 주제를 선정하고 어떻게 공부할 것인지 구체적인 계획을 세우는 단계이다.

1차시는 일반 수업형태로 도덕교과서를 활용한다. 프로젝트 수업을 교과와 연계하는 방법으로, 교과 내용을 일반 수업 형태로 나를 소중히 여기는 방법을 이해하고 타임캡슐 활동을 통하여 나의 장점과 특징을 알아보는 활동을 실시한다. 2차시에는 〈나를 찾아가는 여행〉 계획 세우기를 실시한다.

여기에는 학생 스스로 자아 이해 활동을 어떻게 계획하고 공부할 것인지에 대한 자세한 안내가 필요하다. 막연히 자신에 대하여 생각해보라는 교사의 질문으로는 학생의 적극적인 참여를 기대하기 어렵다. 그래서 교사의 자세한 안내로 자신이 좋아하는 과목, 좋아하는 활동, 자신이 잘하는 과목, 잘하는 활동, 나의 장점, 나의 특징, 부모님이 생각하는 나의 장점, 친구들이 생각하는 나의 장점 등에 대한 학생의 고민이 필요하다.

실제로 자아 이해에 대한 활동을 실시하면 체육교과와 신체활동에 대한 선호도가 매우 높기 때문에 체육교과 또는 신체활동 다음으로 잘하는 것, 좋아하는 것에 대한 고민을 하도록 안내하는 것이 중요하다. 또한 단순 선호도에서 더 발전적인 자아 이해를 할 수 있도록 가드너(Howard Gardner)의 다중지능이론에 대하여 학생에게 설명하고, 자신은 어떤 지능이 더 발달했는지 탐구하는 것도 좋은 방법이다. 다중지능이론을 활용할 때의 유의할 점은 누구나 여러 방면의 지능을 가지고 있고, 현재 지능이 발달하지 못한 부분은 본인의 노력 여하에 따라 얼마든지 발달할 수 있다는 사실을 알려주어야 한다는 것이다. 또한 자신의 지능이 발달한 부분을 찾아 이러한 지능을 더 개발하기 위해서는 어떠한 노력을 해야 하고, 어떠한 직업과 관련이 있는지 탐색할 수 있도록 안내한다.

진로교육 프로젝트 수업 관련 주제 탐색단계

관련 주제 탐색단계는 3~9/14차시로 구성되어 있으며 3~4/14차시에는 과학교과에서 배추흰나비를 관찰하여 배추흰나비의 한살이에 대하여 학습한 후, 나의 모습과 배추흰나비의 모습을 비교하고, 현재의 나는 배추흰나비의 한살이의 모습 중 어느 부분에 해당하는지 생각해봄으로써 자연스럽게 자아 이해와 연결되는 활동이다.

이 차시에서는 배추흰나비를 직접 관찰할 수 있도록 사육 상자를 학급에 비치하고, 배움수첩과 연계한 관찰기록 활동을 실시할 수 있도록 하는 교사의 준비가 필요하다. 사육 상자를 활용하여 수업을 할 때 주의할 점은 사육 상자의 상황에 따라 알, 애벌레, 번데기, 배추흰나비의 과정에 차이가 있을 수 있다는 것이다. 따라서 교사는 배추흰나비 사육 상자의 상황에 맞게 유연하게 과학수업을 운영해야 할 필요가 있다. 또한 배추흰나비를 사육하면서 애벌레의 먹이 먹는 정도, 먹이 먹는 위치, 애벌레가 움직이는 모습, 애벌레의 성장, 번데기의 위치 등에 대해 교사가 발문을 통하여 학생들의 관찰에 대한 동기부여를 한다면 프로젝트 수업에 적극적으로 참여하는 분위기를 조성할 수 있다.

현재 나의 모습은 어디인지 학생의 성찰을 바탕으로 알, 애벌레, 번데기, 배추흰나비 중 선택하여 그 이유를 모둠 협력활동을 통하여 공유할 수 있도록 지도해야 한다. 이 활동에서 같은 단계를 선택한 학생들이 함께 선택 협력활동을 실시하며 각 단계를 선택한 이유와 이 단계의 배추흰나비 한살이의 모습을 협력하여 몸으로 표현하는 활동을 한다. 아직 초등학교 3, 4학년군의 학생이기 때문에 알, 애벌레의 단계를 많이 선택하는 편이며 번데기와 나비는 상대적으로 적은 학생이 선택할 수 있다. 알과 애벌레 단계의 경우 많은 학생들이 선택할 수 있기 때문에 원활하게 모둠활동을 할 수 있도록 교사가 인원을 나누어주는 등의 지도가 필요하다. 몸으로 표현하는 활동이 단순히 재미있는 활동에서 그치지 않고 협력학습을 통해 과학교과의 목표인 배추흰나비 한살이 단계의 특징을 이해할 수 있도록 지도해야 한다.

5/14차시에는 국어교과의 이야기를 듣고 원인과 결과 알아보기 활동의 텍스트를 『애벌레 찰리』* 텍스트로 대체하여 과학교과와 같은 텍스트를 활용하여 프로젝트 수업으로서 교과통합지도를 할 수 있도록 한다. 텍스트를 대체하는 경우 교사는 학생의 이해도를 높이기 위하여 『애벌레 찰리』를 추천도서로 선정하여 아침 독서시

| 단계 선택 의견 공유 | 알 단계 신체표현 | 애벌레 단계 신체표현 |

간을 활용하여 책 읽어주는 선생님 활동으로 실시하는 것이 좋다. 이와 연계하여 학급에 비치된 배추흰나비 사육 상자의 애벌레에게 이름을 지어주는 등의 활동으로 배추흰나비에 대한 관심을 높이고 지속적인 관찰을 할 수 있도록 동기부여를 해야 한다.

6~7/14차시에는 과학 교과에서 과학과 성취기준에 따른 동물의 암수에 따른 생김새와 역할에 대해 이해할 수 있는 내용으로 진행하며, 이와 연관하여 오늘날 직업의 가치와 중요성에 대하여 개인학습, 협력학습을 통해 이해할 수 있도록 한다. 이 활동에서는 동물의 암수의 역할에 대한 이해를 돕는 동영상 자료를 준비하고, 이를 통하여 자연스럽게 초등학교 진로교육의 목표 중 직업의 가치와 중요성에 대하여 생각하게 하며, 다양한 직업이 모두 가치 있고 중요하다는 것을 알 수 있도록 지도하는 것이 중요하다. 헌터스 《사자, 가족끼리 협력하라》 동영상[**]을 활용하여 암수의 역할과 중요성을 배울 수 있도록 한다.

역할놀이를 통해 직업의 가치와 중요성을 인식하는 활동을 위해서는 학생들의 삶과 연관된 직업으로 역할놀이를 실시해야 한다. 또한 전 차시에 학습한 동물의 암수와 관련한 역할놀이는 주로 학생들의 생활과 밀접한 관련이 있는 소재를 대상으로 실시하는 것이 좋다.

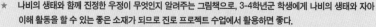
[*] 나비의 생태와 함께 진정한 우정이 무엇인지 알려주는 그림책으로, 3-4학년군 학생에게 나비의 생태와 자아 이해 활동을 할 수 있는 좋은 소재가 되므로 진로 프로젝트 수업에서 활용하면 좋다.
[**] 헌터스 《사자, 가족끼리 협력하라》 (MBC) (http://www.youtube.com/watch?v=caigDVMozVg) 사자의 사냥 모습에서 암컷과 수컷을 역할을 비교하고, 생존을 위한 암수의 역할을 통하여 직업의 가치와 중요성을 인식할 수 있는 동영상으로 활용 가능하다.

학생들에게 익숙한 학교, 학원, 병원 등도 가능하지만 초등학교 3, 4학년 수준에서는 학교, 학원, 병원에서의 역할에 대한 이해가 부족하기 때문에 가정에서의 역할놀이로 선정하는 것이 좋다. 또한 학생에게 선택권을 부여하기 위하여 가정에서의 상황 중 요리, 여행, 청소 등의 상황을 제시하고 그중 하나의 상황을 학생들이 선택하여 협력활동으로 가족놀이를 실시하도록 한다. 이 활동에서 학생들이 아빠, 엄마, 나, 동생(누나, 형)의 역할을 선택하고 각자의 역할에 따른 직업의 중요성을 인식할 수 있도록 운영한다. 이 활동에서 주의할 사항은 어느 한 역할이 주도하는 것보다는 구성원이 함께 협력하여 상황을 해결하고, 이를 통하여 모두의 역할이 가치가 있다는 것을 인식하도록 안내하는 것이다.

역할놀이 상황 토의　　　　　　**역할 선택**　　　　　　**역할놀이**

8~9/14차시는 창의적 체험활동의 진로활동을 통하여 〈나를 찾아가는 여행〉 활동에서 더 알아보고 싶은 내용을 도서관과 컴퓨터실에서 조사하여 자기주도적으로 탐구하는 활동이다. 교사는 도서 검색으로 활용할 수 있는 추천도서와 컴퓨터를 활용한 조사에서 활용할 수 있는 사이트에 대한 다양한 안내를 실시하고, 특정 직업에 대한 집중적인 조사에 치우지지 않도록 관찰하고 지도해야 한다.

초등학교 3, 4학년군 수준에서는 자기주도적인 컴퓨터 활용을 통한 조사가 쉽지 않기 때문에 교사가 사전에 자아 이해 및 직업의 가치와 중요성에 대한 자료를 탐색할 수 있는 사이트를 제시하는 것도 좋은 방법이다. 예를 들면 커리어넷에서 제공하는 저학년용 프로그램인 아로주니어, 고학년용 프로그램인 아로주니어 플러스, 진로탐색대 등 관련 사이트를 소개하여 학생들이 참고할 수 있도록 한다. 그리고 스스로 탐색한 결과를 배움수첩에 기록하여 결과물 제작에 활용하도록 지도하는 것이 좋다.

진로교육 프로젝트 수업 산출물 작성단계

10~12차시에는 미술교과와 창의적 체험활동의 진로활동을 통하여 〈나를 찾아가는 여행〉 발표자료를 제작한다. 교사는 '우드락'에 미래의 나의 모습에 대한 내용을 기사문 작성, 과학교과에서 배운 내용을 바탕으로 하는 자아 이해 과정, 그림, 만화 등 학생들이 선택한 표현방식으로 진로활동 프로젝트 수업에서 배운 내용을 표현하도록 안내하고, 미래에 하고 싶은 일이 정해진 학생은 미래의 명함 만들기를 병행하여 우드락에 부착할 수 있게 한다. 또한 학생의 배움 선택권을 위하여 〈나를 찾아가는 여행〉의 과학과 성취기준에 준하는 배추흰나비 관찰과 관련한 내용을 작성하는 것도 가능하다.

진로교육 프로젝트 수업의 특성상 자아 이해, 직업의 가치와 중요성, 진로탐색 결과 등 다양한 산출물을 얻을 수 있다. 그러나 성취수준이 낮은 학생들 중에는 진로교육의 목표를 이해하지 못하여 산출물 제작에 어려움을 느끼는 학생이 있다. 교사는 이러한 학생을 지원하기 위하여 프로젝트 수업 과정에서 지속적으로 진로활동에 대해 함께 고민하고 탐색하여 산출물로 이어지도록 도움을 주어야 한다.

이 단계에서 교사는 교사평가 및 학생평가를 준비하며 표현에 대한 교사의 면밀한 관찰을 통해 과정평가를 실시하고, 학생의 관찰평가는 해당 차시의 정리시간을 활용하여 운영한다.

진로교육 프로젝트 수업 의사소통과 협력 및 평가 단계

13/14차시에는 프로젝트 수업 의사소통과 협력을 위한 진로데이를 활용하여 전일 행사로서 모둠 내, 모둠 간, 학급 간 공유 활동을 운영한다. 학급 간 공유를 진행하기 위해서는 학급 순환 발표의 방법을 활용할 수 있다. 학교에 다목적실 등 발표회를 할 수 있는 장소가 있다면 이러한 장소를 활용하고, 장소가 없다면 학급 이동 발표방식을 활용할 수 있다.

학급 순환 발표는 학년에 속해 있는 학급 수를 고려하여 1~2개 조로 나누어 운영하며 배움의 선택권을 학생에게 부여하여 발표하는 학생과 관람하는 학생으로 선택하여 활동을 운영한다. 학급 순환 발표를 통하여 프로젝트 수업 산출물에 대하여 학급 내, 학급 간 공유 활동을 할 수 있도록 운영한다.

학급 간 공유 활동을 할 때에는 이젤을 활용하여 진로 프로젝트 수업의 산출물을 게시하고, 학급 구성원을 발표모둠과 참관모둠으로 나누어 활동하여 20분 후에는 서로 교대하여 운영하는 방식을 활용한다. 이때 사전 교사 협의를 통하여 학급 간 이동방식에 대해 협의하는 것이 좋으며 이동방식은 학생에게 관람의 선택권을 주어 자유롭게 관람할 수 있도록 지도하되, 모든 내용을 보아야 한다는 기준을 정해주는 것이 좋다. 또한 관람할 때 배움수첩을 같이 지참하여 공유 활동에서 새롭게 알게 된 사실이나 새롭게 알고 싶은 내용을 기록하여 사고의 확장이 일어날 수 있도록 한다.

또한 학급 순환 발표를 할 때 담임교사는 각 반에서 정위치하여 발표하는 학생과 관람하는 학생을 모두 지도한다. 발표하는 학생의 발표가 원활하게 이루어지지 않는 경우 교사가 개입하여 관람하는 학생과 발표하는 학생의 공유 활동을 지원해야 한다.

최종 14/14차시의 평가단계에서는 진로데이를 통하여 자신을 소중히 여기고 다른 사람을 소중히 여기는 태도에 대하여 배운 내용을 정리함으로써 진로교육 프로젝트 수업을 통한 성과가 내면화될 수 있도록 운영한다. 또한 진로데이를 통해 자아 이해 활동과 직업 가치 탐색활동을 실시하며 학생이 느끼고 배운 내용을 정리할 수 있도록 지도한다.

산출물 제작   학급 순환 발표   학급 순환 발표

〈나를 찾아가는 여행〉 프로젝트 수업 후 학생들의 성장 이야기 셋

하나. 다른 반 친구의 발표를 보니 우리 모둠의 발표를 들으러 오는 사람들을 위해서 의자를 놓아야겠다는 생각을 했어요. 서 있는 상황에서 발표를 듣는 것보다 앉아서 발표를 들으니 집중이 잘 되는 것 같아요.

둘. 우리반 친구들의 이야기를 듣는 것도 좋지만 다른 반에 가서 직접 친구들의 이야기를 들으니 재미있었어요. 발표는 A반이 잘하는 것 같고, 발표 자료는 B반이 잘 만든 것 같아요.

셋. 저의 꿈은 디자이너인데요. 다른 반에서 하는 발표를 보러가니 디자이너가 꿈인 친구가 있었어요. 제가 생각했던 디자이너보다 그 친구가 발표한 디자이너를 보니 디자이너라는 직업이 더 다양한 일을 할 수 있다는 것을 알게 되었어요. 저도 저의 꿈에 대하여 조금 더 자세히 알고 싶어졌어요.

〈나를 만나는 여행〉 프로젝트 수업 표현과 평가는
어떻게 할까?

프로젝트 수업에서 표현을 강조하는 것은 작업의 완결과 성취감뿐만 아니라 완성된 결과를 자신의 아이디어로 형상화하는 과정에서 창의적인 생각이 길러지기 때문이다. 표현이란 자신의 개성을 드러내는 과정이며 자신들이 탐구한 결과의 의미를 실체화하는 과정이다. 이런 과정을 통해서 학습자는 탐구한 지식의 정수와 핵심을 정리하는 능력을 기르고, 아이디어와 개념을 실제의 세계와 연결하는 경험을 하게 된다.

이러한 프로젝트 수업의 평가를 위한 방법으로 첫째, 과정평가는 관찰과 표현이라는 항목으로 교사와 학습자가 각각 학습자와 동료를 평가할 수 있도록 하며 둘째, 교과 내 프로젝트 수업이라는 특성을 반영하여 교과내용에 관련된 지필평가의 기준을 제시하였다.

수행평가	• 프로젝트 수업 과정평가 　– 학생평가(관찰평가, 표현평가) 　– 교사평가(관찰평가, 표현평가)
지필평가	• 서술형·논술형 평가 • 정의적 능력 평가

프로젝트 수업의 과정평가 – 관찰과 표현을 중심으로

프로젝트 수업의 과정평가는 크게 관찰과 표현의 두 가지 관점에서 실시할 수 있다. 프로젝트 수업의 평가에서 무엇보다 중요한 것은 교사의 관찰이다. 교사는 관찰평가를 단계별로 면밀하게 실시하여 표현평가와 상호보완적으로 운영해야 한다. 또한 평가는 프로젝트 수업에서 추구하는 과정적 평가가 중심에 있으면서, 실제 학교 현장에서 다루어야 하는 교육과정상의 성취기준 목표를 달성할 수 있는 지필평가 또한 동시에 만족할 수 있어야 한다.

그리고 학생평가와 교사평가를 병행 실시하여 학생이 프로젝트 수업의 기획·운영자임과 동시에 평가자임을 인식하고 프로젝트 수업에 적극적으로 참여할 수 있도록 안내한다.

학생평가

– 관찰평가 (학생용)

• 자신이 맡은 역할에 최선의 노력을 하였는가?	5	4	3	2	1
• 우리 모둠이 진행하는 해결방법은 독창적인가?	5	4	3	2	1
• 우리 모둠의 소통이나 협력적 상황은 어떠한가?	5	4	3	2	1
• 나를 제외하고 우리 모둠에서 최선을 다하는 친구는?					

– 표현평가 (학생용)

• 표현물에 대한 개인적인 만족도는?	5	4	3	2	1
• 우리 모둠이 함께 참여한 표현물의 모둠 전체적 만족도는?	5	4	3	2	1
• 표현물과 프로젝트 수업의 관련성은?	5	4	3	2	1
• 나를 제외하고 우리 모둠 내 표현물의 최대 기여자는?					

교사평가

– 관찰평가 (교사용)

• 프로젝트 주제를 잘 이해하고 있는가?	5	4	3	2	1
• 조사나 탐구방법 및 기획이 적절한가?	5	4	3	2	1
• 프로젝트 수업에 흥미를 가지고 몰입하고 있는가?	5	4	3	2	1
• 프로젝트 수업을 협력적으로 진행하고 있는가?	5	4	3	2	1

– 표현평가 (교사용)

• 표현물(작품)이 독창적이거나 사고의 확장성이 있는가?	5	4	3	2	1
• 표현물에 프로젝트 수업의 의도가 얼마나 반영되어 있는가?	5	4	3	2	1
• 표현물에 도달하는 과정에 얼마나 성실했는가?	5	4	3	2	1
• 표현물에 모둠 내의 관계(협력적, 역할 분담 등)가 반영되어 있는가?	5	4	3	2	1

프로젝트 수업의 지필평가

프로젝트 수업의 지필평가는 프로젝트 수업을 계획하는 단계에서 결정해야 한다. 평가라는 것은 간단히 말하면 교육목표에 도달했는가를 측정하는 것이다. 즉 교육과정을 반영하는 프로젝트 수업을 위해 교육과정을 재구성하는 과정에서 관련 교과의 성취기준과 수업목표를 설정했다면 이 목표에 도달했는가를 지필평가로 측정하는 것이다.

프로젝트 수업의 지필평가는 서술형·논술형의 평가를 실시하는 것이 프로젝트 수업을 통해 얻고자 하는 목표와 교육과정 성취수준의 달성을 확인하는 데 효과적이다. 물론 서술형·논술형 평가뿐 아니라 선택형 문항도 실시할 수 있다. 선택형 문항이나 단답형 문항이 프로젝트 수업을 통한 사고의 확장과정으로 서술형·논술형 평가와 맥락적으로 연결된다면 가능하다.

또한 자아 개념, 가치관, 태도, 흥미, 책임, 협력, 동기 등의 의미를 측정할 수 있는 정의적 능력 평가를 실시하는 것도 좋은 평가가 될 수 있다. 정의적 능력 평가를 활용할 때 유의할 점은 평가 결과는 학생에 대한 이해, 교수 및 학습 방법 개선의 정보, 학생 상담 등의 자료로 활용하여 학생의 성장을 지원하고 평가 결과를 성적 산출을 위한 자료로 활용하지 않으며, 점수화하거나 서열화하지 않아야 한다는 것이다. 또한 학생들에게 평가자료를 투입할 때 학생들이 일반 지필평가로 인식하지 않도록 학교와 학급의 특색에 따라 평가지의 제목을 창의적으로 재구성하여 적용해야 한다.

서술형·논술형 평가 문항

문항번호	학년-학기	내용/행동영역	배점	난이도
1	3-1	생명/ 통합탐구기능	10	하

관련단원	3. 동물의 한살이
성취기준	곤충의 한살이 관찰 계획에 따라 곤충을 기르며 관찰할 수 있다. 여러 가지 동물의 번식 과정에서 암·수의 역할이 다름을 설명할 수 있다.
평가요소	배추흰나비의 생김새와 한살이의 특징을 알고 곤충의 특징 이해하기 동물의 암수에 따른 생김새의 특징을 구별하여 설명할 수 있다.
자료출처	삽화 자체 제작, 사자 사진(네이버)

※ 다음 글을 읽고 물음에 답하시오. [10점]

(1) 다음 자료를 참고하여 배추흰나비 성충의 모습이 애벌레와 다른 점을 2가지 쓰시오. [6점]

배추흰나비 애벌레　　　　　　　배추흰나비 성충

- -

☞

- -

☞

- -

(2) 다음 동물의 암수를 구별하여 ○표 하고, 암수가 어떻게 구별되는지 암수의 차이점을 쓰시오.

[4점]

수컷(　), 암컷(　)　　　　수컷(　), 암컷(　)

암수를 구별할 수 있는 차이점

- -

☞

- -

문항	구분		답안 내용	배점
1-(1)	기본		① 몸은 머리, 가슴, 배의 구분이 뚜렷하다. ② 날개가 있어 날 수 있다.	6
	인정 답안	답안 1	긴 대롱 모양의 입이 있다.	
		답안 2	1쌍의 더듬이와 1쌍의 겹눈이 있다.	
		답안 3	다리가 3쌍(6개)이다.	
		답안 4	'애벌레는 날개가 없으나 배추흰나비는 날개가 있다.' 등으로 애벌레와 배추흰나비의 특징을 설명해도 정답	
	분할 점수 기준		1가지만 정확하게 썼을 경우	3
1-(2)	기본		수컷(○), 암컷(　)　　수컷(　), 암컷(○) 수컷에는 갈기가 있는데 암컷에는 없다.	4
	인정 답안		수컷이 암컷보다 머리가 크다. 수컷이 암컷보다 몸이 더 크다.	
	분할 점수 기준		사자의 암수를 구별할 수 있는 차이점은 바르게 작성하였으나 사자의 암수를 바르게 구별하지 못한 경우	3
			사자의 암수를 모두 맞게 구별하였으나 사자의 암수를 구별할 수 있는 차이점을 바르게 작성하지 못한 경우	1

중학 프로젝트 수업이 궁금하다면,
다음 페이지를 넘겨보세요!

3부

중학교 프로젝트 수업

: 수학, 프로젝트 수업을 만나다(O유형) :

수학수업에서 프로젝트 수업은 어떤 의미일까?

가톨릭 신부 앤소니 드 멜로(Anthony de Mello)의 책 『일분 지혜』에는 다음과 같은 말이 나온다.

"일찍이 수학자가 되겠다는 한 학생이 있었지만 결국 성공하지 못했죠. 왜냐하면 수학 교과서 뒤에 실린 답을 맹목적으로 믿었기 때문입니다. 물론 그 답은 모두 정답이지만요."

이 말이 의미하는 바는 무엇일까? 그 학생은 왜 수학자가 되지 못했을까? 이 학생에게 수학적 호기심이라는 것이 있었을까? 실제로 우리나라의 많은 학생들은 정답을 위해 공부하거나 답이 맞으면 끝인 공부를 하고, 심지어는 '시나공(시험에 나오는 공부)'만을 하려는 경향을 보이고 있다.

학기 초 음수를 처음으로 도입하는 수업 시간에 "□+7=4에서 □ 안에 들어갈 수가 무엇일까?"라고 학생들에게 물어본 적이 있는데 "−3이요"라고 대답을 하는 학생이 몇 명 있었다. 대답한 학생들에게 "그럼 식 □+7=4와 같은 것은 왜 나오게 되었을까?, 그냥 문제를 풀기 위해 누군가 만들어낸 것일까?"라고 물어보자 당황하면서 그런 것을 꼭 알아야 하냐는 듯한 표정을 보였다. "그거 시험에 나와요?"라고 물어보는 학생들은 배움에 있어서 과정과 이유보다는 결과와 정답이라는 부분에 더 초점을 맞추고 있는 것이다.

최근 수학교육에 대하여 초중고생을 대상으로 실시한 설문조사*에 따르면 학년이 올라갈수록 수학에 대한 흥미는 확연하게 낮아짐을 볼 수 있다. 그 이유로는 '어렵다', '필요성을 못 느낀다'는 것이 주된 원인으로 나타났다.

자신의 삶과 관련이 없고, 그래서 흥미도 낮은 수학수업에서 최선을 다하기란 쉽지 않을 것이다. 단지 학생들은 수학과목이 대학입시에서 높은 비중을 차지하기 때문에 공부의 끈을 놓지 않으려고 노력하고 있는 것이다. 그럼에도 2014학년도 대학수학능력시험 성적 분석 자료를 보면** 30점 미만의 하위권 수험생 비율이 국어 4.6% 및 영어 7.1%에 비해 수학이 34.1%로 압도적으로 높았다.

이렇게 흥미도 느끼지 못하고 해야 할 동기도 느끼지 못하는 학생들에게 어떻게 수학을 공부하게 할 것인지는 모든 국가의 많은 교실에서 부딪치는 고민이다. 그 해답은 학생들에게 가르치고자 하는 내용에 대한 호기심을 자극하고 그들의 삶과 연결된 내용을 수업에서 다룸으로써 학생들이 배움의 필요성을 자연스럽게 인식하여 학습할 수 있도록 동기를 유발하는 것이다. 또한 교사는 그렇게 수업에 푹 빠진 학생들이 스스로 수업목표를 향해 나아갈 수 있도록 수업이 이루어지는 과정에 관심을 가짐으로써 학생들에게 올바른 방향을 제시하고 조언해주어야 한다.

★　초중고교 수학교육 설문조사 결과 (2014. 4. 7. 세계일보)
★★ 세계일보와 하늘교육 공동으로 조사 (2014. 4. 7. 세계일보)했으며 국어·영어·수학 표준점수와 평균을 원점수(100점 만점·A/B형 통합)로 환산함.

수학과 프로젝트 수업의 실제

교육과정에 근거해서 우리의 생활과 밀접한 관련이 있는 주제를 선정함으로써 학생들이 수학에 흥미를 느끼고 그 필요성을 깨닫게 하는 것이 좋다. 이를 바탕으로 해결해야 할 과제를 조사하고 탐구해가는 과정에서 수학시간에 수학적 지식만을 배우는 것이 아니라 학생들에게 미래를 살아가는 데 필요한 능력(창의성, 문제를 해결하는 방법을 계획하고 실천하는 능력, 민주시민의식 등)을 함께 기를 수 있는 기회를 부여할 수 있다. 이런 측면에서 수학수업이 프로젝트 수업으로 구성되는 것은 의미 있는 일이 될 것이다.

물론 현실을 감안할 때 매 수업시간마다 실천하는 것은 어렵겠지만, "수학수업에서도 설명과 설득이 주가 되는 이론 중심이 아니라 학생이 중심이 돼 수학적 대상을 조직하고 탐구해가는 경험이 필요하다."[*]는 점을 고려하면 전달식 수업을 개선하여 학생들이 스스로 수학수업에서 의미를 찾는 기회를 부여할 필요가 있다.

이를 실천하기 위해 수학과 프로젝트 수업의 두 가지 모델을 제시할 수 있을 것이다.

◎ 수학의 이론적인 면을 강조한 프로젝트 수업 모델
◎ 수학의 유용성을 강조한 프로젝트 수업 모델

수학의 이론적인 면을 강조한 수업은 배우는 내용이 왜 나오게 되었는가를 강조하고 학생들의 삶과 연결하여 의미 있게 배워가는 것에 초점을 맞추는 것이다.

이론적 측면을 강조한 수업 모델

수학의 유용성을 강조한 수업은 수학이 다른 과목과 결합되어 학생의 삶과 관련된 문제상황을 해결하는 데 도움을 주는 것을 강조한 통합교과수업의 사례로 만들 수 있을 것이다.

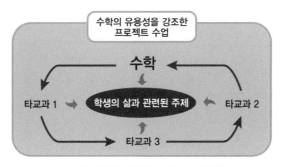

유용성을 강조한 프로젝트 수업 모델 위치

학생들 또는 성인들도 수학에 대해서는 대부분 '배워서 어디에 사용하나?', '필요가 없다'는 인식이 높음을 알 수 있다.[**] 이런 이유로 앞에서 두 가지 모델로 구분했지만 모두 결국 수업시간에 배운 내용을 자신과 관련된 상황에서 실제 적용해봄으로써 그것이 자신과 무관한 것이 아니며 의미 있게 사용되고 있다는 것을 느낄 수 있도록 하는 노력을 담은 것이라 생각한다.

★　한국교육신문(2014. 1. 27. 류희찬 '수학교육, 바꿔야 할 때다')
★★ 경북교육연구소 학생 및 학부모 1000명 대상 조사, 학부모 67%가 '학교 때 배운 수학 실력이 사회생활에 큰 도움이 되지 않았다'고 응답했다.

〈세상에 존재하는 것에는 이유가 있다〉
프로젝트 수업

중학교 1학년은 정수와 유리수 단원에서 음수를 도입하여 수의 확장이 본격적으로 이루어지는 시기로, 정수·유리수의 개념과 연산을 차례로 배우며 자연수에서 정수와 유리수까지 수의 체계를 확장시켜가는 데 의의가 있다. 또한 여기서 배운 수(연산을 포함)들은 앞으로 수학을 공부해가는 것뿐만 아니라, 다른 과목에서도 수로 표현해야 하거나 수치화된 것을 이해하는 데에도 지속적으로 활용된다. 그래서 개념 및 연산의 방법을 정확하게 이해하는 것은 물론 그 필요성을 느끼며 배우는 것이 무엇보다 중요하다.

중학교 1학년 학생들은 초등학교에서 자연수와 분수(소수 포함)를 주로 다루어왔다. 0을 함께 배우고 사용해온 것은 사실이지만 중학교 1학년에 올라와 수업시간에 배운 내용을 확인하기 위해 "자연수에는 어떤 수들이 있나요?"라고 질문하면 0을 포함시키는 경우가 종종 있었다. 실제로 초등학교에서 배운 수를 살펴보면 자연수는 '자연스러운 수'라 하여 일상생활에서 양과 셈을 다루는 수로, 연산 또한 구체적인 사물과 연관 지어 배워왔으므로 학생들이 쉽게 이해하고 받아들여 하나의 수로 자리를 잡았다. 하지만, 0은 '아무것도 없는 수'라는 단순한 개념적 정의로 받아들이는 경우가 많은 것으로 보인다. 이런 모습은 0에 대한 개념이 학생들에게 아직은 와닿지 못하고 있다는 생각을 갖게 한다.

　또한 분수는 다양한 필요성(분배, 전체와 부분 사이의 관계 및 측정)으로 도입되어 다루어져야 하지만 학생들은 여전히 분수가 계산을 하는 데 필요한 특별한 수라는 인식을 가지고 있는 것으로 보인다.[*] 이런 이유로 '수'에 대한 부정확하고 모호한 인식을 바로잡고, 교과서에 있어서 배워야 하는 것이 아니라 우리 일상에서 수의 중요성을 깨닫는 기회를 제공하기 위해서 〈세상에 존재하는 것에는 이유가 있다〉라는 주제로 정수와 유리수 단원을 프로젝트 수업으로 구성하는 사례를 제시하고자 한다.

tip 　★「학교 수학의 교육적 기초」 (우정호, 1998) p. 217

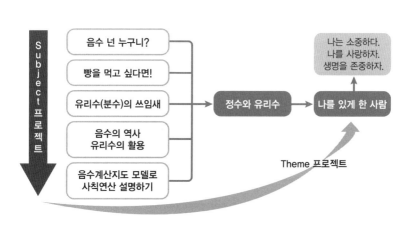

〈세상에 존재하는 것은 이유가 있다〉 프로젝트의 구성

　이 프로젝트 수업 사례는 Subject형 프로젝트 수업 여러 개가 모여 하나의 Theme형 프로젝트 수업을 구성하는 것으로 '정수와 유리수가 필요한 이유가 무엇인가?', '정수와 유리수는 어디에 활용이 될까?'와 같은 고민으로부터 출발해볼 수 있다. 특히, 대상이 중학교 1학년이고 지금까지 프로젝트 수업의 경험이 거의 없다고 가정하여(실제 경험이 없는 경우가 대다수였음) 처음부터 무리하게 학생의 주도로 수업을 진행하기

보다는 교사의 안내를 바탕으로 수업을 진행한다(하지만 경험이 쌓이면 학생의 주도가 더 많아지도록 해야 할 것이다). 이런 가운데 학생들에게 프로젝트 수업의 특성을 조금씩 이해시키고 스스로가 수업에 적극적이고 주도적이 되어야 한다는 사실을 인식시켜가는 것이 필요하다.

교육과정 분석

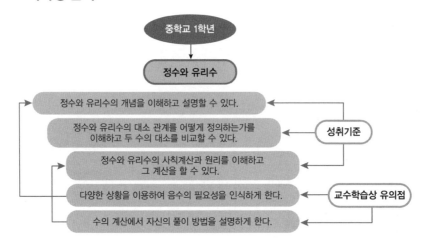

중학교 1학년

정수와 유리수

정수와 유리수의 개념을 이해하고 설명할 수 있다.

정수와 유리수의 대소 관계를 어떻게 정의하는가를 이해하고 두 수의 대소를 비교할 수 있다.

성취기준

정수와 유리수의 사칙계산과 원리를 이해하고 그 계산을 할 수 있다.

다양한 상황을 이용하여 음수의 필요성을 인식하게 한다.

교수학습상 유의점

수의 계산에서 자신의 풀이 방법을 설명하게 한다.

프로젝트 수업 톡! Talk?
책과 동영상을 참고하자

책 : 『문명과 수학』(EBS) 1부(수의 시작) / 3부(신의 숫자)

'수'가 인간의 문명의 발전과 함께 발생되고 확장되었음을 학생들이 이해하기 쉽게 풀어서 설명하고 있는 책으로, 교과서 안에서 정수와 유리수를 배우지만 이는 인간의 삶에서 필요에 의해 생겨났으며, 실제로 학생들의 삶에서도 자연스럽게 사용되고 있다는 것을 이해하도록 도와줄 수 있다.

동영상 : EBS 다큐멘터리 《문명과 수학》 - 1부(수의 기원) / 3부(신의 숫자)
수업시간에 제시하여 보여주고 0의 역사 및 의미에 대해 조사하는 과제를 제시하거나, 음수의 역사에 대하여 조사하는 과정에서 흥미를 제공할 수 있다. 이집트의 피라미드를 건설하는 노동자들에게 급여를 빵으로 지급하는 상황은 분수가 왜 필요한지에 대해 탐구할 수 있는 좋은 기회를 제공할 것이다.

수업차시별 내용구성

차시	교육과정 성취기준	수업의 형태	수업내용	비고
1	수학교과 수업을 이용	프로젝트 수업	프로젝트 수업 안내	
2	0의 개념 이해	일반수업	0의 의미 재조명 / 0의 역사 과제 올리기	
3	정수와 유리수의 개념을 이해하고 설명할 수 있다.	일반수업	다양한 음수의 필요성을 도입하여 정수의 개념 지도	
4		프로젝트 수업 1	'음수 넌 누구니?' 정수의 쓰임새 조사/발표 (개인-모둠-검색-모둠 간)	브레인스토밍 조사 Smart
5~6	정수와 유리수의 개념을 이해하고 설명할 수 있다.	프로젝트 수업 2	'빵을 먹고 싶다면!' 공평한 분배상황의 해결방안 모색을 통하여 분수의 필요성 인식(빵의 공평한 분배)	브레인스토밍 탐구
7		일반수업	유리수의 개념 지도	
8		프로젝트 수업 3	'유리수의 쓰임새' 조사/발표 (개인-모둠-검색-모둠 간)	브레인스토밍 조사 Smart

차시	교육과정 성취기준	수업의 형태	수업내용	비고
9~12		프로젝트 수업4	'음수의 역사' '유리수의 활용' (조사-발표)	브레인스토밍 조사 발표 (산출물) 발표
13	정수와 유리수의 개념을 이해하고 설명할 수 있다.	프로젝트 평가	'수로 보는 나의 삶' 지금까지 배운 수를 이용하여 나와 관련된 내용으로 논술형 평가 실시	논술형 평가
14~15	정수와 유리수의 대소 관계를 어떻게 정의하는가를 이해하고 대소 관계를 비교할 수 있다.	일반수업	절댓값을 이용하여 두 수의 대소 관계를 정의하고 두 수의 대소 관계를 비교함	
16~17	정수와 유리수의 사칙계산의 원리를 이해하고 계산을 할 수 있다.	프로젝트 수업 5	음수가 포함된 사칙계산을 형식적으로 지도하기 전에 학생들이 음수 지도에 관한 직관적 모델(수직선, 셈돌, 우체부)을 조사하고 모델에 의해 사칙연산을 시행해봄으로써 모델의 한계를 인식하여 형식적인 지도가 필요함을 받아들이도록 함	조사 브레인스토밍 - 모델에 의한 직관적인 음수의 연산에는 어려움이 있다는 것을 학생들이 스스로 이해하는 것에 초점을 둠
18~21		일반수업	정수와 유리수의 사칙연산 (형식적인 방법으로의 계산)	
22	세상에 존재하는 것에는 이유가 있다.	프로젝트 수업 6	'지금까지 배운 수를 활용하여' 지금까지 자신이 있을 수 있도록 많은 영향을 준 사람에게 고마움을 표현하면서 자신이 누군가에게 소중한 사람임을 깨닫고 자신이 소중한 존재임을 인식함 내가 소중한 만큼 타인의 소중함을 함께 느끼며 생명의 소중함을 알게 함	- 직접 고마움을 표현하고 경험을 발표 (자살 예방) - 타인의 소중함 (학교폭력) - 생명의 소중함에 대한 이야기로 수업을 마무리함

프로젝트 수업 실행 준비과정

프로젝트 수업을 진행하기 위하여 가장 먼저 해야 할 일은 수업 첫 시간을 오리엔 테이션으로 하여 학생들에게 1학기 수업 진행 및 평가방법을 설명하고 이번 학기에는 프로젝트 수업이 진행될 것이라고 사전에 안내하는 것이다.

학생들과 나눌 수 있는 이야기는 다음과 같은 것이 있다.

"여러분이 어른이 되었을 때의 사회 모습은 지금과는 어떻게 달라질까요? 생계를 위한 문제는 여전히 중요하겠지요. 그것은 여러분이 직업을 갖는지 그렇지 못한지와 관계가 있습니다. 그런데 지금 있는 직업들 중 많은 것들이 예전에는 없었다는 사실을 아나요? 오늘 아침에 직업 동영상에서 보았던 임상시험코디네이터라는 직업도 예전 에는 없었던 것이니까요. 이처럼 변화가 빨라지는 시대에는 많은 지식을 머리에 그대 로 넣어 많이 기억하는 것이 아니라 (이미 지식은 많이 나와 있으므로) 내가 원하는 부분을 찾 아내서 적절하게 연결하여 사용할 수 있는 능력을 기르는 것이 더 중요하다고 생각됩 니다. 또한 지난 시간까지 본 다양한 직업 동영상에서 대부분 함께 회의하고 협력하여 일을 해나가는 모습을 보았듯이 우리가 갖추어야 할 것은 아는 것만이 아니라 그것을 누군가와 함께 얘기하고 다듬어서 더 좋은 생각으로 발전시킬 수 있는 능력입니다. 지 금 우리가 하려고 하는 프로젝트 수업은 제시된 주제를 달성해가는 과정에서 학생 스 스로 문제 상황을 해결하고자 다양한 방법으로 조사하고 탐구해가는 것으로, 스스 로 문제를 해결하는 기획능력을 길러감과 동시에 모둠별 활동을 통해 서로 돕고 이해 하는 민주시민으로 성장할 수 있는 기회를 제공할 것입니다."

모둠 편성

모둠 편성의 방법은 다양하게 제시되어 있지만 어떤 방법을 사용하더라도 학생들 의 불만은 있게 마련이다. 이것은 교사들이 겪는 어려운 점 중 하나이다. 따라서 학생 들 스스로 모둠편성 방법을 선택하게 하고, 교사가 이를 최소한으로 조정한다면 학생들의 불만을 줄일 수 있을 것이다.

실제 사례 : 먼저 학생들에게 선발을 담당할 학생을 신청받고 그 학생들끼리 순서를 정하여 한 명씩 스카우트하는 방식(선발을 담당할 학생을 신청받은 결과 평소 수학에 관심이 높은 학생들이 나서는 경우가 많았다)과 모든 학생을 랜덤으로 정하는 방식 등 두 가지를 제안하였다.

첫 번째 스카우트 방식은 친한 학생들이 서로 모둠을 편성하려고 하는 마음을 조금이나마 받아들고자 했으며 이 방법을 사용한 반은 친한 학생들(특히 중학교 1학년이라 남자끼리, 여자끼리 모둠을 편성한 경우가 있었음)끼리 모둠을 편성하려는 경향이 두드러졌음을 알수 있었다. 하지만 한 명씩 선택의 기회를 제공하였기 때문에 친한 학생들이 모두 모이는 모둠을 줄일 수 있었다고 보인다.

두 번째 랜덤 방식은 말 그대로 임의로 배정하는 방식인데 랜덤으로 배정하는 방식은 눈치 게임으로 하였다. 먼저, 교사가 임의로 1조부터 7조까지 임의로 학급의 인원수만큼 번호를 적은 다음 조원의 마지막 번까지 기재하고 조원이 되어야 하는 학생들에게 눈치게임을 하게 한다. 자신이 일어난 번호를 기억해놓았다가 게임이 종료되면 교사가 기재한 번호와 일대일로 대응시켜 조를 결정하는 방식이다. 두 가지 방식중 랜덤 방식을 선택하는 반이 많았는데, 이는 누군가가 자신을 선택한다는 것에 대한 부담과 함께 랜덤 방식이 조금 더 공평하다는 생각이 반영되었다고 본다. 실제로도 눈치게임에서 학생들이 많이 웃고 즐거워해서 그런지 모둠을 편성하고 나서 불만을 표현하는 비율이 많이 줄어드는 것을 느낄 수 있었다.

하지만 처음의 즐거움도 잠시, 모둠활동을 하면서 학생들은 과제를 미루거나 아무것도 하지 않으려는(못 하는 경우도 있음) 학생들로 인해 힘들어했으며 자신만 한다는 생각을 가지는 학생들이 나오기 시작했고, 모둠을 바꾸어달라고 하는 학생들도 있었다. 이런 모습은 모둠활동에서 나올 수 있는 문제 상황이므로 수업에 임하는 교사는 이를 사전에 예측하고 지속적으로 모둠활동에 관심을 가져야 하며 나아가 문제 상황을 학생들 스스로 극복해낼 수 있도록 조력해야 할 것이다. 이럴 때 가장 중요한 부분이 바로 교사의 진정성이라 생각한다. 진정성 있는 교사의 태도는 결국 학생들과의 수업을 진지하게 만들어갈 수 있기 때문이다.

프로젝트 수업 톡! Talk?

모둠 편성을 행사처럼 하자!

모둠 편성을 행사처럼 하자!
앞에서 얘기했듯이 모둠 편성은 잘해야 본전이다. 그 이유는 모둠 편성이 모든 학생을 만족시키지는 못하기 때문이다. 이를 만회하기 위해 모둠 편성하는 시간을 즐거운 행사처럼 진행하고, 모둠 활동 서약서를 이용하여 책임감을 부여한다면, 수업의 출발을 조금은 가볍게 할 수 있을 것이다.

프로젝트 수업을 시작하기 위한 예비단계

중학교 1학년 학생들을 대상으로 진행하는 프로젝트 수업이므로 아직 책이나 인터넷을 이용하여 필요한 자료를 조사하고 검색하는 활동을 어려워하는 것으로 판단하여, 도움이 되는 자료를 제시하는 방식으로 조사를 실시(조사는 아래의 내용을 참고하고 반드시 참고한 부분을 표시할 것)하도록 유도하였다.

예 책 이름(저자) 또는 동영상 이름(사이트), 인터넷(사이트) 기재할 것

프로젝트 학습을 실시해본 경험이 거의 없는 학생들을 대상으로 진행하는 수업이

므로 시행착오가 많을 것이라는 판단하에 과제를 제시하고 조사한 후 제출하는 과정에 대한 연습을 사전에 해봄으로써 본수업에서의 시행착오를 최소화하고자 하였다. 하지만 이 과정에서 자세한 설명이 이루어졌음에도 이후 수업에서 학생들은 과제를 조사하는 방법과 조사한 것을 정리하는 방법 등에 대해 생소해하거나 수업에 어려움을 느끼는 것으로 보였다. 따라서 프로젝트 수업이 원활하게 이루어지기 위해서는 학생들이 프로젝트 수업에 대한 사전 경험(과제조사, 제출, 모둠활동 등)이 충분히 연습되어 있어야 함을 다시 한 번 느낄 수 있었다.

[과제 예시]

– (0의 역사) 0의 개념은 어떻게 탄생하였으며 어떤 과정을 거쳐 오늘날 우리가 사용하게 되었을까?

– (0의 실생활에서의 의미) 0이 실생활에서 어떤 의미로 사용되는가?

　(자릿값, 아무것도 없다, 시작점, 기준점 등)

: 케이스 스토리 08 :

〈세상에 존재하는 것에는 이유가 있다〉 프로젝트 수업을 소개합니다

음수의 필요성과 수의 확장

2013. 1. 30. 나로호 과학위성(우리나라 최초의 우주발사체)의 3차 발사과정의 카운트다운을 볼 때 어디에 초점을 맞춰 영상을 봐야 할까요?

'카운트다운'은 우리가 실생활에서도 많이 사용하는 것인데, 여기서 카운트다운을 다시 한 번 살펴볼까요? 5, 4, 3, 2, 1, ,1, 2, 3, … 발사 직전 카운트다운에서 아무것도 나타나지 않았는데요, 이것은 무엇을 의미할까요? 그리고 지금 0을 중심으로 왼쪽과 오른쪽이 반복이 되는데요. 오른쪽의 숫자는 어떻게 부르지요? 그러면 왼쪽의 숫자들은 어떻게 불러야 할까요? 3초 전, 2초 전, 1초 전. 그럼 이것을 숫자로 표현한다면 어떻게 될까요?

나로호는 2009년 2번의 실패 후 3번 만에 2013년 결국 발사에 성공하였는데, 이와 마찬가지로 수학자들도 음수라는 것이 필요하다는 것을 알고는 있었지만 처음에는 무시하였으며 실제로 오랜 시간 동안 음수의 개념을 받아들이는 데 어려움이 있었다고 합니다.

또한 7+□=4에서 네모 안에 들어갈 수는 뭘까요? 달리 생각해보면 7개의 빵을 가지고 있었는데 친구들에게 3개의 빵을 주었을 때, 내가 가지고 있는 빵의 개수는 몇 개인가요? 이와 같은 상황은 '빌려주는 관계가 형성이 되었다는 것이고 이것은 다른 누군가와 관계를 맺었다는 것'을 의미합니다. 이렇게 인간의 생활범위가 넓어짐에 따라 자연수만을 사용해서는 해결될 수 없는, 새로운 수가 등장해야 할 필요성이 생겼던 것입니다.

자연수에서 최초로 수가 확장되는 만큼 학생들은 2가 자연수이면서 소수, 양의 정수, 정수라는 다양한 이름을 갖는 상황에 대해 혼란스러운 태도를 보이므로 〈내 동생〉이라는 노래를 통해서 하나의 대상이 상황에 따라 다른 이름을 가질 수 있다는 것(중학교 1학년 5반 남학생 ○○○가 부모님께는 아들, 할머니에게는 손자, 여동생에게는 오빠, 삼촌에게는 조카라고 불리듯이)을 인식할 수 있도록 한다.

---

❿ 노래로 하나의 수가 여러 가지 이름을 가지는 것을 이해하기

노래 : 〈내 동생 곱슬머리〉

숫자 '2' 자연수인데 이상하지 숫자 '2' 자연수 말고도 이름이 서너 개

하나, 둘 셀 때는 자연수, 1과 자신만을 약수로 갖는 소~수, 정수면서 0보다 큰 양~의~정수

라라라라라라라라 모두가 2의 이름 당황하지 마요!

'음수 넌 누구니?' 와 '유리수의 쓰임새'

- 정수 및 유리수가 우리 생활에서 쓰이는 다양한 예에 대하여 모둠별로 브레인 스토밍을 통해 찾아보고(5분)

〈 정수 〉

양수(+)를 나타내는 (예)

영상, 이익(소득), 해발, 지상, 입금, 주식 증가, 상점, 살이 쪘다, 샤프심을 빌렸다.

음수(–)를 나타내는 (예)

영하, 손해(지출), 해저, 지하, 출금, 주식 감소, 벌점, 살이 빠졌다. 샤프심을 빌려주었다.

〈 유리수 〉

날씨를 말할 때 영상 4.5℃, 영하 -5.2℃

휴대폰의 남은 데이터의 양 450.75MB (측정)

지구의 구성은 해양이 70%($\frac{70}{100}$), 대륙이 30%($\frac{30}{100}$)로 되어 있다.

우리 반에서 안경을 쓴 학생의 비율은 $\frac{15}{37}$ 이다. (비율)

한 판의 피자를 세 명에게 나눠줄 때 한 사람이 먹는 양은 $\frac{1}{3}$ 이다. (분배)

내가 좋아하는 드라마의 시청률이 15.3% (측정) (비율)

- 스마트폰 검색을 이용하여 좀 더 폭넓은 예를 조사해보도록 한다(5분).

핸드폰 밝기 조절

(뉴스에서 유리수 찾기)
원재료 구매비중 ↓…식품값 인상, 설득력 없다
〈세계파이낸스〉 2014. 4. 7자
지난해 식품업계의 매출 대비 원재료 구입비용 비중이 전년보다 낮아진 것으로 나타났다고 연합뉴스가 전했다. (중략)
○○식품(-6.4%포인트), ○○제당(-5.4%포인트), ○○제과(-4.7%포인트), ○○식품(-3.5%포인트) 등의 원재료 구매비중도 낮아졌다. (하략)

- 조사 이후 발표를 통하여 다른 모둠의 발표를 경청하고 자신의 모둠에서 발견하지 못한 내용을 공유하는 과정을 거치면서 집단지성의 장점을 경험하도록 한다.

"이게 우리 모둠끼리 하는 첫 번째 프로젝트 수업 미션이어서 알차게 하고 싶은 마음으로 기대를 했었는데 예상외로 모둠 아이들이 너무 참여를 안 해서 힘들었고 속상했다. 자기들 때문에 열심히 하는 사람에게까지 피해가 가는 것을 모르는 것 같다."

(참여 학생의 성찰일지 중)

프로젝트 수업에 경험이 없는 학생들이어서 처음에는 우왕좌왕하고 모둠 활동에서도 의견충돌을 일으키는 모습을 볼 수 있었다. 그리고 평소 학습에는 어려움을 가졌더라도 주변 학생들을 보며 배워가는 모습도 볼 수 있었다. 이런 이유로 교사는 학생들의 수업 모습을 끊임없이 관찰하고, 필요한 부분은 지원해주어(예를 들어 다른 모둠은 거의 해결의 완성 단계에 있는 상황이라면 진행이 늦은 모둠에는 힌트를 제공하여 그것을 바탕으로 해결해나갈 수 있도록 도움을 줌) 학생들이 적극적으로 참여하여 해당 차시의 성취기준을 달성할 수 있도록 기회를 제공해야 한다.

"처음 이 과제를 받았을 때는 어떻게 해야 할지 몰랐고, 무엇을 찾을지도 감이 안 왔다. 그래서 모둠 친구들이 하는 것을 보고 있었다. 하지만 다음에 이런 활동을 한다면 보기만 하지 말고 나도 한 번 찾아보고 싶다."
"친구들과 할 때 내가 찾지는 못했지만 생각보다는 많은 의견을 낼 수 있었고 내 의견이 반영되다 보니 재밌고 더 적극적으로 했던 것 같다." (참여 학생의 성찰일지 중)

모든 학생이 잘하기는 쉽지 않지만 잘하지 못하는 학생들도 수업에 참여하고 싶은 마음이 높다는 것을 확인할 수 있다. 프로젝트 수업에서의 모둠 활동에서는 과제 해결을 위해 다양한 의견이 모여야 하므로 학생들이 의견을 제시하거나 활동에 참여할 수 있는 기회가 많다. 교사는 이를 염두에 두어 모둠 활동에서 침묵하거나 소외되는 학생이 없도록 배려해야 할 것이다.

분수의 필요성 – 빵을 먹고 싶다면!

　EBS 다큐멘터리 《문명과 수학 1부(수의 기원)》을 감상하여 이집트 피라미드 건설 노동자들의 임금을 지불하는 방법을 통해 분수가 필요한 상황을 도입하고, 현실에서 4개의 빵을 5명의 학생들에게 나눠주는 방법을 찾아 실제 그 방법을 이용하여 나누어 본다. 이때 한 사람이 받을 양을 수로 표현하게 하여, 빵을 나눌 수 있는 방법은 다양하지만 분수가 실제 삶의 문제에서 반드시 필요했다는 것을 인식하게 하는 수업이다.

　노동자의 마을에서 오늘 급료를 받아야 할 사람은 모두 5명(모둠 수만큼 생각)이다. 그런데 빵은 총 4개(모둠수 – 1)여서 하나씩 나누어주기엔 1개가 부족하다. 한 사람이 빠지면 될까?

　당시 이집트에서는 분자가 1인 단위분수만을 사용했으나 $\frac{2}{3}$만은 예외로 사용했다고 한다.

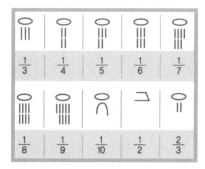

이집트에서 사용한 고대 분수(한국일보 2013. 3. 18.)

　이때 사용된 분수($\frac{2}{3}$, $\frac{1}{2}$, $\frac{1}{3}$, $\frac{1}{4}$, $\frac{1}{5}$, …)만을 이용하여 5명에게 4개의 빵을 공평하게 나눠주는 방법을 탐구하고 식으로 나타낸 뒤, 실제로 나누어봅니다.

　(단, $\frac{1}{5}$ 및 $\frac{1}{6}$과 같이 하나의 분수만을 사용해서 분배하는 경우는 제외한다. 이는 작은 것을 여러 번 받을 때의 느낌이 어떨까를 생각해보면 알 수 있을 것이다.)

5명에게 4개의 빵을 나누는 과정을 통해 분수의 필요성을 이해하는 활동

"처음에는 많은 고민을 했다. 그림, 종이를 잘라서 나눠보기 등 많은 방법을 써봤지만 잘 되지 않았다. 그 후 계속 시도하다 보니 나눠지기 시작했고, 진짜 신기했다. 고뇌해서 생각해 방법을 찾아내니 신기하고 뿌듯했던 것 같다."

(성찰일지 중)

이 수업을 시작할 때, 학생들은 처음에 빵을 보며 흥분을 감추지 못했지만 막상 동영상을 시청하고 방법을 찾는 과정에서 좌절하는 모둠이 일부 눈에 띄었다. 사실 조금만 생각을 해보면 알 수 있는 방법이지만(수업이 끝나고 '5만 원을 3명에게 공평하게 나누어 주는 방법에 대하여 설명해보자'라고 했는데 많은 학생들이 1만 원씩 먼저 주고 그 다음은 6천원… 과 같이 답변을 하는 것으로 볼 때) 어려워 한다는 것을 알 수 있었다. 하지만 처음에 해결방법을 잘 찾지 못했던 모둠들이 하나둘 그림을 그리거나 종이를 자르기 시작했고, 위 그림에서 보는 바와 같이 방법을 찾아냈다. 이것은 5명의 학생들이 자신의 의견을 내고 시행착오를 겪어가는 과정에서 얻어진 사고의 발전으로 생각되며, 분수가 처음 도입될 수밖에 없는 상황에서 그 문제를 해결하기 위한 당시 사람들의 고민을 몸소 느끼고 동시에 분수의 필요성을 조금이나마 이해하는 경험이 되었을 것으로 보인다.

음수의 역사와 유리수의 활용

음수와 유리수는 어떻게 나와서 어떤 과정을 거쳐 오늘날 우리가 받아들여 사용하게 되었을까?

　도입한 정수와 유리수의 개념을 넘어서서 수가 발생하게 된 배경과 우리가 사용하게 되기까지의 과정을 개인별로 조사하고 모둠 안에서 하나의 안으로 만들어, 이를 토대로 모둠의 결과를 다양한 형식으로 발표하는 과정을 통하여 '수를 배우는 것은 의미가 있다'는 것과 '의사소통 및 협력 능력'을 키우고자 했다.

　이 프로젝트 수업에서는 주어진 주제를 달성해가는 과정에서 학생들의 다양한 성향과 자신 있는 부분을 반영하여 표현방법을 택하는 것을 권장하여 발표의 처음에는 학생들이 자율적으로 다양한 방법을 선택하게 했다. 그러나 대부분의 모둠이 PT의 방법을 선호하였으므로 교사가 개입하여 발표의 방법을 선택할 때 모둠별로 순서를 정해 일곱 가지 방법(PPT, 만화, 뉴스, 동영상, 연극, 노래, 자료) 중 하나를 선택하게 하였다. 물론 스스로 선택을 하지 못한 모둠이 있었기에 진행의 과정이 순조롭지 않은 경우도 있었지만 학생들에게 지속적으로 프로젝트 수업의 목표에 대해 의미를 부여하였으며, 각 모둠이 순서를 정하여 발표방법을 선택하여 3분 정도씩 발표를 진행하였다.

> "각자 음수와 유리수의 역사를 찾아 프린트해 오고 우리가 찾은 정보들을 하나로 합쳐 간추렸고 Movie maker라는 프로그램을 이용하여 음악을 포함한 내용을 늦게까지 남아 만들었다. 그리고 동영상을 발표할 때 잠시 오류가 나서 당황했지만 수습해서 잘 틀었다."
>
> (성찰일지 중)

　학생들은 PT를 제작하기 쉽다고 생각하여 선호하는 경향이 있다. 하지만 어떻게 준비하느냐에 따라 달라짐을 알 수 있었다. 어떤 모둠은 조사한 자료를 그대로 옮겨 붙여서 읽는 형태로 발표를 하는가 하면 다른 모둠은 필요한 내용을 요약·정리하고 적절한 그림과 동영상을 포함하여 학생들이 보다 잘 이해할 수 있도록 하는 모습을 볼 수 있었다.

PT를 선택한 학생들의 발표

만화를 선택한 학생들의 발표

프로젝트 수업은 교사가 생각했던 대로 원활하게 이루어지지 않는 경우가 많은데, 가장 큰 원인은 학생들이 프로젝트 수업 자체를 생각보다 많이 어려워하기 때문이다. 처음으로 프로젝트 수업을 하는 학생들은 기존의 강의식 수업에 익숙하기 때문에 음수의 역사와 유리수의 활용에 대하여 (조사를 실시하기 전에 교사가 충분하게 설명을 해주었다 하더라도) 조사를 하는 과정을 어려워 하며, 그것을 정리하여 각자 모둠의 표현방식으로 나타내는 것도 많이 힘들어 한다.*

 tip ★ "14년 만에 이런 수업은 처음이다"라는 참여 학생의 말을 생각해볼 때 처음 접하는 프로젝트 수업에 대한 학생들의 부담과 어려움은 충분히 이해가 가는 부분이다.

이런 과정을 통해서 좋은 결과를 기대하기는 어렵다. 하지만 이것은 경험이 부족하거나 생소하여 자신감이 없었기 때문이므로, 이런 과정을 반복하면 점차 더 좋은 결과를 얻게 될 것이다. 따라서 교사는 처음부터 프로젝트 수업에 대해 학생들에게 큰 기대를 했다가 실망하기보다는 인내심을 가지고 학생들이 프로젝트 수업에서 필요한 것들을 하나씩 갖춰나가게 해야 한다.

정수와 유리수의 대소 관계

수직선의 정의를 이용하여 절댓값의 정의를 설명하고 그것을 이용하여 두 수의 대소 관계를 비교하는 과정이므로 이 부분은 일반수업을 도입하여 실시하는 것이 학생들의 정확한 이해에 도움이 될 것으로 판단하였다.

정수와 유리수의 사칙연산

음수를 지도할 때 직관적 모델을 사용하지 않고 형식적(귀납적 외삽법)으로만 음수의 연산을 지도한다면 음수가 물리적 세계를 다양하게 해석하게 하는 풍요한 개념이라는 것을 학생들에게 인식시키기 어려울 것이다. 즉 직관적 모델의 도입은 자전거의 보조바퀴와 같은 것으로, 지도 후에는 떼어버리고 원리에 입각하여 지도하는 것이 학생들에게 음수의 본래 의미를 제대로 전달해주는 것이라고 생각한다. 따라서 수학자들이 직관적으로 음수를 설명하기 위해 사용했던 모델의 이름(우체부 모델, 셈돌 모델, 수직선 모델)을 제시하고, 모둠별로 음수의 연산을 직관적으로 지도하는 방법에 대해서 조사하고 탐구하여(필요한 준비물이 있다면 사전에 준비하고) 발표를 통해 다른 학생들에게 설명하는 방식으로 수업을 진행하고자 한다. 특히 이 과정에서 각 모델의 장점과 단점을 밝히는 것이 중요하다. 나아가 모델들의 단점, 즉 음수의 연산을 모두 설명하기 어려운 한계로 인하여 직관적인 모델만으로는 음수를 포함한 사칙연산을 완성시킬 수 없음을 이해하고 (실제 수학자들이 그랬던 것처럼) 형식적인 방법(귀납적 외삽법)을 통한 연산지도를 자연스럽게 받아들이도록 유도하는 것이 필요하다.

0, 음수, 분수가 왜 필요하고 어떤 의미를 갖는지에 대한 지금까지의 수업을 통해서 '수'는 책에 있기 때문에, 또는 문제를 풀기 위해 배우는 개념이 아니라 우리 가까이에서 늘 사용하고 있는 것이며 실제로 이것이 없다면 큰 불편을 겪을 수 있다는 것을 이해해가게 된다. 이런 과정은 자연스럽게 〈세상에 존재하는 것에는 이유가 있다〉라는 주제에 접근해가고, '지금까지 배운 수를 활용하여'를 통해 지금까지 자신을 있게 해준 사람에게 다양한 방법으로 감사를 표현하게 된다. 결과적으로 고마움을 넘어 나는 누군가에게 소중한 존재라는 생각을 갖고 스스로를 소중(자살 예방)하게 생각하고, 또한 자신이 소중한 만큼 타인도 소중(학교폭력 예방)하다는 것을 알게 되며 나아가 생명의 소중함을 깨닫는 기회를 가질 수 있을 것이다.

〈세상에 존재하는 것에는 이유가 있다〉
프로젝트 수업 표현과 평가는 어떻게 할까?

프로젝트 수업에서의 평가는 얼마나 많은 사실을 알게 되었느냐가 아니라 탐구하는 방법을 제대로 이해하고 있는가의 여부로 판단해야 하므로 구체적인 내용을 묻기보다는 핵심적인 지식의 탐구과정을 확인하는 과정 중심의 평가가 되어야 할 것이다.

◎ 수행평가로서 배운 내용을 자신의 생각과 결합하여 표현하는 논술형 평가

◎ 학생들이 학습해가는 과정을 볼 수 있는 교사의 관찰평가 및 학생들의 동료평가

◎ 학생들이 수업시간에 제작한 산출물을 평가

◎ 자신의 수업과정에 대하여 스스로 돌아볼 수 있는 자기평가

◎ 교과 내 프로젝트 수업이라는 특성을 반영하여 교과 내용에 관련된 지필평가

등으로 학습자들이 프로젝트 수업을 통해서 얻고자 하는 교육적 효과를 충분히 획득했는지 확인하고, 프로젝트 수업을 교과수업으로 올바르게 인식하도록 한다.

논술형 평가

최근 선다형 및 서술형 평가가 갖는 제한점을 극복하고자 실시되고 있는 논술형 평가는 학생들이 수업시간에 배운 내용을 자신의 생각과 버무려 제시된 문제에 적합한 글을 작성하는 평가이다. 배운 내용을 그대로 평가하는 것이 아니라 충분히 이해하고 제시된 문제에 대하여 적절하게 풀어내야 하는 과정이므로, 깊은 사고를 통해 배운 내용을 활용하고 다른 것과 연결 지을 수 있는 능력이 요구된다고 할 수 있다. 중학생을 대상으로 높은 수준으로 논술형 평가를 실시하기에는 어려움이 있겠지만 평소에 학생들에게 배운 내용을 바탕으로 자신의 생각을 끄집어낼 수 있는 기회를 제공한다는 측면에서 의미가 있다고 생각한다.

:: 논술형 평가 예시

주제 : 수로 표현하는 나의 삶
☞ 지금까지 수업시간에 배운 자연수, 정수, 정수가 아닌 유리수를 활용하여 자신의 삶을 표현해보세요. [최소 10줄 이상 쓰시오]

채점기준	
내용요소	자연수(양의 정수), 0, 음의 정수, 정수가 아닌 유리수가 최소 2개씩 포함되도록 작성하시오. 모두 포함된 경우 [2점] / 그렇지 않은 경우 [1점]
내용의 완성도 및 창의성	낱개의 문장을 나열하는 것보다는 전체를 하나의 이야기 형태로 만드는 것이 긍정적인 평가를 받을 수 있습니다. 위에서 제시된 내용에 부합하는 경우 [3점] / 그렇지 않은 경우 [2점] / 10줄 미만 [-1점]

나는 수학을 싫어하는 중학교 1학년 한 학생이다. 나는 수학이 어렵다. 그래서 수학을 싫어하는 것 같다. 그런데 요즘 수학이 좋아지려고 한다. 그렇다고 해서 수학이 쉬워졌다는 것은 아니다. 하지만 수학은 생각보다 우리의 일상생활에 정말 많은 도움을 주고 있다는 것을 느꼈기 때문에 수학에 흥미가 가고 있다. (중략) 이렇게 우리의 일상생활에는 정말 많은 수학이 숨어 있다. 앞으로 수학을 더 좋아하고 열심히 해서 일상생활에서 수학을 더 사용하고 활용해야겠다.

앞에 제시된 답안지는 지금은 그만두었지만 당시 육상부였던 학생이 작성한 것이다. 사실 운동과 공부를 병행하는 것이 얼마나 힘든지는 모두가 알 텐데, 더구나 수학 공부는 이 학생에게 더 힘들었을 것이다. 처음에 학생의 글을 보고 눈을 의심했다고 하면 너무 과할까?

프로젝트 수업을 마치고 난 후에도 이 학생은 수업시간, 쉬는 시간에 모르는 것은 계속 질문하는 모습을 보여주었으며 여름방학 방과후학교에서 수학을 신청하여 시간 동안 하루도 빠지지 않고 학기 내용을 복습했고, 지금도 방과후학교에서 수학을 수강하며 수업시간에 이해가 부족한 부분을 해결하려고 노력하고 있다.

물론 한 명의 학생이 변화했다고 해서 큰 의미를 가진다고 할 수만은 없겠지만 교사로서 한 명이 두 명, 두 명이 세 명이 될 수 있다는 믿음으로 수업에 임해야겠다는 생각을 갖게 해준 경험이었다.

교사 관찰평가(수시) 및 자기 평가

수업 현장에서 교사평가는 학생들이 수업에 몰입하고 끝까지 참여해갈 수 있도록 조력하는 가장 중요한 역할로, 학생들의 변별을 위해서보다는 수업의 효과적인 진행을 위한 역할이라는 것이 옳을 것이며 이는 교사와 학생 모두를 위한 평가라고 생각된다.

'100−1=0'이라는 표현이 있다. 수학적으로 보면 의미가 없는 말일 수 있겠지만 '하나가 무너지면 결국 모두 무너진다'는 것을 의미하며 교실에서도 수업에 참여하지 않는 한 명의 학생이 결국 한 모둠을 힘들게 하고, 시간이 흐르면서 이것이 다른 모둠으로 퍼져나갈 수 있다는 뜻이다. 이에 교사는 수업을 진행하면서 학생들이 어떤 반응을 보이고 어떤 행동을 하고 있는지 면밀히 관찰하면서 수업에 소극적인 학생들과 모둠에서 소외되는 학생들이 보다 적극적으로 임하여 모둠활동이 정상적으로 이루어지도록 지속적으로 관심을 가져야 한다. 이를 위해 끊임없이 학생들에게 프로젝트 수업을 하는 이유(프로젝트 수업을 통해 얻고자 하는 것, 모둠활동의 이유 등)에 대하여 설명하고, 설득하고 감화를 시키고자 노력해야 할 것이다. 조사를 해오지 않거나 적극적으로 참여하지 않는 학생들이 있을 때마다 전체를 대상으로 '프로젝트 수업을 왜 하는가?'에 대하여 끊임없이 대화함으로써 효과를 얻을 수도 있다.

실제로 프로젝트 수업을 진행하다 보면 학생들은 '이 수업을 왜 해야 하는가?'라는 생각부터 시작하여 '귀찮다', '(익숙하지 않은 수업 탓에) 그냥 강의식으로 했으면 좋겠다', '조사가 힘들다' 등의 반응으로 온몸으로 수업에 반항(?)하는 모습을 보이기도 한다. 하지만 시간이 흐르면서 학생들은 자신이 해야 할 일에 대하여 소홀히 하거나 잘 해내지 못하는 스스로의 모습을 반성하게 되며, 첫 번째 수업이 마무리되는 시점에서는 '좀 더 열심히 할 걸'이라며 아쉬움을 표현하는 데까지 발전한다.

> "프로젝트 수업 안에 여러 가지 어려움도 많았지만 잘 끝마친 나와 모둠원에게 박수를 보낸다. 이 수업은 정수와 유리수에 관한 것을 알아가는 것이 핵심이지만 팀워크를 맞추고 리더십을 키워주는 수업인 것도 같다."
>
> "정수와 유리수의 계산적인 측면만 알고 있던 나는 이 수업을 통하여 정수와 유리수가 나오게 된 이유와 유래를 알 수 있는 계기가 되어 좋았다. 그러나 수업 도중 의욕이 없는 일부 모둠원 때문에 힘들었던 것은 아쉬웠다."
>
> "수업에서 풀리지 않는 문제(빵 나눠먹기), 아무리 뒤져도 나오지 않는 0과 음수의 역사에 짜증도 났지만 문제들이 하나둘 풀리고 역사를 찾아냈을 때는 정말 좋았다. 발표할 것을 준비할 때는 노래 선정부터 막혔는데, 선정된 곡이 랩이 있는 곡이라 막막했다. 빠른 랩은 아니지만 모두 입을 맞춰 부르지 못했고 원곡 가사와 맞지 않았던 부분이 조금 아쉬웠다."

프로젝트 수업이 끝나고 실제로 학생들은 달라진 모습을 보여준다. 좀 더 적극적으로 되었고 모둠활동에서도 이전에 보였던 우왕좌왕하는 모습은 사라지고 안정적이며 서로와 교사에게 질문을 많이 하는 학생들이 된다. 처음에는 이유가 무엇일까 고민을 해봐도 알 수 없었으나 학생들과의 대화를 통해 답을 찾을 수 있었다.

> "처음에는 '어떻게 하지?'라는 생각도 들고 중간 중간에 포기도 하고 싶었지만 그래도 끝까지 하다 보니 벌써 한 번의 프로젝트 수업이 끝나서 뿌듯하다."
> "조사를 잘 안 해 와서 수업에 참여하지 못했지만 다음부터는 조사를 잘 해 와서 열심히 해야겠다."
> "모둠활동을 하면서 떠드는 경우가 있었지만 떠들면서도 해결방법을 찾을 수 있었다. 좀 시끄럽긴 하지만 재밌고 내 정보를 보탤 수 있는 유익한 시간이었다."
> "이 단원을 마치고 수학 선생님께 많은 것을 배웠다. 비록 그게 성적으로 나오진 않았지만 노력을 하면 된다는 것을 알았다."

이런 대화를 바탕으로 학생들이 변화한 이유를 생각해보면, 처음으로 하는 어떤 일에 누구나 어려움을 느끼듯 학생들도 (태어나서 처음 하는) 프로젝트 수업에 당연히 어려움을 느꼈을 것이라 생각되며 수업 준비를 잘 하지 않으면 모둠원에게 피해를 준다는 사실을 깨달았을 것으로 보인다. 또한 비록 수학을 잘 못하는 학생일지라도 자신이 할 수 있는 역할이 있다는 부분에서 보다 수업에 적극적일 수 있었다고 판단된다. 특히 성적, 즉 결과가 만족스럽지는 않더라도 수업 과정에서 학생이 배움을 느꼈다는 것은 프로젝트 수업에서 중요하게 다루어지는 과정에 대한 관심이 학생에게 반영되었다고 할 수 있을 것이다.

동료 학생평가(프로젝트 수업 종료시점)

프로젝트 수업은 모둠을 구성하여 개별 또는 공동으로 주어진 주제를 달성해가기 위해 조사, 과제수행, 발표 등의 활동을 해나가는 과정이다. 따라서 자기 혼자 잘한다고 해서 좋은 결과가 나오는 것은 아니다. 물론 개인의 역량이 뛰어나면 모둠활동에서도 좋은 결과를 가져오기 쉽다. 하지만 뛰어난 역량을 모둠 안에서 어떻게 녹여낼 것인가를 스스로 고민하고 실천해가는 것, 즉 아이디어를 내고 그것을 모둠의 다른 학생들에게 이해시키고 함께할 수 있게 하는 노력과 참여하지 않은 학생들을 어떻게 모둠활동에 참여하게 만들 것인가를 생각하는 것이 보다 큰 의미가 있다.

서술형·논술형 평가

1. 유리수는 여러 가지 수학적 사고의 바탕이 되는 매우 중요한 기본적인 개념이며 또한 다양한 이유에서 발생이 되어 복합적인 의미를 담고 있다. 다양한 유리수의 쓰임새 중에서 측정, 분배(몫), 비율에 대해 우리 주변에서 볼 수 있는 예를 문장으로 각각 하나씩 쓰시오. (총 7.0점)

(1) 측정 (2.0점)   (2) 분배(몫) (2.0점)   (3) 비율 (3.0점)

2. 다음을 읽고 아래의 물음에 답하시오. (총 10.0점)

(가) 최근에 기자 피라미드 근처에서 고대 마을 하나가 온전한 상태로 발굴되었다. 조사 결과 피라미드를 건설한 노동자의 마을이었다. 발굴 당시 발견된 여러 유골들 중에는 성인 남자뿐 아니라 여자와 어린아이의 유골도 있었다. 그것은 피라미드를 건설한 사람들이 노예가 아니라 자유롭게 가정을 꾸린 계약 노동자였다는 사실을 보여준다.

국가는 노동자에게 월급을 지급했는데 당시 이집트 서기들은 급료를 나눠주는 업무를 맡았다. 화폐는 아직 없었고, 급료는 빵이나 보리 등 곡식으로 지급됐다. 한 자료에 따르면 노동자들은 매달 1.5자루의 보리와 4자루의 밀을 받았고, 서기와 조장은 2자루의 보리와 5.5자루의 밀을 받은 것으로 알려졌다. 서기들이 급료를 지불할 때 가장 중요한 것은 분배의 문제였다.

(EBS 〈문명과 수학〉 중에서)

(나) 당시 이집트에서는 분자가 1인 단위분수만을 사용했으나 $\frac{2}{3}$만은 예외로 사용했다고 한다.

이집트에서 사용한 고대 분수(한국일보 2013. 3. 18.)

(다) 오늘은 노동자의 마을의 급료를 받는 날이다. 급료를 받아야 할 사람은 모두 5명이다. 빵은 모두 4개이며 하나씩 주기에는 1개가 부족하다. 한 사람이 빠지면 될까? 그럴 수는 없다. 공평함이 무너지면 당연히 분쟁이 일어나기 때문이다.

2–1. 위의 글을 바탕으로 여러분이 이집트의 서기가 되어 (다)에서 제시된 상황에서 한 명의 노동자가 받아야 할 몫을 그림으로 나타내고, 분수를 사용하여 표현하시오. (5.0점)

〈조건〉 빵의 모양은 정사각형으로 하고, 반드시 3번에 걸쳐 나눠 주는 것을 끝내야 한다.

2–2. 2–1에서 노동자 한 사람이 처음에 받은 양을 1개의 빵의 □, 두 번째 받은 양을 1개의 빵의 △, 세 번째 받은 양을 1개의 빵의 ☆이라고 할 때, $□ \times \left(-\frac{2}{3} \right) + △ \div ☆$의 값을 구하시오. (5.0점)

[예시 답안]

구분	내용
기본 답안	5명에게 4개의 빵을 나누어 주어야 하므로 먼저 $\frac{2}{3}$씩 나누어 주고 남은 것을 5등분하여 다시 $\frac{1}{15}$씩 2회 나누어 주면 가능하다. 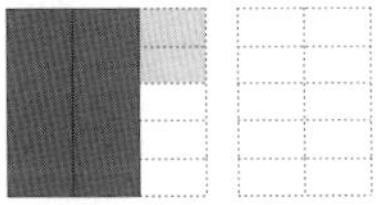 따라서, $\frac{2}{3} \times \left(-\frac{2}{3}\right) + \frac{1}{15} \div \frac{1}{15} = -\frac{4}{9} + 1 = \frac{5}{9}$
인정 범위	2-1의 결과에 따라 2-2의 결과가 달라지므로 옳은 경우에는 정답으로 인정함

[채점기준]

항	채점 영역	배점	채점 기준
서술형 논술형	창의력 이해력	총 10점	5	첫 번째 분배하는 양이 옳은 경우 1점 두 번째 분배하는 양이 옳은 경우 1점 세 번째 분배하는 양이 옳은 경우 1점 그림이 옳은 경우 1점 분수를 사용하여 문제에서 요구하는 바가 정확하게 표현된 경우 1점
			5	2-1에서 학생이 제시한 방법에 의한 2-2의 계산의 결과가 옳은 경우 5점 － □, △, ☆를 정확히 표현한 경우 각각 1점 － 계산의 결과가 옳은 경우 2점

학교 시험과 입시,
두 마리 토끼를 잡는 프로젝트 수업의 비밀을 공개합니다!

4부
고등학교 프로젝트 수업
: 학교 시험과 입시, 두 마리 토끼를 잡는 수업(T유형) :

역사교과 프로젝트 1

: 배움이란 무엇인가 :

고등학교에서 대학 입학을 목표로 공부를 하고 있다는 것은 부정할 수 없는 현실이다. 언어, 외국어, 수리, 사회탐구 등으로 구성된 교과는 대학 진학을 위한 것이며, 학부모나 학생들 스스로 꿈이나 이상보다는 성적에 맞추어 대학에 진학하는 것을 당연하게 받아들이고 있다.

그동안 역사과목이 '필수 이수 과목'으로 지정되어 고등학교 학생들은 한국사 과목을 의무적으로 이수해야 했고, 2014년도 신입생부터는 수능 필수 과목으로 지정되어 문·이과의 모든 학생이 한국사 과목을 공부해야 한다. 이와 같이 한국사 과목이 수능 필수 과목으로 지정됨으로써 역사 교사의 입장에서는 교과서의 내용을 빠짐없이 가르쳐야 함은 물론이고 교과서 내용을 단순하게 암기하고 문제풀이 위주로 가르칠 수밖에 없는 부담을 가지게 되었다.

프로젝트 학습이든 강의식 수업이든 어떠한 교수방법을 적용하건 교사는 배움에 대한 진지한 고민으로 시작하여 수업을 준비해야 한다고 생각한다. 배움에 대한 진지한 고민이 철학적인 접근이라면, 이러한 철학적 고민 끝에 학교에서 수업을 하는 교사의 수업은 기능적인 문제이다. 이 둘을 어떻게 유기적으로 연결시킬 수 있을까? '배움이란 무엇인가'에 대한 질문에 교사는 어떠한 방식으로든 이에 답할 수 있도록 고민해야 하며, 이러한 고민에서 좋은 수업이 시작된다고 본다.

이러한 고민을 통해 아래와 같이 좋은 수업에 대한 정의를 내리게 되었다.

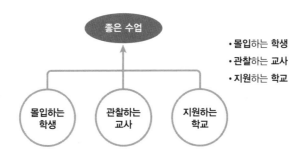

학생은 자신의 적성에 맞게 **몰입**하게 해주고,

교사는 지식을 일방적으로 가르치는 것이 아니라 학생들을 **관찰**하여 조력하며,

학교는 교사와 학생에게 필요한 것을 **지원**하여 이루어가는 교육

이렇게 '좋은 수업'에 대한 정의를 내리고 난 후 선택한 교수방법이 프로젝트 수업이었다.

지루한 역사 과목 '살아 있는 역사'로 되살리기

고등학교에서 프로젝트 수업은 정규 교과보다는 방과후학교나 창의적 체험활동에서 많이 이루어지고 있다. 일반적으로 고등학교의 정규 교과에서 교사는 교과내용을 모두 빠짐없이 다루어야 한다고 생각하며, 교육내용 재구성을 통하여 다른 교과와 통합 내지는 융합하거나 교과서의 일부분을 가르치지 않거나 누락하는 것은 생각하기 어려운 실정이다.

대개의 수업이 강의를 통해서 이루어진다고 볼 때, 학생들이 스스로 공부할 수 있는 동기와 환경을 조성해주는 것이 교육적으로 더욱 효과적이라는 것은 이미 많은 사례를 통해서 드러나고 있다. 실제로 학생들의 배움을 위해서는 물론이고 대학 입시를 위해서도 교사가 교과서의 모든 내용을 가르쳐야 한다는 고정관념에서 벗어나 수업에 대한 사고의 전환이 필요하다.

한국사 과목에서의 본 프로젝트 수업은 크게 두 개의 Theme 프로젝트 수업으로 구성된다. 첫 번째는 교과 지식을 탐구하는 〈교과 탐구〉 Theme 프로젝트 수업이며, 두 번째는 〈사회적 책임〉 Theme 프로젝트 수업으로 운영한다. 이것이 하나로 완성될 때 학교의 교육목표수준의 프로젝트, 즉 Purpose형의 프로젝트가 완성된다.

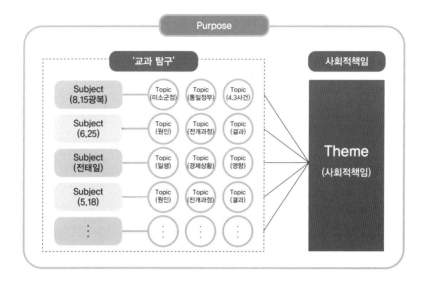

첫 번째 〈교과 탐구〉 Theme 프로젝트 수업에서는 『한국사』(천재교육)의 현대사 부분의 교과 내용 요소를 모두 다룰 수 있도록 기초적인 탐구학습을 하도록 하였다. 현대사의 내용을 subject 별로 나누어 각 모둠에게 subject를 선택하게 하고, 모둠의 구성원들은 subject에서 세부과제(Topic)를 나누어 각자 맡은 과제를 조사하여 준비한다. 이 과정에서 교사는 방관자가 아니라 관찰자로서 모둠별로 주어진 부분의 조사와 발표 준비를 조력해야 한다. 이러한 과정은 교사가 수업시간뿐만이 아니라 그 이외의 시간까지 함께 고민해야 함을 뜻한다.

첫 번째 Theme 프로젝트 수업이 끝나면 학생은 〈사회적 책임〉 Theme 프로젝트 수업을 진행한다. 지금까지의 〈교과 탐구〉 프로젝트 수업을 통해 학생이 배운 내용을 통합 및 융합하여 주제를 선정하고 프로젝트 수업을 실시한다. 이런 과정이 모두 진행되면 학생들은 자신이 속한 학교의 교육목표인 '민주적 시민으로서의 책임'을 인식할 수 있게 성장할 것이다. 이런 의미에서 본 프로젝트 수업은 역사과에서 진행하지만, 타 교과에서 배운 내용을 활용하여 역사를 중심으로 사고를 확장해나가도록 하는 통합 교과형 프로젝트이자 Purpose형 프로젝트이다.

〈교과 탐구〉 Theme 프로젝트 수업

진행과정	활동 내용
주제 선정 (1차시)	- 프로젝트 수업 안내 - 교육과정 재구성 - 주제 선정 - 성취기준 제시
⇩	
모둠 구성 역할 분담 (2차시)	- 학습자 3~4명씩 모둠 구성 - 12개의 주제 선택 - 수업 역할 분담
⇩	
지도안 제출	- 모둠별 수업지도안을 2주일 내에 모두 이메일로 제출 - 담당교사 : 성취기준에 따른 수업지도안 제작 피드백
⇩	
학습 활동	- 모둠 : 자료 수집, 지도안 수정, 동영상 편집, 파워포인트 제작 등 프로 젝트 수업 활동을 통해 수업 준비 - 담당교사 : 이메일을 통한 지도안 수정 및 교수방법에 대한 조언
⇩	
수업 (3차시~5차시)	- 모둠별 수업 실시
⇩	
수업 자평·동료평가 교사 총평, 생기부 기재 (6차시)	- 수업 자평을 통한 수업 반성 및 분석 - 동료평가를 통한 수업 평가 - 담당교사의 피드백 - 수업 후기 작성을 통한 수업 성찰

주제 선정

프로젝트 수업의 시작은 '주제 선정'이다. 『한국사』의 현대사 부분을 분석하여 다음과 같은 주제로 정리할 수 있었다.

- 8.15 광복, 그리고 분단
- 민족의 분열과 대립
- 대한민국 정부 수립
- 6.25 전쟁
- 남북 대립 집권 체제 강화
- 4.19 혁명
- 5.16 군사 정변
- 인물사 '전태일'
- 5.18 광주 민주화 운동과 제5공화국
- 6월 민주 항쟁과 노태우 정부
- 김영삼 정부와 김대중 정부
- 노무현 정부와 이명박 정부
- 이 외에 기타 자유 주제

입시를 준비하는 상황에서 고등학교에서의 프로젝트 수업은 힘들다는 것을 고려할 때, 주제를 선정할 때 입시를 고려하여 모든 교육과정의 내용 요소가 포함될 수 있도록 주의하여야 한다. 이때 교사는 타 교과와의 연계를 고려하여 관련된 내용을 교과협의회를 통해 도움을 받는 것이 좋다.

보통 학생은 교과의 내용 외에 자유 주제를 선택하기를 바랄 수도 있다. 현재 이슈가 되고 있는 '동북공정', '독도 주권 문제' 등을 선택할 수 있으며, 학생이 관심 있는 분야를 선정하기를 희망하는 경우 허용할 수 있다. 학생이 주도적으로 주제를 선정했을 때 학습에서 흥미가 더욱 높아지고 주제에 몰입하여 진행할 수 있을 것이기 때문이다. 주제 선정은 프로젝트 수업의 기초가 되므로 프로젝트 수업의 질과 성패를 좌우한다고 할 수 있다. 그러나 이 경우에도 교사가 원래 계획했던 성취기준과 교과의 학습목표를 달성하도록 탐구와 산출물을 만들어가는 과정에서 세심한 관찰과 조력이 필요하다. 그러므로 교사는 학생들에게 성취기준을 제시함으로써 수업시간에 반드시 배워야 할 내용이 포함되도록 안내해야 한다. 성취기준에 대한 내용은 학생들이 지도안을 제출할 때 반드시 확인한다.

모둠 구성·역할 분담

주제 추출이 끝나면 3~4명으로 모둠을 구성한다. 모둠 구성의 방법은 학생들과의 협의를 통하여 번호순·자리순·무작위 등으로 구성할 수 있다. 보통 학생들은 무작위의 방법을 선호하며, 모둠 구성이 끝나면 주제를 선정한다.

모둠 구성 방안 예시		
성명순 구성	ㄱ~ㅎ 순으로 2~3명씩 구성	
자리순 구성	앉은 좌석 순으로 2~3명씩 구성	
무작위 구성	교과담당 교사가 무작위로 번호를 2~3개씩 짝지어 구성	가장 선호

하나의 주제에 여러 모둠이 지원할 경우 협의를 통해 결정한다. 모둠 구성이 끝나면 주제를 수업으로 운영하기 위해 역할을 분담한다. 모둠을 구성하고 역할을 분담하는 과정은 하나의 교육활동으로, 학생들은 번호나 자리 배치로 모둠을 구성하는 것에는 반감을 가지고 있었다. 거의 모든 반은 교사가 무작위로 번호를 두 개씩 칠판에 적어 모둠을 구성하는 것을 선택하였으며, 모둠을 구성하는 시간 내내 학생들은 자신이 누구와 모둠이 될 것인지를 긴장감 있게 지켜보았다.

이때 교사는 모둠 구성에도 수업을 잘 운영하기 위한 전략이 필요함을 인식해야 한다. 남·여 합반으로 구성된 경우 남·여를 모둠으로 구성하는 것이 좋았다. 여·여 모둠인 경우 여학생의 꼼꼼함과 세심함으로 수업 준비를 잘하는 경우가 많았으며, 남·남 모둠의 경우는 여러 차례 수업이 힘들게 운영되는 것을 경험하게 되었다. 역할 분담에서 고려해야 할 내용은 '협력적 리더십을 통한 공동작업'으로, 프로젝트 수업에서는 내용 탐구의 과정에 모둠 전체가 참여한다는 원칙에 기반하여 역할 분담이 이루어져야 한다. 학생 개개인이 모둠이 수업을 준비하는 과정에서 각각의 토픽으로 나누어 조사하고, 이것이 모두 모여 하나의 Subject(주제)를 이루어 공동의 작업이 될 수 있어야 한다.

'전태일'을 주제로 선정한 모둠에서는 전태일 인물사를 주제로 수업할 경우 내용을 어떻게 구성할 것인지, 당시의 정치·경제적인 상황과 전태일이 우리나라의 노동현장에 끼친 영향을 조사할 수 있도록, 어떠한 관점에서 지도안을 작성할 것인지를 같이 의견을 나누고 제시해야 한다. 여기에는 전태일의 일생, 노동자의 관점에서 본 전태일, 기업의 관점에서 본 전태일 등 관점에 따라 그 해석이 달라질 수 있으므로 다양한 사료를 비판적으로 해석하고 분석하여 학생들이 역사에 대하여 다양한 시각으로 보려고 하되, 근거를 통해 자신의 생각을 주장할 수 있도록 안내한다. 이러한 각각의 토픽을 조사한 후 이것이 모였을 때 전태일 인물사가 완성될 수 있을 것이다.

베트남 전쟁을 주제로 선정한 모둠에서는 당시 국가에서 제작한 베트남 전쟁의 긍정적 측면을 다룬 영상과 EBS 지식채널에서 방영한 베트남 전쟁의 부정적 측면을 다룬 영상을 같이 제시함으로써 학생들이 이를 모두 시청하고 분석하여 토론을 통해 판단을 내릴 수 있도록 하는 것도 좋은 방법이다.

이러한 활동을 통하여 각 모둠에게 수업을 직접 운영할 수업지도안을 반드시 제출하게 하고, 이에 따라 파워포인트나 역할극 등 각 모둠이 선택한 자신만의 방법으로 다양하게 표현하며 실제 수업을 운영하는 계획을 세우게 한다.

지도안 제출

1) 텍스트를 활용한 지도안 제출 공지

교과담당 교사는 학교 홈페이지에 수업지도안 예시를 게시하고, 모든 모둠은 주제에 대한 수업지도안을 2주일 안으로 담당 교사에게 이메일로 제출하도록 한다. 담당 교사는 성취기준을 제시하여 학생들이 수업지도안을 제작하는 데 도움을 주며, 이메일 등을 이용해 피드백을 주어 수업지도안을 완성하게 한다.

2) 교사의 역할

프로젝트 수업에서 제일 중요한 것은 무엇일까? 많은 교사들이 프로젝트 수업에서의 결과물을 생각할 것이다. 그러나 프로젝트 수업에서 제일 중요한 것은 결과물이 아닌 그 수업의 '과정'이다. 실제로 결과물과 수업시간 자체는 프로젝트 수업의 극히 일부분을 차지할 뿐이다.

첫째, 학생의 준비 과정을 관찰하여야 한다. 학생들과 이메일을 통한 소통 및 학교에서의 상담을 통하여 교사는 학생들의 준비 과정을 파악하고, 질문에 답하며, 학생들이 성취기준을 세울 때 도움을 주어야 한다. 학생들이 지도안을 작성할 때 역사 참고자료는 국사편찬위원회에서 출판한 『한국사』를 제시할 수 있다. 사관에 따라 역사 사실에 대한 해석이 달라지므로 교과서와 국사편찬위원회에서 출판된 『한국사』를 참고자료로 제시함으로써 학생들이 지도안의 내용을 이해하거나 추가할 때 참고할 수 있게 한다. 객관적 사실이 확인되지 않았거나 근거가 불분명한 네이버의 지식iN이나 개인 블로그를 인용하지 않도록 하며, 잘못된 개념이 들어가지 않도록 유의한다. 이는 학생들이 지도안으로 수업을 하고 이를 지필평가로 평가받아야 하기 때문이다.

둘째, 학생들에게 교사의 교육철학을 제시해야 한다. '사회적 책임'을 역사교육의 주요 교육 가치로 설정했을 때, 학생들이 자신의 수업과 사회적 책임을 어떻게 연결시킬 것인지 고민하게 하고, 교과 내용이 현재의 삶과 어떻게 연결되는지를 생각해보는 기회를 제공해야 한다. 역사를 배우는 가장 중요한 이유 중 하나는 과거의 사실을 통해 현재에 적용하고, 미래를 준비하는 것이다. 따라서 미래를 준비하기 위해서는 역사를 통하여 현재의 상황을 분석하고, 문제점이나 방안을 모색할 수 있다는 것을 학생들에게 주지시키는 것이 필요하다.

셋째, 다양한 텍스트를 활용할 수 있도록 안내해야 한다. 명저 등을 활용하여 학생들이 수업내용과 관련된 자료를 찾을 수 있도록 안내하고, 모둠 토론 등을 통해 더 수준 높은 탐구가 이루어지도록 지원한다.

학생이 지도안을 준비하고 완성하는 데는 보통 3~4주의 시간이 걸린다. 이 기간 동안 학생들은 보통 3~8회의 수정을 하게 되며, 제일 고통스러운 시간이었다고 말하고 있다. 그러나 고통스러웠던 만큼 보람도 크고 배운 게 가장 많았던 시기였다고도 말한다. 학생들은 지도안을 작성하면서 여러 가지 표현으로 다음과 같이 교사에게 피드백을 준다.

> 선생님 안녕하세요.
> ○반 ○번 ○○○ 입니다!
> 솔직히 처음에는 영상 몇개 보여주고 프린트 빈칸만 채워주면 될꺼라고 생각했습니다.. 경솔했어요....ㅜㅜ
> 선생님이 나중에 학생들이 이메일 보낼때 '선생님을 이해하게되었다'라고 보낸다고 하실때 공감을 못했었는데...
> 정말 해보니까 뼈저리게 느껴지더라구요.. 금요일부터 한국사에만 메달렸는데도 자료가 넘치고 넘쳐서 어느게 맞는건지, 순서는 누구부터인지 너무너무 헷갈리더라구요 ㅠㅠ 이제는 정말 1학기 프린트도 못 버릴것같아요..하하..
> 으아아 정말 존경합니다ㅜㅜㅜ
> 정말 열심히했는데.. 5.16 부분이 좀 길어진 것 같아서 좀 봐주세요ㅠ
> 그리고 나머지 부분에도 빠진 내용이 있으면 꼭 알려주세요♡
> *그리고 혹시 몰라서 동영상 자료도 다운 받아서 보내요!!

위 학생의 글처럼 이렇게 학생들이 지도안을 작성하고 자율적으로 수정을 하는 자발성과 자율성은 도대체 어디서 나오는 것일까? 학생들은 처음에는 지도안을 작성한다는 것에 많은 두려움을 느끼지만, 지도안을 완성했을 때의 성취감과 그 후련함을 잊지 못한다고 말한다. '드디어 내가 해냈다'라는 그 마음이야말로 우리가 가르쳐야 할 중요한 교육의 한 부분이 아닐까.

교사는 학생들에게 최종 지도안을 완성하고 난 다음 파워포인트나 프레지 등 다른 수업 준비 작업을 할 수 있도록 공지해야 한다. 지도안과 다른 수업을 각자 따로 준비할 경우 수업 자체가 운영이 되지 않음을 알리고, 지도안 작성이 수업 준비에 가장 기초작업임을 유념한다.

학습 활동

모둠은 지도안이 완성되면 해당 수업일에 맞추어 파워포인트를 제작하거나 동영상을 편집하고, 모둠별 협의를 거쳐 수업을 준비한다. 교사는 수업지도안에 내용상의 오류나 누락된 교과 내용이 없는지 확인하고 피드백하는 방법으로 모둠을 지원한다.

수업

모둠은 기본적으로 수업지도안을 배부하고, 파워포인트를 제작하거나 영상자료를 편집하거나 또는 직접 영상을 만들어 수업에 활용한다. 활기찬 수업이 진행되기 위해서는 교사와 수업을 듣는 친구들의 반응이 중요하다. 교사는 발표하는 모둠이 수업지도안에 따라 수업을 지도하는지 확인하고, 누락된 내용이 있다면 자연스럽게 수업에 개입하여 보완해주고, 학생들이 자유롭게 질문과 토론을 할 수 있도록 지원한다.

교사가 수업을 하는 경우 평균 다섯 명 정도의 학생들은 수업에 참여하지 않는 경우가 많다. 강의식으로 수업을 하다 보면 누워서 자거나 딴짓을 하는 학생도 있다. 이들은 동영상이나 기타 자료를 제시하면 잠시 일어났다가, 다시 교과서로 수업을 진행하면 드러눕는 경우가 많다. 그러나 학생들이 직접 수업을 준비하고 진행하다 보니 누워서 자거나 떠드는 학생이 거의 없고, 대부분의 학생들이 수업에 전원 참여하게 된다. 학생들은 발표하는 친구들의 수업을 보면서 그 수업을 진행하는 주체가 우리 반 전체 학생이며, 수업이 우리 반 모두의 프로젝트라는 것을 인식하고, 언젠가는 내가 직접 진행해야 함을 느끼기 때문에 수업에 대한 책임감과 공동체 의식을 가지게 된다. 그러한 생각은 학생들로 하여금 수업을 운영하는 친구들을 도와주는 형태로 나타나며, 교사가 직접 수업을 할 때보다 수업 참여도를 높일 수 있다.

학생들이 만든 동영상 〈민족의 분열과 대립이 심화되다〉

수업 자평 및 동료평가, 교사 총평

1) 수업 자평

모둠별로 수업을 실시하고 난 다음에 자신의 수업에 대한 자평과 함께 동료들의 평가를 받는 것은 수업 운영에서 중요한 부분 중 하나이다. 교사는 수업을 계획할 때 성취기준을 세우는 것을 당연한 수업 준비 중 하나로 생각한다. 그러나 수업을 통해 학습자가 무엇을 배울 것인지 교사가 모두 예측하고 통제할 수는 없다. 강의식 수업이건 협동학습이건, 어떠한 수업을 실시하더라도 학습자가 배우는 모든 것을 알 수 없다고 할 때, 학습자가 그 수업을 통해 어떠한 '배움'이 일어났는지는 수업에 대한 자평으로 나타난다고 볼 수 있다.

처음에 한국사 프로젝트 수업을 한다고 했을 때, "애들이 집에서 준비해온 PPT와 발표로 수업을 해나간다니, 이렇게 해서 학교 시험은 어떻게 보지? 결국 시험공부는 나 혼자 따로 해야겠구나. ㅠㅠ"라고 생각했다. 그러나 이번 1학기 1차 지필평가를 보고나서 확실히 느꼈다. 내 생각이 틀렸다는 것을. 다른 조가 발표를 할 때는 열심히 질문도 하고, 발표조의 학생이 던지는 질문에 열심히 대답을 하는 등 수업에 적극적으로 참여를 하려다 보니 저절로 공부가 되었고, 내가 속한 조가 발표를 할 때는 친구들에게 수준 높은 수업을 전해주기 위해서 더 신경 쓰고 노력하다 보니 저절로 공부가 되었다(이런 게 살아 있는 공부라는 것일까?). 그래서 정말 시험 전날 교과서를 다시 한 번 정리해본 것 외에는 따로 시험공부를 하지 않았을 정도이다. 사람마다 차이는 조금씩 있겠지만 이러한 생각은 우리 반 친구들 모두가 들었을 것이라고 믿는다.

지도안을 놓고 씨름하고, PPT를 어떻게 만들까, 수업 자료는 어디서 찾아올까 궁리하면서 밤을 지새가며 골머리를 앓고, 같은 조원들끼리 발표 호흡을 맞춰보고……. 힘들고 번거로운 일들도 있었지만 이번 한국사 프로젝트 수업의 참여는 나에게 인생에서 너무나도 소중한 하나의 일, 추억으로 남을 것 같다.

학생들의 수업 자평과 수업 후기에서 이 프로젝트 수업을 통하여 학생들이 느낀 생생한 감상을 알 수 있다. 나는 평소 『명심보감』에 실려 있는 '하나의 경험이 없다면, 하나의 배움도 없다'라는 말을 의미 있게 생각하였는데, 학생들의 수업 자평과 수업 후기를 읽다 보면, 학생들이 프로젝트 학습으로 교사가 알지 못하는 많은 배움을 얻고 있다는 것을 직접 목격하게 된다.

2) 동료평가

수업을 진행한 학생은 동료평가를 통해서 자신의 수업을 정확하게 바라볼 수 있게 된다. 예를 들어 자평에서는 '수업이 너무 정리되지 못한 느낌이어서 수업을 들어준 친구들에게 미안하다'고 발표하였으나 동료평가에서는 '복잡한 내용을 파워포인트에서 표로 제시하고, 칠판에 다시 정리하는 방식으로 설명을 해주어 내용을 정확하게 파악할 수 있었다'는 평가를 받아, 실제 수업을 한 학습자와 동료평가가 다르게 나오는 경우도 있을 수 있다. 동료평가는 학습자가 자신의 수업을 정확하게 바라볼 수 있게 하며, 이를 통해 다음 발표에서는 보완하여 더 발전된 모습을 보일 것은 자명하다.

3) 교사 총평

교사 총평에서는 발표를 한 학생들에게 수업에 대한 장점을 부각시키고 부족한 점은 애정을 가지고 조언을 해주어야 한다. 이때 수업 자평과 동료평가의 내용과 발표 내용을 정리하여 학급 전체가 공유하는 방식으로 마무리하는 것이 좋다.

4) 학교생활기록부 기재

고등학교에서 학교생활기록부는 대학 입시에 매우 중요한 자료이다. 특히나 학교 생활기록부의 '세부능력 특기사항'란은 입학사정관이나 수시에서 중요한 역할을 담당한다. 보통 고등학교에서는 학생의 학교 내 활동의 스펙을 위하여 창의적 체험활동의 동아리 활동, 방과후학교 수강 등으로 세부능력 특기사항을 적어주며, 내신에서 상위 5% 이내의 학생들에게는 간단한 내용으로 '수업 시간에 바른 자세로 참여하며, 성적이 우수함' 등을 적어주는 경우가 많다. 그러나 프로젝트 수업을 실시하게 되면 달라진 서술을 할 수 있다. 다양한 배움의 경험을 자연스럽게 학교교육과정 안에서 쌓게 함으로써 학생 개개인별로 어떠한 배움과 관련된 활동을 하였는지를 실제적으로 적을 수 있으며, 이러한 서술은 대학 입시에 도움을 줄 수 있음은 물론이고 공교육의 신뢰를 높이는 좋은 기회가 될 수 있다.

프로젝트 수업으로 2~3명 팀별로 〈민족의 분열과 대립〉을 주제로 정하여 지도안과 파워포인트를 작성하고, 영상 자료 《EBS 지식채널 곤을동 마을 사람들》을 가지고 수업을 진행하였음. 수업을 진행하기 위하여 가르쳐야 할 내용을 정확하게 이해할 수 있도록 조원 모두가 모여서 수업계획을 짜고 자료를 조사하였음. 조사하는 과정에서 '친구들에게 어떻게 하면 제대로, 쉽게 알려줄 수 있을까?'에 대한 고민과 이 부분에 대한 토론을 많이 하였으며, 가르친 부분에 대해서 확실하게 알게 되고 역사적·비판적으로 사고할 수 있게 됨으로써 역사적 사고력과 판단력을 기를 수 있는 기회를 가짐. 팀별 협업을 통하여 진정한 협동학습을 경험하였으며, 광복 후 열강과 이념의 소용돌이 속의 역사와 이를 극복하기 위한 우리나라의 노력을 알 수 있었으며 이를 통하여 우리가 현재 우리나라 정치나 경제, 사회, 문화 부분에 많은 관심을 가져야 발전할 수 있음을 알게 되었음. 학생들의 질문에 답변을 잘 하였고 파워포인트를 잘 만들었으며, 깔끔하게 수업을 진행하였다는 동료평가를 받아 뿌듯하였음. 모든 팀원이 발표를 해야 하므로 무임승차를 할 수 없는 점이 좋았음. 프로젝트 수업을 통하여 3가지를 배우게 됨. 첫째, 역사를 바라보는 다양한 관점을 통하여 나의 '역사의식'이 생김. 둘째, 발표를 마치고 학생과 선생님에게 칭찬을 받았을 때 뿌듯함을 느낌. 셋째, 수업 후 선생님께서 꿈을 물으셨는데, '외교관'이라 답하였더니, 선생님께서 '타인의 의견에 열려 있으면서 날카로운 판단을 할 수 있는 능력을 갖춘 학생으로 나중에 정말 멋진 외교관이 될 것이다'라고 말씀해주셔서 큰 용기를 얻게 되었음.

: 케이스 스토리 10 :

〈사회적 책임〉 Theme 프로젝트 수업

〈교과 탐구〉 Theme 프로젝트 수업을 마치면 그것을 바탕으로 〈사회적 책임〉 Theme 프로젝트 수업을 실시하여 전체적인 purpose 프로젝트 수업을 완성하게 된다.

역사 교육의 Big Idea[*]를 '사회적 책임'으로 정하였을 때 그것은 '개인이 사회적으로 수행해야 할 일이나 의무'라고 정의할 수 있다.

 ★ 교사의 교육적 철학이 반영된 역사교육의 목표로 프로젝트 수업을 진행함에 있어서 큰 방향을 설정하는 것에 필요한 필수요소.

〈교과 탐구〉Theme 프로젝트 수업으로 한국사의 현대사 수업을 모두 마치면 교과 내용을 가지고 〈사회적 책임〉Theme 프로젝트 수업을 실시한다. 〈사회적 책임〉이라는 역사교육의 Big Idea가 정해지면 학생들은 그동안 배운 내용 모두를 포함하여 교육내용 재구성을 통해서 세부주제를 선정하게 된다. 아주 간단하게는 '사회적 책임'이라는 Big Idea 아래 '정치, 경제, 사회, 문화'와 같은 세부주제를 정할 수 있고, '윤리', '박애'와 같이 학생들이 협의하여 세부주제를 정해도 된다. 중요한 것은 학생들이 주도적으로 세부주제를 정하도록 노력하는 것이 교사의 중요한 역할이라는 점이다. 또는 '사회적 책임'이라는 Big Idea 아래 큰 주제를 하나 정하여 학생들이 대토론회를 개최하는 것도 좋은 방법이다. 『한국사』 현대사는 사회탐구 과목의 사회·문화와 법과 정치, 경제, 윤리 과목과 관련이 있다. 학교교육과정을 고려하여 관련 교과를 찾아 학생들이 아주 자연스럽게 통합·융합적으로 관련 교과를 연계시킬 수 있게 된다.

국가수준교육과정에서의 위치 및 타 교과와의 연계를 위한 재구성(예시)

주제 선정		영역		교과	단원명	성취기준	세부 주제
사회적 책임	▷	정치	▷	한국사	자유 민주주의의 시련과 발전	자유민주주의의 발전과정을 주요 사건을 중심으로 설명하고, 이 과정에서 제기된 과제를 제시할 수 있다.	(예시) 민주 주의 혁명
				법과 정치	민주정치의 과정과 참여	선거구제와 대표 결정 방식의 종류와 장단점을 중심으로 비교하고 정치과정 속에서 정당이 담당하고 있는 기능과 의의를 설명할 수 있다.	
				사회·문화	개인과 사회구조	기능론, 갈등론, 상징적 상호작용론의 관점에서 사회화의 개념을 비교하고 사례에 적용할 수 있다.	
				창의적 체험활동 (진로)	진로준비	자신의 특성, 소질과 적성, 능력 등을 이해하고, 이를 바탕으로 자신의 정체성을 확립하여 진로를 결정하고 준비할 수 있다.	

주제 선정		영역		교과	단원명	성취기준	세부 주제
사회적 책임	▷	경제	▷	한국사	고도성장과 사회·문화 의 변화	산업화를 통해 이룩한 경제 발전의 성과와 과제, 사회·문화 전반에 걸친 변화를 설명 할 수 있다.	(예시) 유한 양행
				경제	경제 주체의 역할과 의사 결정	기업의 경제적, 사회적 역할을 상품의 공급 자, 생산 요소의 수요자 측면에서 설명할 수 있다.	
				사회·문화	사회 계층과 불평등	사회복지와 의미와 현황을 이해하고 복지 제도의 기능과 한계를 설명할 수 있다.	
				창의적 체험활동 (진로)	진로준비	자신의 특성, 소질과 적성, 능력 등을 이해 하고, 이를 바탕으로 자신의 정체성을 확 립하여 진로를 결정하고 준비할 수 있다.	

〈사회적 책임〉 Theme 프로젝트 수업은 다음과 같이 운영한다.

진행과정	활동 내용
주제 선정 (1차시)	– 5~6명씩 한 모둠으로 5~6개 모둠 구성 – 관련 교과 선정 – 관련 내용 선정
⇩	
조사 활동 (2~3차시)	– 관련 내용 조사 – 교사의 관찰
⇩	
발표 (4~5차시)	– 자유로운 형식 (역할극, 그림 등) – 20분 발표 시간 제공
⇩	
정리·공유 (6차시)	– 수렴적 사고로 정리 및 공유
⇩	
보고서 작성 (7차시)	– 주제 선정 이유, 역할 분담, 발표 형식 선정 이유, 성장한 나의 모습 등 작성 – 진로 관련성 제시 – 학교생활기록부 교과특기사항 기재
⇩	
학교생활기록부	– 학교생활기록부 교과특기사항 기재

1) 세부주제 선정 (1차시)

『한국사』 교과 내용을 모두 마치고 나면 5~6명을 하나의 모둠으로 하여 5~6개의 모둠을 구성한다. 모둠이 구성되면 Big Idea인 '사회적 책임'의 세부주제를 선택하여 해당되는 교과 내용을 선정한다. 이때 세부주제는 모둠별로 정할 수 있으며, 세부주제에 따라 '정치+경제', '경제+윤리' 등 교과 통합·융합적인 복합주제를 선택할 수 있음을 안내한다.

2) 조사활동 (2~3차시)

세부주제가 결정되면 학생들은 교과서와 도서, 스마트폰이나 DB-Pia* 등을 이용하여 관련 내용을 조사한다. 이때 교사는 학생들의 활동을 관찰하고 조력해야 한다.

경제의 '사회적 책임'에서 유한양행 기업을 선택했다면, 그것을 개인-국가-세계로 확대하여 학생들이 현재의 삶과 연결시킬 수 있도록 안내하며, 토론을 통하여 자신들의 생각을 정리할 수 있어야 한다. 이때 개인-국가-세계는 개인-지역-국가-세계 등 다양한 형태로 학생들이 구성할 수 있다.

 tip ★ 국내 학술 전문 DB(http://dbpia.co.kr)로 621개 각 기관에서 발행하는 간행물 1,333종, 논문 1,211,646개를 제공하고 있다.

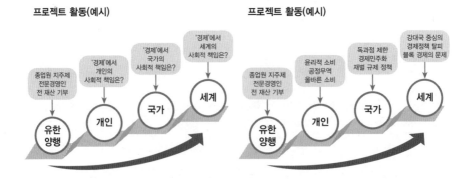

프로젝트 활동(예시)

프로젝트 활동(예시)

'경제' 부분에서 선택한 유한양행의 특징이 '종업원 지주제', '전문경영인 운영', '전 재산 기부' 등과 같은 회사 운영으로 사회적 기업의 특징을 가지고 있다고 정리했다면, 교사는 유한양행의 상황을 가지고 학생들에게 당시의 정치·경제적 상황, 매판 자본 등 그에 관련된 내용을 안내하여 학생들이 심화된 내용을 찾을 수 있도록 조력한다.

세부주제의 내용을 통하여 학생들은 이것이 개인—사회(지역)—국가로 현재 자신의 삶과 어떻게 연결되는지를 생각할 수 있도록 제시해야 한다. 여기에서 '개인의 사회적 책임'에 대한 질문을 던질 수 있다. 이때 학생들은 남양유업의 내용을 예로 들 수 있다. '남양유업에서 대리점들에게 우유 신청 물량을 신청한 수보다 훨씬 많이 마구잡이로 내려보내자 대리점에서 이를 해결하기 위하여 경제적 손해를 감수하며 1+1 행사 등을 통해 우유를 소비할 수밖에 없는 상황이 되기 때문에, 이를 정확하게 인식하고 소비자 불매 운동 등을 통해 올바른 소비에 대한 생각과 실천을 할 수 있다'와 같은 내용으로 접근할 수 있다.

이처럼 '개인의 사회적 책임'을 정리하고 나면, '국가의 사회적 책임'에 대한 내용을 토론할 수 있으며 학생들은 '재벌 위주 경제 정책', '부자 감세' 등을 조사하여 발표할 수 있다. 이러한 내용을 통하여 세계의 사회적 책임에 대한 부분까지 영역을 넓힘으로써 새로운 사고의 확장이나 탐구로 연결시켜야 한다.

3) 발표 (4~5차시)

조사 활동이 끝나면 모둠은 자유로운 형식(역할극, 동영상 제작, 웹툰 등)으로 발표를 하게 된다. 시간은 20분으로 한정하며, 발표가 끝나면 질의·응답 시간을 가지도록 한다.

학생들은 수업시간에 자료를 찾고 토론을 하며 교과서 속의 역사를 현재 자신의 삶과 연결시키는 과정을 지나고, 자신에게 의미 없던 역사를 살아 숨 쉬는 생동감 있는 역사로 받아들이는 중요한 계기를 얻는다. 학생들은 각자의 발표를 통해 감동을 주고받으며 수업이 끝난 후 박수를 치며 서로의 감정을 공유하기도 한다.

4) 정리·공유 (6차시)

모둠 발표가 모두 끝나면 교사는 모든 발표 내용을 정리해주고 공유하는 시간을 가진다. 학생들은 '자기 생각 만들기'와 '자기 생각 나누기' 활동을 통하여 모든 모둠이 발표한 내용을 이해하고, 프로젝트 활동을 통해 교과 내용이 현실과 직접적으로 연계됨을 인지하게 된다.

5) 보고서 작성

보고서 작성은 모둠별로 한 장으로 정리하여 발표하게 한다. 보고서 내용에는 '주제 선정 및 선정 이유, 발표 형식 및 형식 선정 이유, 역할 분담, 내용, 성장한 내 모습' 등이 들어갈 수 있도록 안내한다.

6) 학교생활기록부 작성

'한국사' 프로젝트 활동이 끝나면 담당 교사는 담당 학년의 모든 학생에 대해 '학교생활기록부 교과특기사항'에 학생 활동을 기재한다. 모든 학생들이 자기주도적인 학습방법으로 수업을 계획하고 준비하며, 운영한 모든 과정을 학교생활기록부에 기재함으로써 대학 입시에 실제적인 스펙이 될 수 있으며, 교과시간에 입시를 준비하는 효과를 가져온다. 학생들이 따로 시간을 내어 활동하여 스펙을 쌓지 않고, 교과 내에서 교과 내용은 물론 자기주도적 학습능력을 기르고, 창의적인 생각을 가지고 스스로 또는 동료와 함께 수업을 준비하고 운영하는 관련 자료를 찾아 조사하는 과정이 우리나라 교육이 나아가야 할 방향이라고 본다.

평가

평가는 수행평가와 지필평가로 나뉠 수 있다. 수행평가에는 정의적 평가, 서술·논술형 평가 등이 있으며, 2014년에는 2009 개정 교육과정에 맞추어 성취기준과 성취수준이 제시되었으며, 이를 반영한 평가계획을 수립하여야 한다. 평가계획은 아래와 같이 세워 실시하였다.

1) 학기 평가계획

구분	수행평가			정기고사(지필평가)		총점
				1회 지필평가		
평가방법	지도안	과정	논술	선택형	서술형	
배점	10	10	10	50	20	100
반영비율(%)	10	10	10	70		100
성취기준	2009 개정 교육과정 성취기준과 성취수준 참고					

2) 수행평가

프로젝트 수업에서 중요한 것은 결과인 수업 발표보다는 스스로 배움을 찾아가는 과정이다. 교사는 학생들과의 긴밀한 협력을 통하여 지도안을 작성하게 하고, 사실 오류가 없도록 지도하며, 이에 대한 평가를 실시하여야 한다. 프로젝트 수업을 수행평가로 실시하는 것은 학생들에게 수업 준비 과정을 평가로 인식하게 하여 수업에 대한 책임감을 갖게 하므로 중요하다.

수행평가 기준안 예시				
영역(만점)	등급	평가 척도		배점
지도안 (10)	교육과정	(예시) 대한민국 정부 수립 이후 자유민주주의 발전		
	성취기준	대한민국 정부 수립 이후 자유민주주의 발전과 경제 성장 과정과 국제 정세의 변화 속에서 높아진 대한민국의 국제적 위상을 파악한다.		
	성취수준	상	대한민국 정부 수립 이후 자유민주주의 운동을 정치, 경제, 사회, 문화와 관련하여 설명하고, 국제 정세 속에서의 대한민국의 국제적 위상을 설명할 수 있다.	

수행평가 기준안 예시				
영역(만점)	등급		평가 척도	배점
지도안 (10)	성취수준	중	대한민국 정부 수립 이후 자유민주주의 운동을 당시 정치, 경제, 사회, 문화와 관련하여 설명할 수 있다.	
		하	대한민국 정부 수립 이후 자유민주주의 운동을 설명할 수 있다.	
	평가기준		▸ 평가요소 1. 수업 주제에 대한 이해 ▸ 평가요소 2. 문제 해결을 위한 기획능력 ▸ 평가요소 3. 조사와 탐구방법의 적절성 ▸ 평가요소 4. 독창성(동영상, 자료 이용) ▸ 평가요소 5. 결과물 발표	
	A		위의 평가요소 모두를 만족하는 경우	10
	B		위의 평가요소 중 4가지를 만족하는 경우	9
	C		위의 평가요소 중 3가지를 만족하는 경우	8
	D		위의 평가요소 중 2가지를 만족하는 경우	7
	E		위의 평가요소 중 1가지 이하를 만족하는 경우	6
	F		본인의 의사에 의한 수행평가 미응시자(기본점수)	5
			학업성적관리규정 제12조에 의한 수행평가 미응시자	4

과정평가는 학생들의 수업을 위해 준비하는 과정을 지켜보며 정의적 평가를 실시할 수 있다. 이를 통해 학생의 태도와 노력을 관찰하고, 자신의 역량을 발휘할 수 있도록 지원하며 피드백을 제공하는 도구로 사용한다.

논술평가는 '역사 속의 인간의 삶', '권력과 인간의 삶'과 같은 주제로 학생들이 현대사 프로젝트 수업을 통하여 알게 되는 다양한 생각을 근거를 들어 정리하는 기회를 제공하는 것이 중요하다. 학생은 논술을 함으로써 역사적 사건에 대한 문제의식을 가지고 자신의 생각을 논리적으로 표현할 수 있게 되며, 이를 통해 역사적 사고력과 비판력을 기를 수 있다.

논술 평가 예시 (주제 : 전쟁과 인간)

전쟁은 합리화될수 없다. 인간은 수천, 수만년의 역사동안 수많은 전쟁을 치뤘고, 그때마다 이루 말할 수 없는 비극을 안겨줬다. 그러나, 지금 한반도의 상황은 ~~특수하다~~ 전 세계적으로 유일한 분단 국가이며, 전 세계적으로 유일무이한 폐쇄 공산주의 ~~국가이고~~ 국가 위에 있으며 또 세계적으로 유래를 찾아볼 수 없는 3대 세습중인 김씨 왕

· · · · · · (하략)

3) 지필평가

〈교과 탐구〉 프로젝트 수업을 통하여 지필평가는 단순 지식을 확인하는 문제에서 나아가 분석하고 종합하는 문제를 출제할 수 있다. 역사 교육과정 내용에 맞춘 성취기준에 따라 지필평가를 실시하고, 교사는 평가 결과를 분석하여 학생들의 배움이 형성되는 과정을 점검하는 도구로 활용할 수 있다.

지필평가는 〈교과 탐구〉 프로젝트 학습을 통해 대학 입시에 맞추어 교과서의 내용 요소를 모두 배우게 되므로, 성취기준에 따라 문제를 출제할 수 있다. 또한 '독도'와 같이 중요한 내용 요소는 객관식 문항보다는 서술·논술형 문항으로 출제하여 학생들이 자신의 역사관을 서술할 수 있도록 하는 것이 좋다.

지필평가 객관식 문항 예시			
학년군	고등학교 1~3학년군	단원	(6) 대한민국의 발전과 현대 세계의 변화
성취기준	국1265. 북한 사회의 변화와 오늘날의 실상을 살펴보고, 남북한 사이에서 전개된 화해와 협력을 위한 노력을 설명할 수 있다.		
문항 유형	선택형		

출제 의도	1991년 남북기본합의서를 통하여 남북한 사이에서 전개된 화해와 협력을 위한 노력을 파악
평가내용	하는 능력을 평가한다.

다음은 어느 학생이 남북 간에 합의한 문서에 대해 정리한 노트이다. (가)에 들어갈 내용으로 옳은 것을 〈보기〉에서 고른 것은?

> 1. 전문
> 1) 조국 통일 3대 원칙 재확인
> 2) 남북 사이의 관계가 나라와 나라 사이의 관계가 아닌
>   통일을 지향하는 과정에서 형성되는 특수 관계라고 인정
> 2. 합의 내용
> 1) 남과 북은 서로 상대방의 체제를 인정하고 존중
> 2) 남북은 상대방에 대하여 무력을 사용하지 않음
> 3) 민족 내부의 교류로서 물자 교류, 합작 투자 등 경제
>   교류와 협력 실시
>
> 3. 의의 : (가   )

〈보기〉

ㄱ. 남북 교류가 나아가야 할 방향 제시
ㄴ. 남북 당국자 간 공개적인 회담을 통해 합의문 발표
ㄷ. 분단 이후 최초로 남북 정상 간의 회담을 통해 선언문 발표
ㄹ. 연합 제안과 낮은 단계의 연방 제안이 서로 공통성이 있다고 인정

① ㄱ, ㄴ (정답)   ② ㄱ, ㄷ   ③ ㄴ, ㄷ   ④ ㄴ, ㄹ   ⑤ ㄷ, ㄹ

지필평가 논술형 문항 예시 (교육부 평가기준 참고)			
학년군	고등학교 1~3학년군	단원	(6) 대한민국의 발전과 현대 세계의 변화
성취기준	국1266. 독도를 비롯한 동북아시아의 영토 문제, 역사 갈등, 과거사 문제 등을 탐구하여 올바른 역사관과 주권의식을 갖는다.		
문항 유형	서답형		
출제 의도 평가내용	일본이 독도를 일본 땅이라고 주장하는 근거가 무엇인지 알아보고, 이에 대해 구체적인 논거를 제시하여 비판할 수 있는지 평가한다.		

1~3은 독도 영유권에 대한 일본의 주장을 정리한 것이다. 이에 대한 비판을 각각 근거를 들어 서술하시오. [6점]

1. 독도가 주인 없는 섬이었으므로 먼저 점유하는 나라의 영토가 된다는 '무주지 선점(無主地先占)의 원칙에 따라 1905년 일본 시마네 현 고시 40호를 통해 독도는 일본 땅이 되었다.

2. 일본은 1905년 1월 28일 '무인도 소속에 관한 건'의 각료 회의에서 다음과 같이 결정하였다. "다른 나라가 이 무인도를 점유했다고 인정할 만한 증거가 없다. 기록에 따르면 1903년 이래 나카이란 자가 이 섬에 이주하여 어업에 종사한 바, 국제법상 점령한 사실이 있는 것으로 인정되므로 이 섬을 본국 소속으로 하고 시마네 현에서 관할하도록 한다."

3. 1951년 샌프란시스코 평화 조약에 따르면 제2장 제2조 (a)항에 "일본은 제주도와 거문도와 울릉도와 같은 여러 섬을 포함하는 한국에 대한 모든 권리와 청구권을 포기한다."라고 명시되어 있다. 이 조항에 독도가 빠져 있으므로 독도는 일본 땅이다.

* 도해면허 : 1618년 일본 에도 막부가 오오야·무라카와 두 가문에게 발급한 울릉도 조업 허가서

1. --

----

2. --

----

3. --

[예시답안]

1. 『삼국사기』에 6세기 초 지증왕 때 이사부의 우산국 복속 기록 이래 『세종실록지리지』, 『숙종실록』 등 독도가 우리 땅이라는 기록은 셀 수 없이 많으므로 독도가 주인 없는 땅이었다는 일본의 주장은 잘못되었다.

2. 일본 정부는 독도의 강제 편입 시 우리 정부와 그 어떤 협의나 통보의 절차를 거치지 않았다. 또한 관보나 중앙 일간지에 발표하지 않았고 일본의 지방 신문에 조그맣게 게재해 은밀하게 진행하였다.

3. 독도는 삼국시대 이래 울릉도의 부속 도서로 간주되어왔기 때문에 샌프란시스코 평화조약에서 언급할 필요가 없다. 그러므로 독도가 한국의 영토에서 제외되었으므로 일본의 영토라는 것은 잘못된 것이다.

[채점기준]

* 아래 1, 2, 3 항목의 내용을 적절하게 구사하여 서술한 경우 점수를 부여한다.

	채점 기준	배점
1	(1) 독도가 우리 영토임을 제시한 우리나라 기록으로 볼 때 일본의 주장은 잘못이라는 내용을 서술한 경우 (2) 『삼국사기』 지증왕 때 기록, 이사부의 정벌, 『세종실록지리지』, 『숙종실록』, 대한제국 관보 (등) 구체적인 기록을 1가지 이상 제시한 경우	2점
2	(1) 독동의 강제 편입을 우리 정부와 협의하지 않았다고 서술한 경우 (2) 관보나 중앙 일간지에 발표하지 않았다고 서술한 경우	2점
3	(1) 독도는 삼국시대 이래 울릉도의 부속 도서로 간주되었다는 내용을 서술한 경우 (2) 독도는 우리나라의 영토라는 내용을 서술한 경우 (3) 독도는 울릉도의 부속 도서로 샌프란시스코 평화 조약에서 언급하지 않은 것이라고 서술한 경우	2점

  고등학교는 초등교육과 달리 전공 교과별로 교사가 담당 교과를 가르치기 때문에 통합·융합교육을 교육 현장에서 적용하는 데에는 어려움이 많다. 그러므로 프로젝트 수업을 운영하기 위해서는 학기 초에 담당 교사들의 교과협의회를 통하여 교사가 전문적인 시각을 가지고 교수학습 방법 및 평가를 재해석하여 교육과정을 재구성해야 한다. 본 사례는 고등학교 교과에서 담당 교과의 교육적 가치를 정하고 교육과정 재구성을 통하여 역사와 현재를 연결하여 미래를 준비하는 프로젝트 수업으로 설계

하였다. 대입 제도를 고려하여 『현대사』의 교과 내용을 모두 포함하고, 이를 통해 프로젝트 수업을 실시함으로써 학생들은 자기주도적인 배움을 얻을 수 있으며 역사가 내가 살고 있는 현재와 밀접한 관련이 있다는 것을 알게 되는 결과를 가져온다.

본 프로젝트 수업을 운영할 때 나타나는 교육적 효과를 정리하면 다음과 같다.

첫째, 깊이 있는 학습목표의 달성

교사는 수업지도안 작성 시 학습목표를 깊이 있게 고민하지 않고, 내용 요소 중심으로 서술하는 경우가 많다. 그러나 학생은 교사가 생각하지 못하는 지식, 태도, 가치관 등에서 많은 것들을 배운다는 것을 수업 자평을 통해서 알 수 있었다. 평소에 교사와 학생의 활동으로 이루어진 지도안을 보면 한 편의 시나리오와 같아서 '반드시 그렇게 수업을 해야 할 것' 같은 생각이 들었다. 그러나 수업이 반드시 수업지도안의 내용대로 이루어지지 않는 것은 물론이고, 학생들이 교사가 원하는 대로 수업에 참여하지 않는 경우도 많다. 그렇기 때문에 수업지도안은 수업을 해나가면서 계속적으로 보완해야 한다는 것을 알게 되었다.

둘째, 무임승차 방지

대개 팀별로 수업을 진행할 경우 봉효과(sucker effect)*나 무임승차의 문제가 발생하게 된다. 이것을 방지하기 위해서는 팀별로 수업을 준비하되, 수업시간에 학생의 질문을 번갈아 받게 함으로써 발표 학생이 미리 교과의 내용을 같이 공부할 수 있도록 여러 가지 장치를 마련해야 한다. 질문을 번갈아 받게 하거나, 질문에 답하지 못할 경우 그 다음 수업에 조사해 와서 알려주는 방법 등을 고려하면 좋을 것이다.

 ★ 우수한 참여자가 팀에 기여한 자신의 노력을 다른 이들과 공유하게 되면서 불만을 느끼고 해당 집단에 더 이상 기여하지 않으려 하는 상태가 되는 것으로, 무임승차 효과와 함께 사회적 태만의 한 상태이다.

셋째, 특기자나 기초학력 학생

일반고에서는 예체능 특기자나 기초학력·기초학력 미달 학생 등에 대한 배려가 거의 없다. 우수한 학생들은 교사의 도움 없이도 알아서 공부를 하고, 보통의 학생들은 학원 수강이나 다양한 사교육을 통해서 학교 수업을 보충한다. 그러나 예체능 특기자나 기초학력·기초학력 미달 학생의 경우 공교육의 사각지대에 있는 경우가 많으며 이들에 대한 교육의 목표는 전무한 현실이다.

프로젝트 수업을 운영하다 보면 특히 이 학생들이 수업을 준비하는 것에 많은 어려움을 호소한다. 교사는 이 학생들에게 구체적이고 간단한 과제를 제시하고, 수업을 운영할 수 있도록 적극적으로 지원해야 한다. 예를 들어 전태일 인물사 수업에서 전태일이 박정희 대통령에게 보낸 편지를 읽어주고, 이를 가지고 토론하는 수업을 하는 것으로 지원하였을 때, 학생은 EBS 지식채널의 영상을 준비해 와서 수업을 진행하였다. 학생의 능력에 맞게 교사가 적극적으로 지원하면 학생들도 자기 나름대로 최선을 다해 수업을 준비해오는 것을 알 수 있었다.

넷째, 학생 참여도

학생들에게 본 프로젝트 수업은 어떻게 다가올까 하는 의문이 들었다. 교사가 강의식 수업을 할 경우 보통 다섯 명 내외의 학생은 엎드려 있거나 수업을 듣지 않는다. 그냥 무기력하게 있는 모습이 가장 안타까울 때가 많은데, 학생 중심의 프로젝트 수업을 하였을 경우에는 수업을 듣지 않는 학생들이 거의 없었다.

이것에 대해 물어보면 학생들은 '교사의 수업은 반드시 들어야만 하는 수업이지만, 친구들의 수업은 도대체 어떨까 궁금하다. 친구가 수업을 하니까 내가 잘 들어줘야지.' 하는 동지애와도 비슷한 감정을 느낀다고 하였다. 또한 다른 학생이 교사의 질문에 답을 하지 못해 긴장하거나 난처해하는 경우를 보면, 수업을 이미 한 학생의 경우 자신의 경험이 떠올라 도와주려고 생각하고, 수업을 아직 하지 않은 학생의 경우에도 '언젠가는 나도 저런 경우를 당하겠구나' 하는 생각에 도와주어야 한다는 생각이 든다고 하였다.

다섯째, 삶 속의 교과

학생들은 역사란 자신과는 관련이 없는, '내가 태어나기 전의 아주 옛날 옛적 이야기'라는 생각을 많이 갖고 있다. 이러한 의식을 바꾸기 위해서는 교사가 끊임없이 현재의 상황에 적용하여 학생들이 사고할 수 있도록 지원하여야 한다.

조선시대 세종대왕의 애민정책을 공부할 때에는 현재의 복지정책과 연관시켜 지금의 복지정책이 지닌 문제점과 나아가야 할 방향을 생각해볼 수 있도록 하거나, 현대사의 민주주의 발전 과정을 통해서 지금의 민주주의를 돌아보게 하는 것도 좋은 방법이 될 것이다.

여섯째, 수업 자평·동료평가·교사 총평

대개 공개수업을 가서 협의회를 할 경우 많은 교사들이 공통적으로 말하는 것이 있다. '이 수업을 하니 학생들이 행복해했어요', '이 수업을 하니 학생들이 너무 좋아했어요' 등의 내용이 그것이다.

그때 생각한 것이 '학생들이 행복하거나 좋아했다고 하는 것은 누구의 말일까?'였다. 어떤 데이터의 분석 없이 학생들의 표정만 가지고 이 수업의 성공 여부나 학생이 무엇을 배우고 느끼는지 교사가 알 수 있을까?

본 프로젝트 수업의 1년차 수업에서는 수업 자평 부분이 없었다. 그러나 학생들이 이 수업을 어떻게 받아들이는지 교사로서 파악해야 했으므로 수업 자평을 도입했고, 이를 통해서 3년차에 가서는 많은 부분이 보완될 수 있었으며, 지금도 보완 중에 있다. 또한 동료평가를 통해서 학생들은 자기가 한 수업의 장단점을 알 수 있게 된다. 학생들에게 애정을 가지고 장단점을 말해달라고 부탁하면 학생들은 자신들이 느낀 친구의 수업을 정확하게 분석하고 발표해주었다. 그러한 평가를 통하여 자신의 수업을 돌아보고, 다음 발표에는 그 부분을 보완해서 발표할 수 있는 좋은 피드백이 되었다.

일곱째, 학교생활기록부 작성

보통 학교에서는 대학 입시를 위해서 다양한 프로그램을 운영하고 있다. 그러나 학생들이 스펙을 쌓는 것은 그 자체가 목적이 아니라, 그러한 활동을 통하여 알게 되는 경험과 배움이 중요한 것이다. 프로젝트 수업을 통하여 학생들의 수업 자평과 동료 평가, 교사의 총평을 통하여 학교생활기록부를 작성함으로써 경험하지 않고서는 알 수 없는 자신만의 학교생활기록부 작성이 가능해지며, 이는 대학 입시에 유리하게 작용하게 될 것이다.

여덟 번째, 프로젝트 수업의 보람

학생들은 프로젝트 수업이 끝나고 다양한 형태로 교사에게 그 수업을 피드백하게 된다.

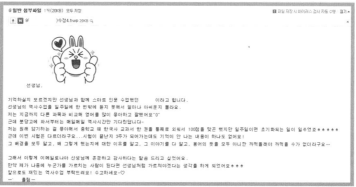

학생들이 이 프로젝트 수업을 '살아 있는 역사수업', '까먹으려 해도 까먹을 수 없는 역사수업'으로 기억한다는 것은 교사로서 행운이고, 보람이다.

프로젝트 수업에서 결과물의 산출은 매우 중요하다. 그러나 결과물 외에도 학생들은 프로젝트 수업에 참여하면서 배우게 되는 교과 지식은 물론, 인성 함양이나 가치관 확립 등 우리 눈에 보이지 않는 많은 배움들을 얻게 된다. 그러므로 프로젝트 수업에서 중요한 것은 학생들의 배움의 과정과 노력이라고 볼 수 있을 것이다.

학생들의 프로젝트 수업 발표를 보면서 매 시간 느끼는 것이 있다. 바로 "도대체 이 아이들의 가능성은 어디까지일까?" 하는 것이다. 강요하지 않았는데도 파워포인트를 85장 만들고, 며칠 밤을 새워 영상을 만들고, 그 안에 효과를 집어넣느라 PC방에서 모둠별로 모여 하루 종일 고생을 하는 아이들의 모습……. 대체 무엇이 이 아이들을 몰입하게 만들었을까?

학생들은 시간이 지나면서 자신이 고생하는 만큼 교사도 고생한다는 것을 느낀다. 교사가 토요일, 일요일에도 학교에 나와 지도안을 수정하라는 메일을 보내는 것에 감사의 마음을 표시하기도 하고, 그러한 교사의 노력에 학생들은 더욱 노력하는 모습을 보여준다.

나는 프로젝트 수업을 통해서 학생들과 '교학상장(敎學相長)'하는 내 모습을 발견하게 되었다. 학생들이 자신의 언어로 지도안을 작성하고, 파워포인트를 만들며, 설명하는 것을 보면서 내 수업에 반영하여 수업을 운영하기도 한다. 학생들과 함께 공부하고 배우는 프로젝트 학습이야말로 자율성과 창의성, 그리고 인성을 기르고자 하는 교육의 목표와 부합한다고 볼 수 있을 것이다.

2장

역사교과 프로젝트 2

: 역사수업에서 무엇을 가르칠 것인가? (O유형) :

〈진실〉 프로젝트?

역사교사로 근무한 지 10년! "나는 학생들에게 역사수업을 통해 무엇을 가르칠 것인가?"에 대한 고민은 끊임없는 과제다. 임용 초에는 유명강사를 흉내 내듯 파워풀한 강의와 멋진 판서가 최고의 교수법이자 내 자신의 가치를 높이는 것이라 생각했다. 하지만 오래지 않아 그것은 나를 위한 수업이었다는 것을 깨달을 수 있었다. 소통과 나눔이 없는 교실에는 나 혼자만이 있었던 것이다.

방법을 바꾸자! 프로젝트로 해보자!

역사를 바라보고 남기는 방법은 크게 둘로 나눌 수 있다. 하나는 역사적 사실(객관적 사실)을 있는 그대로 기록하는 사실로서의 역사와, 사실과 해석을 모두 중요하게 여겨 역사가의 주관이 개입되어 기록하는 기록으로서의 역사이다. 역사는 역사적 사실과 역사적 의미로 구성되어 있기 때문에 역사학습은 사실과 의미를 배우는 것이라 하겠다. 본 수업을 통해 학습자는 역사를 바라보는 두 시선에 대한 체험을 인물들에 대한 평가의 재구성 활동과 구술채록 활동을 통해 경험해볼 수 있다. 우리가 알고 있었던 역사적 사실과 학습자가 다양한 과정과 방법을 통해 알고 있는 역사적 이야기들을 어떤 기준으로 이해하고 받아들여왔는지, 혹시 잘못된 개념이 자리 잡고 있지는 않은지, 비판적으로 바라볼 필요가 있다.

역사는 과거의 이야기이기 때문에 역사가 되어버린 내용들을 학습자가 경험해보기란 쉽지 않다. 그럴 때 어떻게 역사를 바라볼 것인지가 매우 중요하다. 역사적 사건을 겪은 산 증인들을 대상으로 구술채록을 통해 당시의 시대상을 이해한다 해도, 그들의 이야기가 모두 사실이라고 생각할 수는 없다. 개인적 의견에 따라 다양한 이야기가 전개될 수 있을 것이며, 우리는 그 과정에서 비판적, 해체적 읽기를 해야 할 것이다. 과거 인물들에 대한 현대인들의 평가에 있어서도 역사를 전공하는 사람들을 제외하고는 원 사료에 대한 접근이 쉽지 않고, 제공되는 자료는 언론이나 개인의 주관이 많이 개입된 인쇄물에 한정되어 있는 것이 현실이다. 이에 역사적 기록물을 바라보는 시각이 중요하다.

역사적 통찰력을 가진 사람은 역사의 흐름을 전체적으로 바라볼 수 있으며, 역사적 현상의 배후에 작용하는 핵심적 개념이나 원리를 파악할 수 있고, 역사적 글이나 말의 핵심을 직관적으로 파악해 간략히 정리할 수 있다. 뿐만 아니라 과거와 현재, 미래를 서로 관련시켜 볼 수 있고 역사적 사건이나 행위에 대해 공감하고 이해할 수 있는 능력도 갖추었다고 할 수 있다.

이번 프로젝트 활동을 통해 역사에 등장하는 인물이나 사건에 대하여 우리가 익숙히 알고 있는 역사적 이미지와 기록과의 차이점을 이해하고, 역사와 사회현상을 바라보는 비판적 사고력과 분석력을 기르며, 어르신들의 이야기를 채록하면서 과거에 대한 사실을 간접적으로나마 경험해보고 오늘날 배우는 역사 속에서의 사실과 비교 분석하며 비판적 사고력을 기르고자 한다.

Big Idea*와 주제

주제를 정하는 방법은 여러 가지가 있을 수 있지만 가장 바람직한 것은 학생 스스로 주제를 정해 프로젝트를 진행하는 것이다. 그러기 위해서는 프로젝트 경험이 많을수록 유리하다. 나도 처음에는 주제를 정해주고 학생들이 해나갈 수 있는 지원 자료와 각종 약식 등을 제공해주었고, 학생들은 그저 빈칸 채우기 식의 프로젝트를 진행하는 것으로 시작했다. 아이들에 대한 의심으로 "우리 학생들이 이런 걸 할 수 있을까?" 이런 걱정부터 시작하며 너무나 준비가 많았던 것이다. 하지만 그것은 어디까지나 기우였다. 아이들의 놀라운 잠재력이 드러나기 시작하면서부터 스스로 주제를 찾고 함께한 프로젝트에서 한걸음 더 나아가 자신들만의 프로젝트를 진행하는 단계까지 발전했던 것이다. 어색하고 걱정되고 불안할지라도 아이들을 믿고 나아가는 것이 중요하다.

믿어라! 교사의 믿음의 크기만큼 아이들이 성장한다.

사람에게는 누구나 기억이 있다. 하지만 우리는 그 기억을 한낱 개인의 소유물로 치부해버리고 그 중요성에 대한 평가에는 인색했다. 셰익스피어는 '모든 생활에 역사가 있다'라고 했는데, 이는 역사라는 거대담론을 구성하는 것은 결국 개인이고 그 개개인의 삶이 유기적으로 연결되어 역사를 이룬다고 해석할 수 있을 것이다. 우리가 읽고 있는 수많은 텍스트 중에서 과연 진실만을 올곧게 담고 있는 것은 얼마나 될까? 또한 우리는 그 속에서 진실을 찾아내려는 노력을 얼마나 하고 있을까? 눈에 보이는 것이 모두 진실일까? 우리가 잘 알고 있다고 생각하는 지식이 정말로 사실인지의 여부에 대해 우리는 얼마나 질문을 던져보았을까?

이 프로젝트의 Big Idea는 '진실'이다.

> ★ Big Idea는 주제를 포괄하는, 프로젝트 수업을 전체적으로 포괄하는 생각의 근원이 될 수도 있고, 주제를 통해 학생들과 나누고자 하는 가치 있는 마음의 모습일 수도 있다. 무엇이 되었든 교사 스스로 성찰하고, 그 성찰을 발판으로 시작하는 Big Idea가 수업의 밑바탕에 함께했을 때 프로젝트 수업이 단위수업의 한계를 벗어나 삶을 포함하는 배움으로 나아갈 수 있을 것이다.

포스트모더니즘 출현 이전의 역사 기록을 살펴보면 역사란 승자의 역사, 남성의 역사, 강자의 역사를 중심으로 기록되어왔다.

역사라는 것은 과연 앞서 언급한 자들의 역사가 전부일까? 사극에서 다루어지는 인물들에 대한 문헌기록은 어떠할까? 정치적, 사회적 패배자의 역사가 우리에게 주는 교훈은 없는 것일까? 시대를 살아가는 청소년들에게 과연 역사를 바라보는 시각을 어떻게 지도해야 하는 것일까? 이와 같은 질문들에 대해서 고민할 필요가 있다.

최근 우리 사회는 〈명량〉이라는 영화를 통해 이순신 장군의 리더십을 이야기하고 있다. 하지만 이순신이라는 한 인물에 대한 조명 과정에서 그 주변 인물들에 대한 관심과 논의가 없는 것이 아쉬웠다. 이 프로젝트는 시대의 인물을 바라보고 우리가 알고 있던 이미지와 역사적으로 기록된 내용을 찾아 비교 분석하면서 역사를 바라보는 분석력을 기르고, 사회가 만들어내는 인물의 이미지와 사건에 대해 기록과 사실을 바탕으로 자신의 생각을 정립하

는 것이 목적이다. 개인의 관점에 따라 역사를 바라보는 것이 달라질 수도 있는 것이다.

개인의 기억은 그 사회와 대중, 특정 집단의 기억이기도 하다. 개인의 역사는 과거를 되돌아보고 현재의 거울이 되며 미래를 준비할 수 있기 때문에 큰 가치를 가진다. 하지만 기록되지 않은 기억과 역사는 잊히기 쉽다. 일제강점기, 해방, 한국전쟁 등 격변하는 근현대의 소용돌이 속에서 우리 역사의 기록은 검열에 자유롭지 못해 은폐되고 단절되는 경우가 많았다. 이에 〈구술로 배우는 역사〉 프로젝트 수업을 통해 학습자들이 개인의 기억을 채록하여 교과서에서 배우지 못하는 역사를 삶에서 학습할 수 있는 기회를 갖고자 한다. 과연 역사적 사건이나 인물들을 직접 경험하고 동시대를 살았던 사람들은 어떻게 기억하는지, 그 기억과 기록에 차이는 없는지, 우리가 미처 알지 못하고 넘어가는 사실은 없는지 고민해볼 필요가 있다.

본 프로젝트 활동을 통해 학습자들은 우리가 배우고 접하는 역사적 기록들이 얼마나 사실과 연관성이 있으며, 어떤 과정을 통해 사실에 가까운 기록을 확보하고 전

파하고 인식하게 되는지 생각할 기회를 가질 수 있다. 프로젝트를 구성할 때 서로 다른 견해가 드러난 역사 관련 서적이나 역사적 사료를 읽어보면서 서로의 의견을 비교하는 활동을 전개하고, 당시를 경험했던 분들의 구술채록 활동으로 이어진다면 보다 구체적이고 실질적인 역사 프로젝트 활동이 된다.

구술채록이라는 활동을 통해 학습자들은 역사적 사건, 사고를 직접 경험해본 사람들의 이야기를 들을 수 있으며 오늘날 기록된 역사적 내용과 비교, 분석할 수 있다. 단순한 구술채록의 활동이 갖는 의미도 중요하겠지만 듣는 이야기가 어떻게 표현되고 기록되는지의 과정을 살펴볼 수 있고, 최근 이슈가 되고 있는 언론의 행태가 과연 우리의 역사적 감수성과 사회참여 활동 등에 어떤 영향을 미치는지에 대해, 또한 공정한 언론과 그 책임감에 대해 다시 한 번 생각하는 기회가 될 것이다. 또한 구술채록된 내용을 현재의 역사 관련 서술과 비교하면서 활동지에 기록하고, 그 과정에서 만들어지는 자신의 생각을 기록하면서 역사적 통찰력을 기르게 될 것이다.

학습자들은 '진실'이라는 근본적인 생각으로부터 이 모든 프로젝트를 진행하게 될 것이며 스스로 탐구하며 함께 공유하는 과정을 거쳐 결국 자신의 생각을 가지게 되리라 기대할 수 있다.

프로젝트 수업 톡! Talk?

지역사회 연계

프로젝트를 진행하면서 대외활동과의 연계가 필요한 상황이 많다. 그럴 경우 지역사회 기관과의 연계 활동을 통해 보다 알차고 효과적이며 실질적인 프로젝트를 수행할 수 있다. 학교에서 배우지 못하는 것들을 관련 지역단체나 기관을 통해 배울 수 있고 그곳에서 갖고 있는 사회적 실천 노하우를 배울 수 있는 기회이기도 하다. 각 학교가 속해 있는 지자체에는 문화원, 박물관 등 다양한 공공기관이나 각종 사업회 등이 있다. 그들과의 업무협

약을 통해 사회 학교의 구현이 가능하고, 각 기관이나 단체에서 하는 역할에 대한 체험의 기회도 제공해줄 수 있다. 이 과정을 통해 학교, 지역사회 연계를 실현하여 진정한 배움의 공간을 확보하고 경험을 쌓을 수 있는 것이다. 그러기 위해서는 교사의 자발적이고 적극적인 노력이 있어야 한다. 잠시 시간을 내 기관 담당자들을 만나 구상 중인 프로젝트에 대해 설명하고 설득한다면 큰 효과를 볼 수 있을 것이다.

교육과정과 프로젝트 목표

'진실'이라는 Big Idea를 위한 주제를 정하고 프로젝트 수업을 진행할 때 깊은 연계를 가진 교과로 한국사와 국어 과목을 선정할 수 있었다. 이럴 때 한국사에서 다루어지는 교육과정 목표와 국어과에서 다루어야 할 교육과정 목표에 대한 정확한 이해를 통해 단순한 교과 연계가 아닌 교수학습 과정 안에 한국사 교육목표와 국어과 교육목표가 자연스럽게 녹아들 수 있도록 프로젝트 수업을 설계하고 진행해야 한다. 원균과 이순신이라는 역사적 인물의 특징과 기록의 측면에서의 비교 활동을 전개하고 '제주 4.3 사건'의 직간접적 경험자들의 증언을 통해 언론 보도와의 차이점을 파악하여 자신의 생각에 대한 글쓰기와 토론 활동 능력을 기르고자 한다. 프로젝트 진행 과정에서 국어과에서 다루어지고 있는 '면담을 통해 자료를 수집하여 주변 인물에 대한 전기문을 쓴다'와 '시사 문제에 대하여 자신의 관점을 명확하게 드러내는 시평을 쓴다'의 교육과정 목표를 함께 구현할 수 있도록 자연스럽게 교과목과 연계하여 재구성한다.

이와 관련된 한국사 과목의 목표를 보면 다음과 같다.

◎ 오늘날 우리의 삶은 과거 역사의 산물임을 이해하되, 각 시대 우리나라 역사의 전개 과정을 세계사의 맥락 속에서 심층적으로 파악한다.

◎ 우리 역사와 관련된 자료를 분석하고 비판하는 종합적인 탐구활동을 통해 역사적 사고력을 키운다.

◎ 우리 역사를 삶의 과정으로 이해하여 현대 사회 발전에 능동적으로 참여하는 태도를 기른다.

국어과 과목의 목표는 다음과 같은 것이 해당될 것이다.

◎ 면담을 통해 자료를 수집하여 주변 인물에 대한 전기문을 쓴다.
◎ 시사 문제에 대하여 자신의 관점을 명료하게 드러내는 시평을 쓴다.

글을 쓰기 위한 내용 조사와 분석 활동이 역사과에서 진행된 것이었다면 국어과에서는 그것을 다듬어 자신의 생각을 논리적으로 펼칠 수 있는 글쓰기 활동을 하게된다. 글을 쓴 뒤에는 그것을 바탕으로 상대방에게 자신의 생각을 효과적으로 전달하기 위한 토론회를 진행해볼 수 있다. 2009 개정 교육과정 해설서를 참고하여 공통교육과정상의 학년군별 영역성취기준을 정리하여 중학교군까지의 사회과 학년별 성취기준을 살펴보면, 역사과에서 중요시하는 요소는 역사 영역에서의 인물과 유물을 통해 정치와 문화를 이해하는 것이고 시대별 일반적 사실을 바탕으로 학습자의 능동적학습과 다양한 해설, 통찰력을 이야기하고 있다. 학습자들이 역사를 왜 배우는지를이해할 수 있도록 역사 방법적 측면에서 다양한 활동을 유도하여 시대별, 일반적 사실에 대한 다양한 해설을 비판적으로 사고할 수 있는 능력과 역사를 바라보는 통찰력을 함양할 수 있는 수업 설계가 중요하다.

이 과정에서 타 교과와의 연계된 통합 프로그램으로 진행하고자 한다면 선행되어야 할 것이 교사협의회이다. 관련 교과 선생님들이 사전에 모여 심도 있는 토의, 토론을 통해 교육과정을 재구성하고 이것을 기반으로 수업 설계가 이루어져야 수업 진행에 큰 어려움이 없을 것이다.

〈진실〉 프로젝트를 시작합니다

◎ 역사에 등장하는 인물이나 사건에 대하여 우리가 알고 있는 이미지와 기록과의 차이점을 이해하고 역사와 사회 현상을 바라보는 비판적 사고력과 분석력을 기른다.

◎ 어르신들의 이야기를 채록하면서 과거에 대한 사실을 간접경험해보고 오늘날 배우는 역사 속에서의 사실과 비교 분석하면서 비판적 사고력을 기를 수 있다.

교과목의 교육목표들이 반영된 프로젝트 수업의 목표는 다음과 같다. 본 프로젝트 수업을 통해서는 역사 인물이나 사건에 대하여 기록된 내용을 비판적으로 바라보고 사실과의 연관성을 비교하여 역사적 진실에 한 걸음 더 다가갈 수 있도록 하는 것이 목표이다.

'진실'을 큰 주제로 하는 이번 프로젝트 수업은 두 가지 프로젝트가 연속성을 가지고 진행된다. 먼저 학생들은 우리 역사의 진실성에 대한 생각들을 〈원균과 이순신〉 프로젝트 수업을 통해 확인하게 될 것이다. 그 이후 〈구술로 배우는 역사〉 프로젝트 수업에서 실제 구술채록을 통해 좀 더 사실에 기반을 둔 프로젝트 수업을 경험하게 되어 있다. 이러한 수업 흐름은 프로젝트 수업에 대한 막연한 불안감이 있는 학생들에게 다가가는 데 필요한 한 방법이라고 생각한다.

[Special Page] 구술채록은 어떻게 할까?

구술채록이란 문헌사와 대비되는 개념으로 구술자가 자신의 역사를 말로 풀어내는 작업이다. 주로 민속학, 사회학, 인류학, 역사학자들의 새로운 역사 쓰기 방법으로 알려졌다. 자료의 부족으로 인해 동일하게 반복되는 역사 서술의 오류를 보완하고, 조상들의 생애와 삶을 미시적 관점에서 접근하여 구술자가 역사 쓰기의 주체가 되는 실천적 연구방법론이라 할 수 있다. 구술자가 과거의 기억을 말로 풀어내는 역사이기에 때로는 퍼즐 조각처럼 흩어져 있지만 이들은 또 다른 퍼즐 조각과 만나 하나의 전체를 이룰 수 있는 가능성을 지닌다. 구술채록은 평소에도 할 수 있겠으나 체험학습과 연계한다면 보다 의미 있는 학습이 가능할 것이다.

채록방법

채록은 제보자의 헛기침 소리까지 들리는 대로 채록하는 것이 원칙이다. 그러나 시간이나 여건상 꼭 필요한 부분만 채록할 수도 있다.

- 처음 들을 때는 내용을 기록하지 않고 그냥 대화의 이야기 순서를 파악하며 듣는다.
- 다음은 한 문장씩 끊어서 기록하고, 놓친 부분은 그냥 지나친다.
- 마지막으로 놓친 부분을 중심으로 채록을 완성시킨다.

– 채록은 매우 객관적으로 기록해야 한다. 자신이 필요하다고 생각되는 부분만 하더라도 편향되게 채록하지 않도록 주의한다.

채록 장소

채록은 모둠별로 정해진 주제와 대상에 따라 장소가 달라진다. 우리가 일반적으로 가장 가까이에서 채록할 수 있는 공간은 바로 가정이다. 집안 어르신들을 대상으로 역사적 사건들을 경험하신 분들의 기억을 채록하는 것이 바람직할 것이다. 하지만 연세 많으신 분들이 대부분 노인정에 계신다고 가정할 때 근처 노인정을 우선 장소로 선정하고 관련기관이나 단체(문화원, 시청, 노인회 등)를 알아보고 모둠별로 도움을 얻을 수 있다. 이런 공간을 대상으로 삼는다면 청소년들의 봉사활동과도 연계가 가능하다. 기존의 봉사활동이 대부분 청소 등이었다면, 구술채록 활동을 통해 어르신들의 말벗이 되어드리며 함께 시간을 보낸다면 진정한 의미 있는 봉사활동이 될 것이다.

채록 내용

채록을 하는 데 가장 중요한 것은 바로 내용이다. 채록의 내용이 연구에 필요한 적절한 내용으로 수집되기 위해서는 무엇보다 채록을 진행하기 전에 어떠한 내용에 대해 설문할 것인가에 대한 고민이 필요하다. 채록을 하기 위해 던지는 질문에 따라 얻어지는 결과물의 수준과 질이 천차만별이 될 수 있기 때문이다.

효과적인 질문을 하기 위해서는 학습자들이 많은 고민을 해야 한다. 정치, 종교, 경제 등의 측면에서 가치중립적인 질문을 제시하는 것이 좋으며 어느 한쪽의 편향적인 의견을 듣는다는 것은 매우 위험한 행동이다.

: 케이스 스토리 11 :

〈원균과 이순신〉 프로젝트 수업

　〈원균과 이순신〉 프로젝트 수업의 목표는 역사에 등장하는 인물이나 사건에 대하여 우리가 알고 있는 이미지와 기록과의 차이점을 이해하고 역사와 사회현상을 바라보는 비판적 사고력과 분석력을 기르는 것이다. 이 프로젝트는 역사적으로 서로 대립 구도 속에서 나타나게 되는 인물들에 대한 왜곡된 표현, 사극이나 영화에 등장하는 인물과 관련된 내용, 역사적 사건들과 관련한 사실관계 확인과 의미 파악을 위한 활동을 주로 진행한다. 예를 들어 임진왜란의 명장인 이순신 장군과 관련된 학습활동에서 임진왜란의 중요한 공신으로 인정받아 선무일등공신으로 임명된 이순신, 권율, 원균 등 세 명의 명장에 대한 사실과 기록의 특징을 비교하여 역사를 이해하기 위한 활동으로 구성된다.

　일반적으로 우리는 명장 이순신에 대해서는 리더십과 책임감 등 훌륭한 모습을 주로 다루는 반면 원균에 대해서는 이와 극명하게 대립되는 평가를 내리는 경향이 있다. 그런데 『조선왕조실록』을 살펴보면 특이한 점이 있다. 선조에 대한 기록을 보면 『선조실록』과 『선조수정실록』이라는 두 부분으로 되어 있다는 것이다. 당시의 시대 상황은 붕당의 정점이라 할 수 있는 시기로, 서인과 동인의 정파 싸움이 한창일 때였다. 이것이 반영되어 기록된 것은 아닐까? 『조선왕조실록』을 과연 믿을 수 있을까? 이러한 의문점을 학생들이 찾아낼 수 있도록 질문을 던진다.

과연 원균이 이순신을 시기하고 자신의 안위와 명성만을 위해 행동했던 역적으로 묘사되는 것이 바람직한가 하는 의문, 즉 '원균은 역적인가?'라는 물음을 통해 역사에서의 사실과 기록의 중요성을 학습해볼 수 있다. 이러한 활동을 통해 학습자들이 역사를 바라보는 안목과 비판적 사고력을 기를 수 있는 수업으로 전개한다. 또한 최고의 정사라고 볼 수 있는 『조선왕조실록』의 선조 부분을 얼마나 신빙성 있게 바라볼 것인지 의문을 가질 수 있으며, 기록이 갖는 의미에 대해서도 다시 생각해볼 수 있는 활동이다.

우리 역사에서 이와 유사한 방식으로 접근할 수 있는 인물들로는 정도전과 정몽주, 김유신과 계백, 백제의 의자왕, 광해군 등이 있으며 이 과정에서 학생들의 자유 선택에 의한 주제 선정이 이루어진다면 차후 프로젝트에 대한 적극적인 참여를 이끌어 낼 수 있을 것이다.

◎ 참고자료

『징비록』: 조선 선조 때 영의정을 지낸 서애(西厓) 유성룡(柳成龍)이 집필한 임진왜란 전란사로서, 1592년(선조 25)부터 1598년까지 7년에 걸친 전란의 원인, 전황 등을 기록한 책이다.

『선조실록』: 조선 제14대 왕 선조의 재위 기간의 역사를 기록한 책. 1567년 7월부터 1608년 1월까지 선조 재위 40년 7개월간의 국정 전반에 관한 역사를 다루고 있다.

『선조수정실록』: 『선조실록』 중에서 내용을 수정 보완하여 새로 편집한 실록으로 수정 문제가 논의된 것은 인조반정으로 북인세력이 물러가고 서인이 정권을 잡으면서 서인으로 지목된 이이(李珥)·성혼(成渾)·박순(朴淳)·정철(鄭澈), 남인 류성룡(柳成龍)에 대하여 없는 사실을 꾸며 비방한 사실을 바로잡자는 데서 비롯되었다.

이러한 참고자료는 실질적으로 학생들이 읽기에는 상당한 수준이어서 어려움이 따를 것이다. 따라서 관련 기록이 잘 정리되어 있는 『조선왕조실록』에서 해당 기록을 찾아보는 것이 의미 있을 것이다. 부족하다면 교사가 학생들의 이해를 돕기 위한 보조자료를 준비해주는 것이 효과적이다.

프로젝트 진행과정

진행과정	활동 내용
주제 선정 **모둠 구성** **역할 분담** (1차시)	– 프로젝트 학습 안내 – 교육과정 재구성 – 주제 선정 – 성취기준 제시 – 학습자 3~4명씩 모둠 구성 – 담당교사 : 학습자 스스로 주제를 선정하도록 돕고 모두가 참여하는 역할 분담 확인
⇩	
자료 수집 및 공유 (2~4차시)	– 모둠 : 자료 수집, 정리, 토론문 준비 등 프로젝트 수업 활동을 통해 수업 준비 – 담당교사 : 카페와 밴드를 통한 피드백(자료 검색 방법 및 관련 기관, 사이트 안내 등)
⇩	
문제 해결 (5차시)	– 역사토론 발표 안내 및 준비 – 발표 준비 및 프레젠테이션 작성 – 담당교사 : 토론문 완성을 위한 조언 및 피드백
⇩	
결과물 발표 및 평가 (6차시)	– 결과물 발표 및 평가, 반성하기, 공유하기 – 성과 및 개선점에 대한 성찰, 정리하기 – 담당교사 : 협력적 사고의 과정에 대한 반성과 안내

1) 주제 선정, 모둠 구성, 역할 분담

1차시의 활동 내용은 프로젝트를 진행하는 데 있어서 학생들이 쉽게 프로젝트에 대해 이해할 수 있도록 전체적으로 소개한다. 이번 프로젝트는 역사 속 인물이나 사건의 이미지와 사실과의 연관성에 대하여 탐구하는 것으로, 역사 토론의 활동을 통해 역사적 사건이 일어나던 시기와 그 시대를 기록한 텍스트에 대한 독서를 진행하고 자신이 알고 있던 사실과 역사적 기록과의 비교 분석을 통해 비판적 사고력을 기르며 창의적 문제 해결력을 높일 수 있는 프로젝트이다. 그 속에서 영웅적 인물이나 사건, 상대적으로 폄하된 인물이나 사건에 대한 지식을 습득하고, 이에 따라 과연 우리가 일반적으로 이해하고 있는 내용에 대해 사실로 받아들일 것인지에 대한 논의와 비판을 할 수 있다. 이때 『선조실록』을 활용할 수 있다.

이순신 장군과 관련된 자료는 풍부하여 학생들이 구하기 쉽고 또한 학생들은 대부분 이순신 장군의 영웅적인 면에 대한 이미지를 가지고 있기 때문에 그와 상반되게 묘사된 원균에 대한 자료를 제시하고 주제에 접근해가도록 할 수 있다.

일반적으로 프로젝트 수업에서 사용하는 모둠 구성 방법은 다중지능이론에 입각하여 학습자의 지능 성향에 맞춰 모둠을 구성하여 운영하는 것이다. 하지만 학생들은 자신에 대한 책임과 동료에 대한 평가능력을 가지고 있다. 따라서 모둠이 자유롭게 구성된다고 해도 학습의욕을 높이고 참여도를 끌어올린다면 창의적이고 참신한 결과물이 나올 수 있을 것이다. 학습자의 역량에 맞춰 할 수 있는 작은 것부터 역할 분담을 하여 학습의욕을 높이고 자존감을 향상시킬 필요가 있다. 이 과정에서 가장 중요한 것은 총론에서 이야기되는 공동작업과 그 속에서 나타나는 협력적 리더십이다. 교사의 믿음이 있다는 것을 전제한다면 모둠 구성은 학생들의 자율에 맡겨도 무방할 것이다.

또 교사는 학습자들이 도서를 선정하여 읽을 수 있도록 안내하고, 이 과정에서 평소 자신이 생각하고 있던 이순신 장군과 원균 장군에 대한 지식을 정리해보도록 사전 활동을 진행한다. 사전 활동 이후 독서 활동이 진행되는 과정에서 학습자들은 자신의 상상과 선행 지식의 내용과 텍스트에서 나타나는 내용을 비교 분석할 수 있다.

> "적은 본래 수군과 육군이 서쪽으로 병진하려 하였는데, 이 전투로 그들의 한쪽 팔이 잘리게 되었으므로 그들이 비록 평양을 점령하였으나 고립되어 더 이상 진전하지 못하였다. 이로써 우리나라는 전라·충청도와 황해·평안도의 해안을 보전할 수 있게 되었으며 (…) 중국도 요동지방과 산동지방이 위협을 받지 않게 되어 명나라 원병이 육로로 우리나라를 지원할 수 있게 된 것이니, 이 모두가 한산도 해전의 승리에서 얻어진 것이다." （『징비록』）

> "임진년에 이순신이 전라 좌수사로서 전함을 거느리고 경상우수사 원균과 함께 거제도 앞바다에서 왜적과 싸워 크게 쳐부수고 왜적의 배 50여 척을 포획하여 전란 이래 제일 큰 공을 세웠다. 그러나 그때 계책을 마련하여 먼저 올라갔던 것은 모두 원균의 솜씨에서 나온 것이고, 이순신은 다만 달려와서 구원했을 뿐이었다. 크게 승전한 뒤에 원균이 행조(行朝)에 보고하려 하자, 이순신이 속이기를 '원균과 협력하여 일을 한다면 왜놈들은 섬멸하고 말고 할 것도 못 되는데 이러한 소소한 승전을 어찌 조정에 장계를 올릴 필요가 있겠는가. 내가 다른 도에서 급작스럽게 구원하러 왔기에 병기를 갖추지 못했으니, 왜적에게서 노획한 것을 써야 하겠다' 하니, 원균이 그대로 따랐다." （『선조실록』, 1603년 4월 21일）

학습자들이 깊이 있는 근거 자료를 찾고 서로 토론하는 시간을 갖는다면 '자기 생각 만들기'의 일환이 될 수 있을 것이고 상대방의 의견을 듣고 자신의 생각을 재정립할 수 있는 기회를 가질 것이다. 이때 예시가 될 만한 주제를 몇 가지 제시해준다면 학생들이 보다 쉽게 역할을 수행할 수 있다. 또 학교 상황과 학생 수 등에 맞추어 학습자들에게 다양한 사고의 폭을 넓히고 창의적인 생각을 유도하는 질문을 만들어, 그 질문에 대한 답을 찾아가도록 유도한다. 예를 들면,

 – 원균은 과연 역적일까?
 – 역사적 인물을 이해할 때 고려해야 할 것이 무엇일까?

– 영웅은 만들어질까?

– 기록된 내용들은 모두 사실일까?

등의 질문을 할 수 있다.

이것은 학습자들의 학습에 대한 태도를 깊이 있게 유도하고, 나아가 그들이 할 수 있는 활동 내용에 대하여 적절한 질문을 통해 학습에 대한 호기심을 증진시키는 방법이 된다. 질문에 대한 답을 찾는 과정이 중요하기 때문에 해결하기 쉬운 질문에서 시작하여 협업을 통해 해결해야 할 정도의 깊이 있는 질문으로 발전해나가면 사고력과 문제 해결력을 높일 수 있을 것이다.

이러한 과정을 통해 학습자들은 자신의 생각을 정리하여 토론할 수 있다. 원균과 이순신에 대한 서로 다른 입장을 가진 확실한 의견이 있으면 토론의 논제로 적합할 것이다. 원균과 이순신에 대한 토론으로 전개하지만 인물들에 대한 기록의 사실 여부와 과거의 기록, 사료를 어떻게 바라볼 수 있는지를 생각해보게 하는 것이 사고의 확장 측면에서 도움이 될 것이다.

2) 자료 수집 및 공유

실제 프로젝트를 진행하면서 평소 학습에 소극적이고 말수가 거의 없던 학생들이 변화하는 모습을 지켜볼 수 있었다. 학생들은 프로젝트 진행 과정에 대한 관심을 표하고, 모둠원 간의 협력이 이루어졌으며, 동료의 부족한 부분을 서로 도와 채워나가는 모습도 볼 수 있었다. 물론 표현 단계에서는 여전히 소극적인 모습을 보이기도 했지만 본인들 스스로 주제를 정하고 자료를 찾아 함께 모여 준비하는 활동을 영상으로 만들어 제시하는 것이 인상적이었다. 모둠은 학생들이 스스로 정하도록 해도 무방하다는 것을 다시 한 번 경험할 수 있는 기회였다.

프로젝트 수업은 학습자의 협력과정과 공동작업이 반드시 포함되어 있어야 제대로 된 프로젝트 수업으로 평가될 수 있다. 프로젝트 수업의 주제를 선정할 때는 혼자서 해결할 수 있는 정도의 수준이나 내용을 넘어서 협력의 가치를 경험할 수 있는 크기와 내용을 포함해야 한다. 즉, 프로젝트의 핵심과정에 모든 구성원이 참여한다는 원칙에 기반하여 역할 분담이 이루어져야 한다는 것이다.

계획서를 작성하기 위해 선행되어야 할 것은 실천 가능한 계획을 세우는 것이며, 교사는 학생과 교사의 소통이 원활히 이루어질 수 있도록 지도해야 한다. 계획서 작성 단계에서 선행자료의 제공은 학생들에게 도움이 될 수 있으나 자칫 참신한 아이디어를 방해하는 요소가 될 수도 있으므로 우선은 학생 스스로 계획을 세우도록 하는 것이 바람직하다.

다음으로 모둠원의 역할에 따라 과제 해결에 필요한 각종 자료를 수집하고, 수집한 자료에 대해 분석하고 정리하는 과정이 진행된다. 원균과 이순신에 대한 자료를 수집하는 과정에서 학생들이 쉽게 접해보지 못했던 『선조실록』에 대한 접근방법과 활용방법에 대해 안내해주어야 학생들이 활동하는 데 어려움을 덜 수 있을 것이다. 전문서적을 어디에서 찾아야 하는지, 논문 자료를 찾기 위한 사이트가 어디인지 등을 안내해주고 지방자치단체에 속해 있는 문화원이나 향토사 박물관과 연계한다면 다양한 자료를 접하게 할 수 있다. 원균과 이순신 관련 자료를 수집하기 위해서는 평택시문화원, 아산시문화원 등 관련 지자체 기관이나 단체에 문의해볼 수 있다.

중간 평가 과정에서 교과 시간이나 학급 카페, 밴드 구성 후 수시 검토가 가능하도록 한다면 보다 효율적이고 효과적인 피드백을 줄 수 있을 것이다. 이때 부족하거나 미흡한 부분이 있다면 학습의욕이 떨어지지 않도록 칭찬과 격려를 적절히 활용해야 한다. 좋은 예로 칭찬 스티커 주기 등이 있는데, 학생들은 초등학생이든 중고등학생이든 대부분 칭찬에 목말라 있기 때문에 학년을 떠나 칭찬을 해주는 것은 매우 큰 교육적 효과를 가져온다.

3) 문제 해결 및 결과물 발표와 평가

마지막은 진행한 프로젝트에 대한 결과물의 표현과 그에 대한 공유 및 피드백이다. 표현은 모둠별로 자신들의 발표 방향과 성향에 맞는 형식으로 표현하는 것이 바람직하며, 개방된 표현 형식으로 학습자들의 창의적 표현 형태가 나올 수 있도록 한다. 이번 프로젝트 수업에서의 표현은 토론문을 작성하여 서로 토론을 진행하는 방법이다. 다른 프로젝트에서는 어떤 모둠은 역할극, 어떤 모둠은 그림, UCC, 만화 등을 선택하여 자신들이 선호하고 모둠의 특성을 잘 반영한 표현형태가 나타난다. 학생들의 개성이 드러나도록 어떠한 표현물도 허용해주는 것이 무엇보다 중요하다. 학생들은 우리가 생각하는 것보다 창의적이며 혁신적이다.

또한 결과보고서에 대한 힌트를 하나 제시한다면 '한 페이지 정리'를 하면 좋다. 보통 결과보고서는 여러 페이지로 작성되는데, 이때 정성스럽게 작성하는 모둠도 많지만 인터넷상의 자료를 복사하고 붙여 넣은 뒤 약간의 편집만을 하여 제출하는 모둠도 있을 것이다. 이것을 방지하기 위한 좋은 대안이 바로 '한 페이지 정리'이다. 여러 페이지에 달하는 내용의 보고서를 한 페이지로 정리하려면 학생들은 어느 것을 빼고 어느 것을 넣을 것인지 상당한 고민에 빠진다. 이 고민 속에서 학생들의 배움이 한 단계 뛰어 오른다고 생각한다. 수많은 정보의 홍수 속에서 자신에게 필요한 유익한 정보를 선택할 수 있는 능력이 현대 사회를 살아가는 우리에게 절대적으로 필요한 요소라고 한다면 '한 페이지 정리'를 통해 내용의 취사선택이 얼마나 중요한지 깨닫게 되는 것이다.

한 페이지 정리의 예시 모습

교과 내용 목표 평가

교과 내용 목표 평가를 측정하기 위해서는 무엇보다 성취기준에 대한 분석과 그 것을 얼마나 충실하게 달성하였느냐의 평가계획이 요구된다. 단순하게 학습한 내용에 대한 평가도 필요하지만 그 내용들이 성취기준을 고려한 평가내용으로 작성되어야 학습자들의 수준을 파악할 수 있다. 일반적인 교과 내용 목표 평가는 지필평가를 통해 이루어지므로 지필평가 출제 시 학습자가 어느 정도 목표에 도달했는지 확인할 수 있는 방향으로 출제해야 한다. 이 부분에서는 다음과 같은 역사교육 목표를 참고하여 출제할 수 있다.

◎ 우리 역사와 관련된 자료를 분석하고 비판하는 종합적인 탐구활동을 통해 역사적 사 고력을 키운다.

여기에는 프로젝트와 직접적 연관이 있는 학습목표 도달 여부를 확인할 수 있는 평가문항이 제작되어야 한다. 또한 경기도교육청에서 제시하는 정의적 능력[관심, 흥 미, 태도, 자신감, 동기, 신념 등 학습자의 정의(情意)적 요인에 따른 능력]을 측정할 수 있는 평가를 통해 학습자들의 발전 정도를 파악하는 것도 매우 중요하다. 여기서 나 아가 임진왜란 당시의 국내 정치상황과 국제 정세를 고려하고 프로젝트를 통해 만들 어진 자신의 생각을 정리할 수 있는 종합적 문항을 출제할 수 있다.

[문제] 제시된 자료를 참고하여 당시의 전쟁 상황에 대한 자신의 생각을 200자 내외로 서술
하시오.

〈자료1〉 왜인이 강항에게 말하기를 '조선의 장사들이 진주성에서 다 죽었으니, 이후로는
우리를 괴롭힐 자가 없을 것이다' 하였다. 그 뒤에 이간질을 하여 이순신을 떠나게 만들고
원균을 패하게 만든 것도 모두 깊은 모략에서 나온 것이다.
『선조수정실록』, 1593년 6월 1일

〈자료2〉 25년(1597, 선조30)에 총독(摠督) 형개(邢玠)는 아직 관문(關門)을 나가지 않고는
조선에 자문(咨文)을 보내어 조선의 군사들을 통솔해 군사를 훈련시키면서 지방을 굳게 지
키고, 험요한 곳을 막도록 하였다. 이에 국왕이 통제사(統制使) 원균 등으로 하여금 주사
(舟師)를 거느리고서 죽도(竹島)와 가덕도(加德島)의 왜적을 전담하여 막되, 각자 마음을
가다듬어 힘쓰면서 대병(大兵)이 이르기를 기다리게 하였다. 소서행장이 풍무수(豊茂守)
등을 파견해 군사를 거느리고 가서 원균의 수군을 습격하게 해 드디어 한산도를 빼앗았다.
한치윤, 『해동역사』

[채점기준]

영역	평가기준	배점
논술형 평가	논점을 명확히 파악하였으며 관점이나 입장이 일관되었고 주장이나 생각이 분명하고 논리적으로 타당하며 그리고 자신의 생각이나 주장을 뒷받침하는 논거가 체계적이고 적절하게 제시되었는가?	점
	관점이나 입장이 일관되었고 주장이나 생각이 분명하고 논리적으로 타당하며 그리고 자신의 생각이나 주장을 뒷받침하는 논거가 체계적이고 적절하게 제시되었는가?	점
	자신의 주장이나 생각이 분명하고 논리적으로 타당하며 그리고 자신의 생각이나 주장을 뒷받침하는 논거가 체계적이고 적절하게 제시되었는가?	점
	자신의 생각이나 주장을 뒷받침하는 논거가 체계적이고 적절하게 제시되었는가?	점

정의적 능력 평가

정의적 능력이란 관심, 흥미, 태도, 자신감, 동기, 신념 등 학습자의 정의(情意)적 요인에 따른 능력을 말한다. 여기에서는 자유 반응형으로 학생들의 정의적 능력을 확인하고자 한다.

	문항
1	역사적 사료는 ( )을 반영한다.
2	선조실록이 새로 기록된 것은 ( ) 때문이다.
3	'선무1등공신'에 책록되었다는 것은 ( ) 것이다.
4	우리는 역사적 사료를 ( ) 바라보고 이해해야 한다.

무엇을 이루었을까?

이 프로젝트는 원균과 이순신에 대한 역사적 자료를 바탕으로 우리가 알고 있는 기존의 이미지와 역사적 사실과의 관계를 비판적으로 바라볼 수 있는 시각을 기르는 것이 중요한 목표이다. 토론 활동을 통해 원균에 대한 재인식의 경험을 하고 역사적 기록이 어떤 의미를 갖는지에 대해서는 학생들 스스로의 생각을 정리하는 데 도움이 되었을 것이다. 하지만 단순히 원균을 재조명하는 것을 뛰어넘는 그 이상의 단계가 필요하다. 토론문을 작성하고 상대방의 의견을 반박할 논리적인 생각 정리 활동은 큰 의미가 있었다. 원균과 이순신이라는 인물을 대상으로 삼아 단순히 이순신에 대한 비판, 원균 옹호론 등의 개념으로 접근하는 것은 이 프로젝트의 부분만 보는 것이다. 토론 과정에서 학생들이 스스로 참여하고, 강의식 수업에서 관심을 갖지 않았던 학생들의 참여가 있었다는 것이 큰 변화 중의 하나였다. 계속해서 나오던 것은 의문사가 아닌 감탄사였다. "저 학생한테 이런 모습이 있다니!" 학생들 역시 "이렇게 선생님과 이야기하면서 수업하고 제 스스로 할 수 있다는 것이 놀라워요!", "다른 것도 할 수 있을 것 같아요!"와 같이 적극적인 변화를 보였으며 더불어 학생들의 기록물에 대한 분석력이 변화하는 모습도 엿볼 수 있었다. 가장 큰 예는 이 수업이 진행되는 동안에 치러진 지방선거와 학생회장 선거에서 학생들이 과거에는 쉽게 지나쳐버리던 후보들의 공약에 대하여 관심을 갖고 다시 바라보게 되었다는 사실이다. '이 공약이 과연 실행 가능한 공약이고 문제점은 없는 것일까?', '우리에게 정말 급하게 필요한 사안인가?', '이 공약은 정말 공익을 위한 것인가?' 하는 질문들을 갖고 공약을 바라보게 된 것이다. 이것이 확대되면 향후 학생들의 사회참여 활동이 활발해지는 계기도 될 수 있을 것이다.

: 케이스 스토리 12 :

〈구술로 배우는 역사〉 프로젝트 수업

〈구술로 배우는 역사〉 프로젝트 학습목표 : 어르신들의 이야기를 채록하면서 과거에 대한 사실을 간접경험해보고 오늘날 배우는 역사 속에서의 사실과 비교 분석하면서 비판적 사고력을 기를 수 있다.

〈원균과 이순신〉 프로젝트에서 경험한 역사 속 인물이나 사건에 대한 이미지와 사실과 관련한 프로젝트에서 습득한 내용을 확대, 적용하기 위하여 이번 프로젝트의 시나리오는 학생들이 '구술채록'을 진행하는 역사가가 되어 지역의 노인정, 국가 유공자 단체 등 각 기관을 찾아가 역사의 현장에 참여하거나 당시 언론을 통해 간접 경험하셨던 어르신들의 이야기를 채록하면서 과거에 대한 사실을 간접적으로나마 경험해보고, 오늘날 배우고 있는 역사 속에서의 사실과 비교 분석하면서 비판적 사고력을 기를 수 있는 활동으로 진행된다.

각 과정에서 학생들이 가지고 있는 디지털 디바이스를 활용하여 활동 내용을 기록하고 정리하며 공유하는 활동을 경험하면서 기기 활용 능력을 함양하고 정보통신 윤리 능력을 기를 수 있도록 한다. 프로젝트가 단순히 1회성, 행사성 수업 모델이 되어서는 진정한 프로젝트의 가치를 구현하기 어렵다. 따라서 교육과정 안에서 한국사

교육목표 도달을 위한 다양한 아이디어가 만들어지고 그것을 실현할 수 있는 프로젝트를 구상하는 것이 학습자에게 매우 유용할 것이다.

〈구술로 배우는 역사〉 프로젝트는 체험학습의 경향이 학교단위의 집단적 체험학습에서 소규모, 맞춤형 체험학습으로 바뀌어가는 것을 감안하여 의미 있고 가치 있는, 교과와 연계한 체험학습이 이루어지도록 설계할 수 있다는 것을 보여준다. 만약 경기도 화성시를 중심으로 구술채록의 내용을 찾아본다면 일제 강점기에 일어난 '제암리 학살 사건'을 채록할 수 있겠으나, 현재 생존자를 찾기 힘든 단점이 있어 깊이 있는 채록이 어려울 것이다. 따라서 체험학습과 연계한다면 제주도 4.3 사건을 주제로 선정하여 제주도 체험학습 과정에서 구술채록 활동을 통해 진행할 수 있으며, 광주에서는 5.18 민주화 운동과 관련된 구술채록을 할 수 있다. 6.25 전쟁과 관련된 구술채록은 당시를 경험한 생존자가 많기 때문에 가까운 가족에서부터 구술채록을 시작하는 것이 가능하다.

프로젝트 진행 과정

전체적인 프로젝트 진행 과정은 1차 프로젝트와 큰 흐름의 차이는 없다. 다만 세부적인 활동에서 차이가 있고, 그런 활동을 통해 목표에 도달해가는 과정이기 때문에 효과적인 학생 활동과 교사 활동이 전개되도록 구성되어야 한다. 프로젝트 진행 과정은 1, 2차시는 주제 선정과 모둠 구성, 역할 분담이 이루어진다. 이 과정에서 필요한 경우 교육과정 재구성이 이루어진다.

최근 교육과정 재구성이라는 용어가 많이 사용되면서 의무적으로 교육과정 재구성 활동을 해야 하는 것처럼 일부 선생님들이 오해하는 경우가 있지만 반드시 그럴 필요는 없으며 교육 활동에 꼭 필요하고 효과를 높이기 위해 필요하다면 교육과정 재구성을 하는 것이라고 생각한다. 프로젝트 수업을 진행하면서는 대부분의 프로젝트에서 교육과정 재구성 활동이 연계되어야 보다 실질적이고 효과적인 수업이 이루어질 수 있기 때문에 교육과정 재구성 활동이 이루어지는 것이다.

프로젝트 개관	
프로젝트 활동 내용	
진행과정	**활동내용**
주제 선정, 모둠 구성 역할 분담 (1~2차시)	- 프로젝트 학습 안내 - 교육과정 재구성 - 주제 선정 - 주제 선택 - 학습자 3~4명씩 모둠 구성 - 성취기준 제시
⇩	
계획서 작성 및 구술채록 준비 (3차시)	- 계획서 작성, 구술채록 장소 확인 - 구술채록 내용 확인
⇩	
구술채록 (4~5차시)	- 구술채록 - 구술채록과 연계하여 봉사활동 실시 - 구술채록 내용 정리
⇩	
프로젝트 중간 점검 (6차시)	- 모둠 : 자료 정리, 구술채록 편집, 파워포인트 제작 등 프로젝트 학습 활동을 통해 발표 준비 - 담당교사 : 이메일을 통한 지도안 수정 및 교수방법에 대한 조언
⇩	
프레젠테이션 준비 (7차시)	- 모둠별 프레젠테이션 준비 및 전시 준비
⇩	
표현과 공유 (8차시)	- 결과물 발표 - 자기성찰을 통한 반성 - 활동 진행과 발표에 대한 피드백

3차시는 계획서 작성 및 구술채록 준비 과정이다. 프로젝트를 어떻게 전개할 것이며 구술채록은 어디에서, 누구를 대상으로 무엇을 채록할 것인지 등의 세부적인 계획이 수립되어야 한다. 4, 5차시는 구술채록 과정으로 관련 인물을 직접 찾아가 인터뷰 형식으로 구술채록 활동을 한다. 어르신들을 만나볼 수 있는 좋은 공간은 우선 가정이다. 가족 중 과거에 의미 있는 역사의 현장을 경험하신 분들이 계시다면 우선적으로 채록할 수 있다. 6차시는 프로젝트 중간 점검 과정으로 학습자들의 활동이 주제에 맞게 잘 진행되고 있는지 파악하고, 도움이 필요한 부분에 대하여 안내한다. 7차시는 각 모둠별 프레젠테이션을 준비하는 과정이다. 8차시는 표현과 공유의 과정으로 자신들의 활동의 결과를 모두가 공유할 수 있도록 효과적인 표현이 이루어지도록 한다. 이때 교사의 안내와 관심이 특히 요구된다. 교사는 자신이 알고 있는 다양한 표현기법을 안내하고 학생들의 소질을 살릴 수 있는 표현법을 발견하는 등 보다 완성도 높은 표현물이 나올 수 있도록 칭찬하고 격려하며 활동을 지켜보는 것이 중요하다. 그 과정에서 모둠원 전체가 참여하여 표현할 수 있도록 돕는 것도 중요하다. 자칫 일부 학생들의 1인 작업이 될 가능성도 있기 때문에 재능이 있는 학생이 중심이 된다 해도 모두가 작은 부분이라도 참여할 수 있는 여건을 만들어주는 것이 필요하다.

1) 주제 선정, 모둠 구성, 역할 분담

프로젝트를 진행하는 데 있어서 학생들이 쉽게 프로젝트에 대해 이해할 수 있도록 전체적으로 소개한다. 이번 프로젝트는 〈구술로 배우는 역사〉 프로젝트로 구술채록의 활동을 통해 역사적 사건이 일어나던 시기와 동시대를 살았던 어르신들의 이야기를 듣고 기록한 후 이것이 교과서에서 다루어지는 내용과 차이점이나 유사점이 어느 정도인지를 알아보고 비교분석하는 활동이다. 이 과정에서 학생들은 구술채록의 활동을 진행하고 관련 서적을 찾아 역사적 기록과 비교 분석하며 비판적 사고력을 기르고 창의적 문제 해결력을 높일 수 있다.

모둠을 구성할 때 유의할 것은 많은 분들이 다중지능이론을 반영하고 있으나 무엇보다 중요한 것이 학교의 급, 학교의 위치, 자존감 등을 고려해야 한다는 점이다. 학교 급에 따라 학습자들의 특성이 다르고 학교가 위치해 있는 지역에 따라서도 다른 특징이 나타나기 때문에 이 점들을 고려해야 한다. 또한 학습자의 역량에 맞춰 할 수 있는 작은 것부터 역할을 분담하여 학습의욕을 높이고 자존감을 향상시킬 필요가 있다. 중요한 것은 학습자 스스로 모둠을 구성하고 프로젝트를 진행하더라도 효과적이고 성공적인 프로젝트가 가능하다는 것이다. 학생에 대한 신뢰가 바탕이 될 때 창의적이고 성공적인 프로젝트가 이루어진다.

2) 계획서 작성 및 구술채록 준비

계획서를 작성하기 위해 선행되어야 할 것은 실천 가능하도록 계획을 세우는 것이다. 과한 욕심으로 무리한 계획을 세우게 되면 프로젝트의 실패 확률이 높아진다. 이 과정에서 교사의 적절한 개입이 필요하다. 온·오프라인을 통해 각 모둠별 계획서를 살펴보고 적절한 피드백을 해주어야 실천 가능하고 학습자 수준에 맞는 계획이 세워질 것이다.

다음은 모둠원들의 역할에 따라 과제 해결에 필요한 각종 자료를 수집하고, 수집한 자료에 대한 분석 및 정리 과정이 진행된다. 구술채록 과정에서 발생할 수 있는 어려움(예를 들면 어르신들의 농담이나 비협조적 상황)들에 대한 교사의 조언이 필요하며, 프로젝트를 진행하는 과정에서 나타날 수 있는 무임승차자에 대한 해결방안 및 모둠원들이 모두 함께 참여할 수 있도록 유도하는 대책이 필요하다.

3) 구술채록

구술채록 활동은 학생들의 주말 봉사활동*과 연계하여 실시하도록 안내하였다. 가깝게는 가정에서 구술을 시도하고 주변 기관이나 시설 등의 관계자를 만나 어르신들의 이야기를 들으며 기록하도록 한다. 구술에 필요한 질문지를 사전에 작성하고 교사의 피드백을 통해 완성도 있고 정교한 질문을 만들어보도록 한다. 구술채록에 필요한 도구는 학생들의 핸드폰을 활용하도록 하였고, 채록 내용을 가능하면 전사할 수 있도록 하면 분석하는 데 수월해질 수 있다.

 tip ★ 봉사활동은 구술채록을 나갈 기관에 사전 허가를 받아 학교에 개인봉사활동계획서를 제출한 후 봉사시간을 인정받을 수 있다.

4) 프로젝트 중간 점검

중간 평가 과정에서 교과시간이나 학급 카페, 밴드 구성 후 수시 검토가 가능하도록 한다면 보다 효율적이고 효과적인 피드백을 줄 수 있을 것이다. 이때 부족하거나 미흡한 부분이 있다면 학습의욕이 떨어지지 않도록 칭찬과 격려를 적절히 활용하여야 한다.

5) 프레젠테이션 준비 및 표현과 공유

마지막으로 프로젝트에 대한 결과물 발표와 그에 대한 공유 및 피드백이다. 발표는 모둠별로 자신들의 발표 방향과 성향에 맞는 형식으로 발표하는 것이 바람직하다. 구술채록을 통한 내용 정리의 글쓰기 과정이 들어가고 그것을 바탕으로 하여 역할극으로 표현하는 것도 상당한 교육적 효과가 있을 것이다. 형식은 개방된 발표 형식으로 진행해야 학습자들의 창의적 발표 형태가 나올 수 있다. 어떤 모둠은 역할극으로, 어떤 모둠은 그림으로 발표하며 UCC, 만화 등 자신들이 선호하고 다중지능으로 구성된 모둠의 특성을 잘 반영한 발표 형태가 나타난다.

학습자들은 온라인에 익숙한 면이 있기 때문에 적절한 온라인 도구를 활용한다면 적극적인 참여를 유도할 수 있다. 또한 발표 시 사용하게 될 파워포인트나 프레지 등의 툴 사용은 발표 효과를 더욱 높일 수 있다. 만들어진 결과물을 QR코드로 만들어 많은 사람이 지식을 공유할 수 있도록 하면 효과적이며, 포털사이트에서 QR코드 만들기를 검색하면 사용방법이 간단하게 나와 있으므로 활용하는 데 어려움이 없다.

발표에 대한 피드백은 기존의 교과 교사가 하는 것이 일반적이지만 동료 교사나 교감, 교장선생님의 참관과 피드백으로 진행한다면 학습자들의 발표 자세나 피드백 효과는 훨씬 커진다. 수업 차시를 고려하여 사전에 양해를 구하고 발표 시 함께 관찰하고 기록한 후 피드백을 해준다면 높은 효과를 거둘 것이다.

6) 평가

:: 교육목표 평가

교과 내용 목표 평가를 측정하기 위해서는 무엇보다 성취기준에 대한 분석과 그 것을 얼마나 충실하게 달성하였느냐의 평가계획이 요구된다. 단순하게 학습한 내용에 대한 평가도 필요하지만 그 내용들이 성취기준을 고려한 평가내용으로 작성되어야 학습자들의 수준을 파악할 수 있다. 아래의 한국사 교육목표를 참고하여 평가한다.

◎ 우리 역사와 관련된 자료를 분석하고 비판하는 종합적인 탐구활동을 통해 역사적 사고력을 키운다.
◎ 우리 역사를 삶의 과정으로 이해하여 현대 사회 발전에 능동적으로 참여하는 태도를 기른다.

– 사건과 관련된 당시 상황을 정확하게 이해하고 있는가?
– 그림, 사진, 도표 등을 활용한 글쓰기를 할 수 있는가?
– 구술채록 내용 완성도로 자기평가, 상호평가 체크리스트를 통하여 평가한다.

:: 정의적 능력 평가

이 프로젝트에서는 평정 척도법을 이용하여 학생들의 프로젝트 참여 의지와 자신의 능력에 대한 평가를 진행하도록 한다. 이것을 기준으로 학습자 개인의 성향을 분석하고 이해하여 향후 학습 지도에 참고자료로 활용할 수 있다.

정의적 능력 범주	관찰 항목	평정 척도
흥미와 호기심	평소 역사적 사실 판단에 관심과 호기심이 많다.	1, 2, 3, 4, 5
자신감	다양한 기법으로 배움 내용을 효과적으로 표현할 수 있다.	1, 2, 3, 4, 5
가치 인식	역사는 인간의 삶의 반영이며 당시 시대상을 내포함을 안다.	1, 2, 3, 4, 5
자기 조절력	프로젝트 진행 과정에서 타인의 의견을 경청하고 의견을 조율한다.	1, 2, 3, 4, 5

고등학교에 입학하자마자 공인영 선생님께서는 한국사에 대한 프로젝트 수업을 진행하셨습니다. 처음 경험해보는 수업방식에 당황스럽기도 했지만 내 손으로 무언가를 만들어 발표하고 친구들과 이야기하는 시간이 즐거워졌습니다. 그 주제가 아직도 기억이 나는데 〈고려의 무역〉이었습니다. 반 친구들은 조를 나눠 고려와 무역을 했던 나라들을 선택해 약 일주일간 자료조사, PPT 작성, 발표 준비, 부스 설치 등을 진행했습니다. 저희 조는 고려와 아라비아의 대외무역을 주제로 프로젝트를 진행하였습니다. 교과서뿐만 아니라 도서, 인터넷 등 다양한 자료들을 수집하여 PPT와 홍보 부스를 제작하였습니다. 특히 기억에 남는 것은 각 나라의 무역을 보다 재밌게 체험하고 배울 수 있도록 만든 홍보 부스였습니다. 차, 비단, 향료 등을 일상에서 볼 수 있는 물건들로 흉내 내면서 직접 아라비아 상인이 된 것처럼 시장 분위기를 조성했고, 그 반응이 매우 뜨거웠습니다. 저희 조뿐만 아니라 다른 조들의 발표나 부스들도 더욱 유심히 보게 되었고, 수업에 몰입한다는 느낌을 받을 수 있었습니다. 시간이 지난 후 돌아보면 기억에 남는 수업은 거의 없는데, 유독 이 수업만은 길게 기억되는 것 같습니다. 대학교에 와서 친구들과 얘기해보면 다들 그때 자신이 어떤 내용으로 어떤 역할을 맡았는지 상세히 기억합니다. 그만큼 다들 흥미로웠고 집중했던 수업이었던 것입니다. 이렇게 색다른 방식으로 진행되는 수업은 공부에 지친 학생들에게 활력소가 되기도 하고 흥미를 유발함과 동시에 수업에 참여한다는 느낌을 주어 더욱 수업내용에 집중할 수 있었습니다. 또 우리가 직접 수업을 이끌어나간다는 책임감까지 심어주었던 것이 바로 이 프로젝트 수업이었습니다.

저는 이 수업이 끝난 후에도 계속해서 프로젝트 수업에 관심을 가지고 있었는데, 공인영 선생님께서 수업시간에 진행되었던 프로젝트에서 발표자를 맡았던 저를 부르셔서 전국 프로젝트 경연대회에 참가해보는 것이 어떻겠냐는 제안을 하셨습니다. 그래서 저뿐만 아니라 각 분야에 관심을 가지고 있는 친구들과 함께 팀을 이뤄 대회에 나가게 되었습니다. 공통주제를 세분화하여 '청소년과의 언어소통, 다문화 가정과의 소통'을 주제로 선정하였고 약 한 달에 걸쳐 대회를 준비했습니다. 실제로 학교에서 친구들과의 대화를 녹음해보고 분석했으며, 청소년들이 사용하는 언어들을 정리하여 〈청소년 용어 사전〉을 제작했습니다. 또 다문화가정을 방문하여 진솔한 이야기를 나누고, 이후에도 지속적인 지원을 이어왔습니다. 이처럼 발로 뛰면서 자료를 수집하고 결과를 만들어내면서 몸으로 와닿는 참공부를 했던 것 같습니다. 이러한 경험들이 도움이 되어 발표를 하는 데 두려움이 없게 되고 즐기게 되었습니다. 덕분에 더 많은 기회를 얻게 되었고, 그런 경험들이 저를 성장시켰습니다.

이러한 제 능력이 제대로 빛을 발한 것은 대학교에 오고 나서였습니다. 다른 학생들이 접해보지 못했던 수업방식을 접하고 프로젝트를 수행하는 과정이 대학이 원하는 것과 비슷했기 때문입니다. 과제의 대부분을 차지하는 리포트는 정보를 수집하고 내 의견을 종합하여 향후 계획까지 세워야 하는 형식이 대부분인데, 이것이 바로 프로젝트 수업과 일맥상통했기 때문입니다. 때문에 다른 학생들보다 좀 더 쉽고 깊게 리포트를 완성시킬 수 있었습니다. 또 발표를 하게 되는 경우가 있는데 이때 발표자를 맡으면서도 자료 수집부터 PPT 작성까지 도움을 주면서 동기들 사이에서도 인정받았습니다. 이처럼 저는 프로젝트 수업 및 대회를 통해 많은 경험을 하였고, 자신감을 얻었으며 발전하였습니다. 그러나 조금 아쉬운 부분이 있다면 이 수업이 지속적으로 이루어지기 어렵다는 것입니다. 아무래도 정식으로 정해진 수업이 아니라서 꾸준히 이어지지 못한다는 점이 아쉬웠습니다. 체계적인 커리큘럼으로 수업이 진행된다면 후배들에게도 큰 도움이 될 것이라 생각합니다.

(최윤지, 한국외국어대학교 행정학과)

3장

고등학교 지구과학 교과 프로젝트

: 과학시간에 프로젝트 수업을 만나다 :

과학 교과에서 프로젝트 수업은 어디에서부터 시작하면 좋을까?

과학이라는 단독적인 학문만의 프로젝트 수업이 아니라 삶과 밀접한 텍스트 선정을 통해 인문학적 접근이 가능한 방식으로 시작되어야 될 것이다. 그리고 이렇게 선정된 텍스트는 가르쳐야 할 핵심요소와 가치 기준을 현 교육과정 안에서 제시할 수 있어야 할 것이다.

과학에서 지금까지의 프로젝트 수업이라는 것은 동아리나 영재수업, 또는 과학심화시간을 이용하여 자신이 연구할 주제를 선정하고 단기적으로는 한 달, 중장기적으로는 1년이라는 기간을 이용하여 포트폴리오 형식으로 정리되는 것이 주된 모습이었다. 그러나 좀 더 나아가 교사의 교육철학이 녹아 있으면서 학생들로부터 배움이 시작되는 프로젝트 활동이 될 수 있도록 준비하는 것이 선행되어야 할 것이다.

과학의 네 영역

과학 교과는 과학(science)이라는 큰 틀에 물리, 화학, 생명과학, 지구과학의 네 분야로 구성되어 고등학교 교육과정에서 진행되고 있으며, 초등학교에서부터 배운 것의 연결고리로서 심화된 내용을 배운다고 할 수 있다. 하지만 과학의 특성상 과거의 지식을 다시 한 번 학습이나 실험을 통해 재확인하는 과정이기에 초심으로 돌아가 '왜'라는 호기심으로 출발하여 학생이 중심이 된 배움이 일어난다면 가장 큰 동기부여가 될 것이다. 하버드 대학의 심리학자 테레사 애머빌(Teresa Amabile)은 동기부여와 보상에 관한 연구논문에서 "고유의 동기부여는 창조성에 이바지한다. 사람들이 주로 그 활동에 대한 자발적인 관심과 즐거움에 의해 동기가 유발되어 어떤 창조적인 활동을 하려고 할 때, 그들은 다른 사람들이 그들에게 부과한 어떤 목표에 의해 동기가 부여되는 경우보다 더 큰 창조성을 발휘하는 것으로 보인다"라고 기술하였다.[*] 이처럼 학생으로부터 배움이 일어나는 데 있어 가장 효과적인 프로젝트 수업이 과학 탐구활동에서 한 단계 더 나아간다면 학생들의 창의성을 신장시키고 앎의 기쁨을 느끼게 할 계기가 되리라 본다.

 ★ "국민 행복을 위한 과학문화·창의교육" 《월간 과학창의》, 2013년 3월

〈아름다운 한반도〉 프로젝트 수업

현재 근무하는 학교에서는 수학여행을 반별로 지역이 다르고 프로그램이 다른 테마별 수학여행으로 진행하고 있다. 그래서 이것을 수업과 연계시키면 어떨까 하는 생각을 가지고 교육과정을 살펴보게 되었고, 그중에 우리나라의 지질학적 아름다움을 느낄 수 있는 〈아름다운 한반도〉 파트를 선정하게 되었다.

〈아름다운 한반도〉 프로젝트 수업 진행과정

교육과정 재구성에는 전개 순서 변경이나 내용 추가 및 생략과 같은 소극적 재구성과 타 교과와 통합하는 적극적인 재구성이 있다(김평국, 2005). 교육과정에 따라 관성적으로 수업을 진행해도 전혀 문제가 되지는 않지만 과목 간, 또는 동일한 과목 내라도 중복되는 텍스트일 경우 교육과정 재구성을 통해 학교 실정에 맞추어 재구성한다면 학생들의 학업 효율을 높일 수 있을 것이다. 자신의 수학여행지를 참고로 우리나라의 유명한 지형들이 만들어진 성인을 알아볼 수 있고, 그곳에 직접 가서 암석의 특징과 색, 알갱이 크기, 주변 환경 등을 그림을 통해 스케치하면서 자기의 것으로 만들어보고, 수학여행을 다녀온 뒤 이와 관련하여 한반도의 여러 지형들을 다양한 관점으로 소개할 수 있는 프로젝트 주제를 선정해본다면 훨씬 의미 있는 수업이 될 것으로 생각하였다.

특히 다른 부분에 비하여 이 주제를 선택한 것은 교육과정의 성취기준에 따라 교사 중심의 강의식 수업으로 간단하게 할 수도 있지만, 이 부분을 학생들 스스로 프로젝트 탐구활동을 통해 공부한다면 우리 생활 속 다양한 암석의 활용에도 관심을 가질 수 있고, 확장하여 진로와 연결하면 건축 분야로 진로를 정할 때도 직접 경험했던 것이므로 강한 동기부여가 될 것이다. 그냥 무심코 지나쳤던 아파트 단지 화단의 멋진 암석이 열과 압력을 받아 줄무늬가 생긴 편마암이라는 것과 울릉도 가족여행에서 감탄하며 보았던 거대한 기괴한 암석들이 오랜 시간 화산활동의 결과로 만들어졌다는 것을 자신의 삶과 연결하며 체득할 수 있을 것이다.

이 주제와 관련된 지구과학 관련 단원의 교육과정상 도달 목표는 '아름다운 한반도에서 볼 수 있는 암석의 특징을 알고, 한반도의 유명 관광지의 지질학적 형성과정을 이해하고 이를 설명할 수 있다'이다. 그러나 다양한 주제로 프로젝트 수업을 진행하면서 화강암으로 이루어진 금강산의 아름다움을 표현한 정선의 〈금강전도〉(미술), 아름다운 자연을 노래한 시(문학), 문화유산으로서의 음악적 가치와 그 속에서 나타난 지형들(음악), 독도에 대한 일본과 우리나라의 역사(역사) 등 타 교과와의 관련성도 가져올 수 있다.

이렇게 여러 가지 과목이 융합된 프로젝트를 진행할 때는 학생들이 열린 주제, 즉 자신들이 스스로 관련된 각 교과의 특성과 성취기준을 반영하는 주제를 선정하는 것이 가장 이상적이며, 학생들의 흥미에 따라 접근할 수 있을 수 있을 것이다. 하지만 그렇게 할 경우 교육과정에서 동떨어지거나 성취기준에서 벗어날 수도 있으므로 큰 단원과 주제는 정해주고 학생들이 세부주제를 정하는 것도 하나의 방법일 것이다.

수학여행 사전 및 사후 보고서

차시	성취기준	활동 내용	학습자료
1	지11301. 한반도의 유명 관광지의 지질학적 형성 과정을 이해하고 이를 설명할 수 있다.(지층과 습곡, 단층, 암석, 지표의 평탄화 과정, 퇴적작용, 화산활동, 변성암 생성과정 등)	아름다운 한반도의 개략적인 내용을 알아보고 우리 반이 방문하는 수학여행지의 지질학적 특징을 알아본다.	교과서, 2-11 부산태종대, 2-12 채석강, 2-13 경주 석굴암으로의 수학여행별 사전 학습지
2		수학여행 후 방문한 곳의 지질학적 특징과 성인들에 대하여 정리해보고, 프로젝트 수업의 주제를 정한 뒤 모둠별로 역할 분담 및 진행과정을 일일보고서에 작성해본다.	수학여행 후 보고서, 주제 선정 포스트잇, 일일보고서
3~4		정한 주제에 맞추어 도서실과 컴퓨터실에서 자료를 찾고 PPT 및 다양한 표현방법을 통해 프로젝트 수업을 진행한다.	도서관 주제별 자료, 일일보고서, 인터넷 정보 등
5		4차시에 걸쳐서 모둠별 프로젝트 활동의 결과를 모둠별 표현 특색에 맞추어 발표해보고, 암석의 지질학적 성인을 이해한다.	동료평가지, 최종결과물

이 프로젝트 수업은 수학여행과 연계하였기에 크게 수학여행 전의 준비, 수학여행지에서의 활동, 수학여행을 다녀온 뒤의 관련 주제 발표로 나뉘는데, 이때 교사는 학생들이 주제를 선정할 수 있도록 가이드해주고 교육과정에서 너무 벗어나지 않는 선에서 스스로 배움이 일어날 수 있도록 도와주었다.

실제 수업을 할 때는 시간표 교환을 고려하여 최대한 수업시간 내에 하고자 장소만 달리하여 정규 수업시간을 활용하였고, 테마별 수학여행 학습을 매개로 하였기에 예산은 필요하지 않았으며, 장소는 컴퓨터실과 도서관 담당 선생님께 양해를 구하여 사용하였다.

프로젝트 수업 톡! Talk?

아차 했던 순간들

○○고등학교가 수학여행을 학급별로 테마별로 갔기에 다양한 지형을 사전조사하는 것이 가능했지만, 수학여행이나 현장학습 등은 학교마다 일정이 다르므로 학교 상황에 맞도록 적용해야 할 것이다.

학생들이 수학여행지에 대해 미리 조사를 하고 왔지만 진짜 보아야 할 채석강이 밀물시간 때와 겹쳐 가까이에서 보지 못한 것이나, 여행 일정에 쫓겨 자세히 관찰할 수 없는 등 변수도 작용하였다. 또 모둠 구성 시 친한 친구들하고만 모둠을 구성하고 싶은 학생들도 있었고, 잘 어울리지 못하는 학생이 있을 경우 이를 보듬어 안는 등 다양한 고민들 속에 모둠 구성이 완료되었다. 100% 만족을 이끌어낼 수는 없었지만 궁극적으로는 모둠 수업에서 협력적 관계를 맺을 수 있었다. 프로젝트 수업 자체만이 아닌 일련의 모든 과정을 통해 시행착오를 겪으면서 교사도 배우고 학생들도 동기를 부여받으며 배우는, 진짜 배움이 일어나지 않았을까 생각한다.

프로젝트 탐구활동   프로젝트 수업 발표회

〈아름다운 한반도〉 부분은 화성암, 퇴적암, 변성암의 지질학적 성인을 이해하는
것인데, 교사가 직접 가본 곳이라면 사진이나 동영상을 보여주는 것도 호기심을 이끌
어내는 데 도움이 될 것이다. 만약 좀 더 역동적인 수업을 하려면 학교 행사 중 지구과
학 관련 수업을 접목할 수 있는 텍스트를 선정한다면 학생들의 자발적이며 창의적인
참여가 일어날 것으로 예상된다. 이 단원을 시작하기 전에 사전작업과 학생들의 주제
가 너무 벗어나지 않도록 어느 정도 가이드라인을 잡아주는 것도 좋을 것이다.

프로젝트 수업 평가

이 프로젝트에서의 지구과학 성취기준 도달 정도를 알아보기 위해서 서술형 평가
를 실시하였고, 도달 정도를 확인할 수 있었다. 프로젝트 수업을 통하여 암석의 형성
원인을 다양한 측면에서 알아보았기 때문에, 나아가 이 암석들과 지질자원을 연계하
여 확장된 질문을 할 수도 있을 것이고, 지질학적 형성 원인을 전지구적인 지질학적
운동과 관련지어 예측·추론한 후 학생 스스로 스토리를 만들어낼 수도 있을 것이다.
프로젝트 수업과 관련되어 함께 진행한 다른 교과에서도 프로젝트 수업 관련 평가계
획이 수업을 계획하는 순간 고려되어 평가되어야 할 것이다. 그렇기에 프로젝트 수업

은 반드시 평가까지도 염두에 두고 설계되어야 한다.

　1) 프로젝트 수업 안내 및 서술형 평가

　어쩌면 학생들에게는 생소할 프로젝트 수업이 무엇인지 소개하고, 이것을 위한 준비 과정을 학생들과 함께 타임 테이블을 작성하면서 계획해볼 수 있을 것이다. 물론 재미와 흥미로 접근할 수도 있지만 반드시 교육과정 내의 성취기준에 근거하여 주제가 선정될 수 있도록 안내해야 할 것이다. 그리고 지질학적인 형성과정을 이해하는 것이 목표이므로 반드시 이를 염두에 두어야 하며, 이 수업이 마무리되었을 때 자기 모둠의 내용뿐 아니라 다른 모둠의 내용을 통해 서로 간의 배움이 일어나 "화성암, 퇴적암, 변성암의 지질학적 형성 원인"을 이해할 수 있을 것이다. 그렇기에 아래 표와 같은 내용으로 간단한 서술형 평가를 실시할 수 있다.

지구과학 1학기 프로젝트 수업 안내

● 〈아름다운 한반도〉를 교육과정 재구성을 통하여 프로젝트 수업으로 진행하려고 합니다.
● 3~4명이 함께 준비하는 것이지만 평가는 동료평가와 개별평가도 함께 하니 열심히 협동하여 하기를 바랍니다~ *^^*

1. 〈아름다운 한반도〉 예습하기
2. 최종 성취기준은 아래와 같으나 이와 관련한 자유 주제를 찾으면 됨
　(예시는 선생님 말씀에 귀 기울일 것!)

지11301. 한반도의 유명 관광지의 지질학적 형성 과정을 이해하고 이를 설명할 수 있다. (지층과 습곡, 단층, 암석, 지표의 평탄화 과정, 퇴적작용, 화산활동, 변성암 생성과정 등)

★ 프로젝트 활동 수업이란…
학습자가 스스로 문제(질문)을 찾아내고 해결방안을 기획하며 협력적인 조사와 탐구를 통해 과제를 해결하고 결과를 공유하는 일련의 과정에서 배움이 일어나는 수업형태

3. 자신이 하려고 하는 자유주제를 포스트잇에 적어서(학번과 이름을 쓰고) 낸다.
4. 칠판에 붙여 비슷한 주제끼리 분류하고 다시 모둠을 구성해본다.
5. 주제, 역할 나누기, 계획, 일일보고서 작성
6. 발표 시 PPT는 제목을 제외하고 10장으로 제한한다.

[서술형]

다음은 북한산, 마이산, 전북 고군산군도 지역의 일부를 나타낸 것이다.[*]

| 북한산 | 마이산 | 전북 고군산 군도 |

이 세 지역 중 자신이 수학여행으로 다녀온 지역과 비슷한 지질학적 성인인 곳을 하나 고르고, 이 지역이 다른 두 지역과 지질학적으로 어떻게 다른지 각각 서술하시오. [10점]

★ 자신이 수학여행으로 다녀온 지역 – (   )

★ 자신이 수학여행으로 다녀온 지역과 비슷한 지질학적 성인인 곳 – (   )

★ 지질학적인 공통점과 차이점

[채점기준표]

구분	답안 내용	배점	소요 시간
기본 답안	★ 자신이 수학여행으로 다녀온 지역 – 채석강 ★ 자신이 수학여행으로 다녀온 지역과 비슷한 지질학적 성인인 곳 – 마이산 ★ 지질학적인 공통점과 차이점 – 채석강은 퇴적물이 쌓여 층리가 잘 보이는 퇴적기원 지역이다. 그렇기에 퇴적 분지에 모래, 자갈 등이 쌓여 퇴적암을 형성하고 위에 화산재가 덮여 있었다가 주변보다 고도가 올라가며 응회암과 역암이 침식된 후 말 귀 모양의 두 봉우리만 남은 마이산과 비슷한 성인을 갖는다. 반면에 북한산은 마그마가 지하 깊은 곳에서 서서히 굳어진 화성암 기원이며, 전북 고군산군도는 횡압력이 가해져 습곡이 나타나고 광역변성 작용을 받은 곳이다.	10점	4분

tip ★ 2011 경기도교육청 과학과 서술형 평가 문항자료집

2) 동료평가를 통한 정의적 영역 평가

프로젝트 수업을 하는 목적은 학생들 스스로 배움과 소통을 통해 이해를 얻고 그
것이 발전하는 과정이 일어나게 하는 것이다. 이러한 목적은 다른 이와의 소통을 통
해 더 효율적으로 달성할 수 있다.

그렇기에 모둠 간 상호평가를 통해서 다른 모둠의 작업을 이해하고 서로 소통하면
서 학급 전체에서 협력적 작업이 일어나게 하고, 원활하게 결과의 공유가 이루어지도
록 함으로써 학습효과를 극대화하기 위해 동료평가가 필요할 것이다.

단, 기준이 제시되지 않는다면 학생들의 평가기준의 신뢰성이 낮아질 수 있기 때

문에 프로젝트 수업 전 루브릭(평가기준) 등을 제시하여 도움을 준다면 이후 프로젝트를 수행해나가는 데 있어 어떤 학습을 하게 되고, 교사가 학습자들에게 어떤 성취를 기대하고 있는지 알려줄 수 있을 것이다.

동료평가 루브릭 예시를 학생들에게 미리 알려주고 프로젝트를 진행하는 과정 속에서 계속 체크하도록 하는 것이 필요하다. 동시에 교사평가도 같은 항목에 대해 준비하여 객관적으로 신뢰도 있게 반영하도록 노력해야 할 것이다.

▲ 프로젝트 수업 과정평가를 위한 동료평가 루브릭

항목		평가내용
과제 수행	주제에 대한 이해	주제와 관련해서 어떤 지식을 파악하고 활용해야 하는지를 잘 이해하고 있다. ⑤ 주제에 포함된 지식의 항목을 대부분 파악하고 활용방법을 제안하였다. ④ 주제에 포함된 지식의 항목을 80% 이상 파악하고 활용방법을 제안하였다. ③ 주제에 포함된 지식의 항목을 50% 이상 파악하고 활용방법을 제안하였다. ② 주제에 포함된 지식의 내용을 일부 파악하였다. ① 주제와 무관한 지식을 파악하고 있다.
	문제 해결을 위한 기획에의 기여	문제 해결을 위한 기획에 적극적으로 참여하고 기여한다. ⑤ 적극적으로 문제 해결 방안을 제시하며 그 방법이 효과적이었다. ④ 적극적으로 문제 해결을 위해 참여하고 의견을 제시하였다. ③ 문제 해결에 참여하고 의견을 잘 경청하였다. ② 문제 해결에 참여하려고 노력하였다. ① 문제 해결에 관심을 보이지 않았다.
	조사와 탐구에서 역할과 성과	자료조사와 탐구에서 적극적으로 역할을 하고 다양하고 풍부한 자원을 활용하였다. ⑤ 핵심적인 자료를 제시하고 탐구의 과정에서 중요한 역할을 하였다. ④ 자료조사와 탐구에 적극적으로 참여하였다. ③ 다양한 자료를 활용하려고 노력하였다. ② 자료조사와 탐구의 방법을 잘 이해하지 못하였다. ① 자료조사와 탐구에 관심을 보이지 않았다.

항목		평가내용
과제 수행	독창적인 아이디어를 제시하고 있는가?	주제와 문제를 파악하고, 탐구의 방법과 결과를 이끌어내고 표현하는 방법에서 자신만의 고유한 아이디어와 창의성을 보인다. ⑤ 탐구와 표현에서 수준 높고 독창적인 아이디어를 제시하였다. ④ 독창적인 아이디어를 제안하고 결과 도출에 기여하였다. ③ 결과 도출과 표현과정에 적극적으로 참여하였다. ② 산출물에 대해 제대로 이해하지 못한다. ① 문제 해결과 표현에 관심을 보이지 않았다.
	다른 모둠원과의 협력	사신의 아이디어를 잘 표현하고 다른 모둠원의 성과를 잘 이해하여 과제 수행에 발전적으로 기여한다. ⑤ 자신의 아이디어를 모둠원에게 잘 설명하고 협력적 작업에 핵심적인 리더십을 발휘하였다. ④ 자신의 아이디어를 모둠원들에게 잘 설명하고 다른 모둠원의 의견을 경청한다. ③ 자신의 아이디어를 전달하려고 노력하고 다른 모둠원의 아이디어에 관심을 보였다. ② 자신의 아이디어를 잘 설명하지 못한다. ① 협력적 작업에 참여하지 않았다.
표현	산출물을 만드는 과정에서의 역할	산출물을 만드는 과정에서 참여와 역할 ⑤ 산출물을 만들기 위한 과정에서 주도적으로 참여하고 핵심적인 역할을 하였다. ④ 산출물을 만드는 과정에 적극적으로 참여하였다. ③ 산출물을 만드는 과정에서 참여하고 협력하려는 자세를 보였다. ② 산출물을 만드는 과정에 참여하였다. ① 산출물을 만드는 과정에 관심을 보이지 않았다.
	산출물 표현	산출물을 표현하는 과정에서 자신의 재능과 흥미를 잘 드러내고 있다. ⑤ 표현의 과정에서 자신의 재능을 잘 드러내고 열정을 보였다. ④ 표현의 과정에 자신의 재능을 반영하려고 노력하였다. ③ 표현의 과정에 흥미를 가지고 참여하였다. ② 표현의 과정에 참여하였다. ① 표현의 과정에 역할을 하지 않았다.

3) 교과 세부능력 특기사항 기재

고등학교에서 프로젝트 수업을 했을 때 입시와의 연관성이 떨어지는 것이 아닌지 의문이 들 것이다. 바로 눈앞의 수업 진도가 중요하고, 다가올 입시가 중요하지만 자신이 스스로 찾아서 했던 배움의 DNA는 앞으로의 학업에 대한 지구력에도 분명 도움이 될 것이라 믿는다.

또한 개인별, 모둠별로 수행했던 프로젝트 수업에서의 활동들을 학생 개인마다의 스토리로 교과 세부능력 특기사항에 기재함으로써 입시에도 도움이 될 수 있을 것이다. 이 수업을 통하여 학생들마다 다른 색깔의 반응과 내용을 교과특기사항에 기록할 수 있고, 이것은 학생들의 진로와도 연결될 수 있다. 다음과 같이 교과 세부능력 특기사항을 기재할 수 있다.

2학년 13반 김경아

〈아름다운 한반도〉 프로젝트 수업에서 수학여행지였던 부안 채석강의 형성 원인을 알고, 모둠 주제로 '우리 부모님의 고향 탐구'를 선정하여 진행함. 특히 이 과정에서 암석의 지질학적 형성 원인도 알았지만 특히 부모님 고향의 지질구조를 옛날 추억들과 함께 알아가며 다시금 가족애를 되새긴 기회가 되었다고 함. 나아가 이 프로젝트 활동을 통해 지질 분야에 흥미를 느껴 고등학교 3학년에 지구과학II를 선택하였고, 이와 관련한 지질학과에 지속적으로 관심을 가지고 진학하고자 하는 계기가 됨.

: 케이스 스토리 14 :

〈부글부글 화산과 지진〉 프로젝트 수업

사람의 힘으로는 막기 힘든 자연재해! 자연의 힘 앞에서 인간은 약자이다. 특히 2014년 2월에 동해안에 많은 눈이 집중적으로 내려 지붕이 내려앉는 사고가 난 폭설 피해, 일본처럼 빈번하게 일어나지는 않지만 안전한 지대라고도 단정 짓기 어려운 지진 피해, 매년 일정한 시기에 찾아오는 태풍의 피해 등, 우리는 이어지는 자연재해 속에 살고 있다. 이러한 재해는 우리의 힘으로 극복하기 힘들다는 한계도 있지만, 피해를 줄이기 위한 다양하고 창의적인 아이디어를 고안하는 과정에서 자연재해를 우리의 삶의 문제로 인식할 수 있게 된다. 대표적 자연재해인 화산과 지진을 중심 내용으로 하고, 이를 주제로 다양한 접근을 하여 프로젝트 수업으로 진행하고자 한다.

〈부글부글 화산과 지진〉 프로젝트 수업 진행과정

학생들은 화산, 지진과 관련된 프로젝트 활동을 통하여 지식으로만 받아들였던 현상을 자신들이 관심 있는 분야를 중심으로 자유롭게 탐구함으로써 현상을 다각도로 알아보고 그 본질을 탐구할 수 있게 되며, 단순히 환경에 순응하는 것이 아니라 극복해나가는 적극적인 자세를 길러갈 수 있다.

과학과 수업의 방법으로는 전통적인 강의식과 토론 및 모둠활동, 실험 및 교구 활용, 자료조사, 협동학습, 프로젝트 수업 등 다양한 접근이 가능하다. 수업의 성격에 맞도록 각자 고유의 장점을 살려서 적용하는 것이 가장 효율적일 수 있으나, 학생들의 자발적인 참여와 생각하는 힘을 기를 수 있는 수업 방법을 적극적으로 도입해야 한다. 초등학교, 중학교, 고등학교와 연계되는 주제이며 실제 생활과도 밀접한 자연현상 중 화산과 지진은 역동적인 상황으로 현상의 접근이 필요한 주제이다.

화산과 지진 수업은 초등학교 3, 4학년군에서 '화산과 지진'에서 시작하여 중학교의 '지구계 지권의 변화'에 이르기까지 지속적으로 연계되어 있으며 고등학교의 '고체 지구의 변화'로까지 심화된다. 교육과정에 대한 학생들의 기본적인 상식과 더불어 아이들의 호기심과 궁금증을 유발하고 이를 해결해줄 수 있는 부분이라고 생각되어 선정하게 되었다.

〈부글부글 화산과 지진 프로젝트 수업〉 수업 차시별 수업 운영

우리는 지진과 화산활동을 자주 경험해보지 못했지만 뉴스 및 SNS 등으로 생생하게 접하고 있다. 그렇기에 한편으로는 익숙하고, 언젠가 실제로 우리에게 닥칠 수 있

차시	성취기준	활동 내용	학습자료
1	2009 개정 교육과정 4. 지권의 변화 (4) 화산활동과 지진의 영향 과9027. 지진이나 화산활동을 포함한 지구 환경의 변화가 우리 생활에 미치는 영향을 이해하고 대책을 안다.	화산과 지진 및 자연재해의 영향을 이해하고 이와 관련한 프로젝트 주제를 구성할 수 있다.	세계지도, 스티커 주제 선정 포스트잇
2-4		선정한 프로젝트 주제와 관련하여 다양한 접근을 통하여 배움을 구성할 수 있다.	일일보고서, 성찰일지
5		프로젝트 탐구 발표를 통해 화산과 지진에 대한 현상 및 대책의 결과를 공유할 수 있다. 4차시에 걸쳐서 모둠별 프로젝트 활동의 결과를 모둠별 표현 특색에 맞추어 발표해보고, 이에 대한 대책을 이해한다.	동료평가지, 최종결과물

는 미래의 이야기이기에 더욱 관심을 가지고 접근하도록 전개해야 할 것이며, 프로젝트 수업 운영은 기본적으로 우리의 지식과 이를 확장하여 대책을 세우는 것을 궁극적인 목표로 진행하는 데 초점을 맞춘다.

1) 프로젝트 수업의 시작

수업을 진행함에 있어서 과학지식들을 왜 배워야 하며, 그것이 우리의 미래와 삶에 어떻게 연결되며, 어떤 영향을 미치고 역할을 하게 될지에 대해 이해하는 것은 하나의 공식을 외우는 것보다 중요하다. 그렇기 때문에 수업을 할 때 이 수업을 왜 하는지 그 의도를 학생들과 공유하는 것이 중요할 것이다. 프로젝트 수업은 스스로의 탐구를 통해서 통합적 상상력과 문제를 해결해나갈 수 있는 기획력을 기르고, 소통하고 협력하면서 집단지성의 가치를 경험하는 것이 목적이므로 수업을 시작하면서 이 수업을 통해서 추구하는 가치와 학생들의 역할과 자세에 대해 충분히 설명하는 과정이 필요하다.

학생들의 흥미와 호기심을 자극하기 위하여 지진과 화산 수업을 하기 한 달 전부터 실시간 정보 사이트를 통해 매일의 지진 상황을 큰 전지에 스티커로 붙여볼 수 있다.

교사가 학생들에게 제시하는 발문에 따라서 학생들은 확산적인 사고를 하기도 하고 단편적인 사고를 하기도 한다. 아이들에게 단편적인 지식의 확인을 위한 질문이 아닌 근본적인 현상에 대하여 생각해볼 수 있는 발문을 제시하는 것이 중요하므로 교사의 많은 고민이 필요하다.

"하루에 지진은 몇 번이나 일어날까?"라고 물었을 때 사람이 느낄 수 있는 지진(규모4 이상)을 세어보면 많게는 20번에서 적게는 3번까지 다양하고, 느낄 수 없는 작은 규모의 지진까지 합하면 더 많이 일어날 것이다. 그리고 "화산활동은 우리 집 앞마당에서도 일어날 수 있을까?"와 같이 학생들의 사고를 계속 자극해주는 질문을 한다. 처음의 이러한 접근은 단편적이고 자극적인 영상 한편을 보는 것보다는 호기심을 가지고 의사소통능력을 기르는 데 도움을 줄 것이라 생각된다.

　프로젝트 수업을 하기 위해 학생들이 브레인스토밍을 통하여 많은 이야기를 자유롭게 하는 시간을 가져본다. 이때 아이들은 대부분 직접적인 경험보다는 지금까지 살아오면서 자신의 방식대로 해결하고 알았던 사실에 대하여 이야기할 것인데, 사실 이러한 다양한 주제들이 〈화산과 지진〉 프로젝트 수업에 부합되는지는 어느 정도 교사의 가이드라인이 필요할 것이다.

　(화산과 지진이라고 하면 떠오르는 것들을 브레인스토밍 기법을 통해 이야기해보고, 화산과 지진에 관하여 프로젝트 주제를 정해보도록 한다. 단, 대책에 대한 내용이 들어갈 수 있도록 안내한다.)

지진은 어느 곳에서 발생할까?　　　　　　　　　**주제 선정하기**

　주제 선정은 중점적으로 논의되어야 하는 사항으로 프로젝트 수업의 질과 성패를 좌우할 수 있기에 많은 고려사항이 필요하다. 학습자가 주제 선정을 얼마나 주도적으로 하는지, 학습자의 흥미와 몰입을 유도할 수 있는지, 학습자의 도전과 심화 탐구를 이끌어낼 수 있는 내용인지, 교육과정상의 목표인 내용요소를 포함하며 성취기준을 달성할 수 있는지, 학습자 상호간의 협력과 공동작업이 가능한 내용인지 등이 고려되어야 할 사항이다. 이 수업에서는 '화산과 지진'이라는 대주제가 정해진 상황에서 소주제(세부과제)를 학생들의 브레인스토밍을 통해서 정하도록 하는데, 선정된 주제가 자신의 경험과 삶에 연계되었을 때 가장 흥미롭게 몰입할 수 있으며, 도전하려는 의욕이 생기도록 하려면 너무 쉽거나 너무 어렵지 않게 조정해야 한다는 점을 교사가 인식하고 안내해야 한다.

소주제 선정을 위해서는 학생들끼리 주제를 자유롭게 이야기하되, 다른 교과와 연계될 수 있는지 관련지어보도록 유도하고 필요할 경우 교사가 개입한다. 이렇게 해서 도출된 주제 중에서 비슷한 주제끼리는 서로 묶어주고 별도로 구분할 수 있는 주제들을 분리해낸다.

학생들이 선정한 프로젝트 주제들

모둠의 구성은 독립적으로 분리된 소주제에 관심을 갖는 학생들끼리 구성하되 이 모둠이 친밀한 학생들끼리 일부러 모였는지, 순수하게 주제별로 모였는지를 판단하여 교사의 개입도 주저하지 않아야 한다. 그리고 이 과정에서 소외되는 학생들이 없도록 해야 하며 적극적인 학습의지가 없는 학생들이 자발적으로 학습할 수 있는 역량을 키워주기 위한 교사의 노력이 필요하다.

다시 정리하면 교사는 지진과 화산을 주제로 하는 프로젝트 수업에 대해 안내하고, 브레인스토밍을 통해서 학생들이 주도하여 이 주제와 관련된 소주제를 도출하도록 이끌어낸다. 이렇게 제시된 여러 소주제 중 각자 자신이 관심이 있고 탐구하고 싶은 주제에 따라서 모둠을 정하도록 한다.

모둠을 구성한 후에는 각각의 소주제에 따른 세부계획과 역할분담표를 작성하도록 한다. 프로젝트 학습의 중요한 장점 중 하나는 학습자들의 협력과 공동작업을 통한 공동체 의식의 형성이므로, 반드시 학습자의 협력과정과 공동작업을 포함해야 제대로 된 프로젝트 학습으로 평가할 수 있을 것이다. 따라서 소주제를 선정할 때는 혼자서 해결할 수 있는 정도의 수준이나 내용을 넘어서 협력의 가치를 경험할 수 있는 크기와 내용을 포함하도록 해야 하며, 내용적 탐구의 과정에 모든 구성원이 역할을 하도록 교사가 잘 조절하여야 한다. 협동학습에서 제시하는 분절적 역할 분담이 아닌, 프로젝트의 핵심과정에 모든 구성원이 참여한다는 원칙에 기반한 역할 분담이 이루어져야 한다는 총론의 강조점은 이런 부분을 의미하는 것이다. 예를 들면 자연재해와 관련된 자료를 찾아 올 때, 자료 수집은 김○○, 발표는 박○○ 학생이 아닌, 모든 모둠원들이 자료를 찾아 오고, 왜 그런지에 대한 이유를 서로 이야기하는 등 협력적 작업 속에서 자기주도적인 개인 리더십이 발휘되어야 할 것이다. 즉 프로젝트 학습을 통해서 모든 학습자가 자신만의 생각으로 결과를 정리해내도록 하는 것이 주도적으로 참여할 수 있는 효과적인 수단이기 때문일 것이다.

2) 탐구활동

지난 시간에 구성한 모둠과의 협의시간을 통해, 다양한 자료를 수집할 수 있도록 도서관과 컴퓨터실, 운동장 등 필요한 자료를 제공해주도록 미리 계획을 세워본다.

학교 수업시간 내에서 프로젝트의 활동 대부분이 이루어지도록 하는 것은 교사가 진행과정을 관찰할 수 있다는 점에서 가능한 한 지킬 필요가 있으며, 너무 많은 부분을 과제로 하는 것은 교사의 관찰이 맥을 잃을 수 있고, 학생들에게 부담이 되어 자발성이나 참여도가 떨어질 우려가 있으므로 지양해야 한다. 따라서 본 수업에서는 학교에 있는 제반 시설을 최대한 활용하는 방안을 제시한다. 이때 학교 관리자, 학교 시설의 책임자 및 담임선생님들과의 협조가 미리 이루어지기 위해서는 꼼꼼한 준비와 사전 협조가 필요하다.

나만의 수업 디자인이 아닌 주변 환경과의 물리적 협조는 교사들에게 늘 고민이 되는 부분이다. 학생들이 각자 필요한 공간에서 활동하고는 있지만 반드시 교육과정의 성취기준에서 벗어나지 않도록 도와주는 것은 쉽지 않으므로 지속적인 대화와 피드백이 필요하다. 특히 다른 과목과의 융합적 요소가 있는 모둠일 경우에는 타 과목 선생님에게 도움을 받거나 인터뷰를 하도록 도와준다면 학생들로 하여금 한 발짝 더 나아갈 수 있는 좋은 자극이 될 것이다. 그리고 교사는 관찰을 통해 각 모둠별로 준비하는 과정에서 역할 분담에 맞는 역할을 잘 수행하고 있는지 반드시 확인해야 한다. 특히 한 주제를 중심으로 모인 모둠원들은 각자 맡은 주된 역할이 있기는 하지만 자신의 담당 부분이 완료되었다고 해서 끝나는 것이 아니라, 각각 담당한 모든 것들을 서로 공유하고 유기적으로 연결되도록 해야 하기 때문에 협력적 리더십을 발현하여 끊임없이 의사소통하고 의견을 조정해야 한다. 이런 과정에서 하나의 접점을 찾기 위해 시행착오를 겪고 부족한 부분을 서로 채워주는 충족감을 느낄 수 있을 것이다. 물론 구성원의 개성에 따라 의견이 대립하거나 교사의 중재가 필요할 수도 있겠지만, 이 모든 과정은 프로젝트 수업에서 협력적 작업의 가치를 배우는 것이다.

프로젝트 수업을 진행하는 과정에서는 각 수업시간에 자신의 모둠에서 정한 소주제와 어떤 내용이 연결되는지 생각해보고, 모둠원들과 교사가 중간 과정을 계속적으로 상의해나간다.

이러한 프로젝트 수업은 학생들의 자발적 주제 선정 및 자신의 흥미도에 의해 구성되었기에 적극성이 높을 수 있으나, 토의하고 협의하는 과정이 소란스러워 보이거나 지속적 피드백, 필요 공간의 확보, 교사의 철저한 준비 등이 필요하기에 당연히 어려움이 동반된다. 더불어 교과 내 재구성뿐 아니라 통합 교과형 프로젝트 수업일 경우는 함께하는 동료 교사도 필요하며, 여러 가지 변수를 가지고 있어 선뜻 시도하기가 어려울 수 있다. 그러나 프로젝트 수업은 학습자의 적극적이고 자기주도적인 학습이 가능한 긍정적인 측면을 가지고 있으므로 세심히 준비한다면 아이들에게 배움을 이끌어내는 방법으로서 충분히 시도할 가치가 있다.

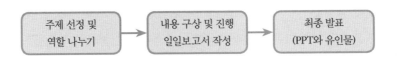

주제 선정 및 역할 나누기 → 내용 구상 및 진행 일일보고서 작성 → 최종 발표 (PPT와 유인물)

1. 프로젝트 활동 주제

학번	이름	프로젝트 활동 주제

★ 최종 선택 주제 : -

★ 선택한 이유 : -

2. 역할 나누기

이름	역할

3. 내용 구상 및 계획(날짜, 내용, 참고자료, 인터넷 검색, 사진 등등)

※ PPT는 10장 내외, 최종 결과물 A4 1페이지(자유양식), 일일보고서 양은 자유(충실도)

그러나 학생들이 선정한 소주제들이 교육과정의 내용 요소를 다 포함하지 못할 때는 어떻게 해야 할까? 교사가 일정 정도 유도할 수도 있겠지만 학생들의 자율성을 보장해주는 측면에서는 지나치게 개입하기보다는 부족한 부분을 별도의 수업으로 가져가는 방법도 있을 것이다. 따라서 교육과정을 기획하는 단계에서 프로젝트 수업에 시수를 배정할 때 별도의 시간적 여유가 필요할 수 있다. 이런 시간들은 학생들이 정한 소주제가 교육과정에서 다루어야 할 요소를 모두 포함하지 못하는 경우 별도의 수업으로 진행하거나 그렇지 않은 경우 프로젝트 수업의 마무리 단계에서 다시 정리하는 시간으로 활용하도록 한다. 그리고 학생들이 선정한 주제들이 너무 좁은 범위의 내용 요소만으로 구성되어 있다면 전체적인 프로젝트의 균형을 위해 교사의 역할이 필요할 것이다. 이러한 경우 내용의 심화적 탐구를 유도하거나 다양한 표현방법을 통해 프로젝트 수업의 결과로 확장해나가는 방법도 있을 것이다.

　　화산과 지진에 대한 성취기준에 도달하는 학생들의 방법은 매우 다양하겠지만 이것들이 모둠 내에서, 그리고 타 모둠까지도 결과가 공유되기 위해서는 결과의 발표뿐 아니라 수업 과정에서 서로 가르쳐주고 알아가는 순환 모형을 적용하는 것도 유용한 방법이다. 순환 모형은 많은 시간이 필요하므로 부담이 된다면 각 발표에서 최대한의 효과를 얻기 위한 노력이 필요하다. 이를 위해서는 교사와의 사전 협의가 필수적이므로 수업 외의 시간에도 끊임없는 소통과 피드백이 필요하다. 그렇기 때문에 프로젝트 수업에서의 교사는 흡사 물 속에서 바쁘게 물장구치는 백조처럼 모둠을 순회하면서 가벼운 이야기를 하는 듯하지만 실제론 날카로운 관찰과 사고의 확장을 가져올 수 있는 발문을 연구해야 할 것이다.

[예시] 과학과 미술 교과의 통합

〈생명줄〉(윈슬로 호머, 1884)

화산과 지진 및 자연재해와 관련된 프로젝트 주제를 선정할 때 미술에서 자료를 찾은 모둠의 경우, 미술에도 재난이나 자연재해를 주제로 한 작품들이 있는데, 화가들은 왜 이러한 주제를 선택했을지 모둠원들과 토의해볼 수 있다. 자연재해를 인문학적으로 접근한 미술 해석은 과학을 넘어서 미술시간의 성취기준과 상통한다면 통합교과 수업으로 진행해보는 것도 좋다.

과학교사로서는 자료를 찾는 단계에서 학생들에게 키워드를 제시하는 것을 도와줄 수 있으나, 명화를 바라보는 데 한계가 있을 수 있기 때문이다. 뭉크의 〈절규〉에서 나타난 붉은 하늘이 화산 폭발의 영향으로 나타난 기상 현상이라는 주장에 대해서는 그 속에 보이는 환경을 유추해볼 수 있으며, 조난당한 사람을 구조하는 영웅적인 인간상을 그려낸 호머의 〈생명줄〉을 통해서 자연재해에도 굴복하지 않는 따뜻한 인간애로서의 사회적 실천을 접근해볼 수 있을 것이다.

3) 프로젝트 수업의 마침표, 프로젝트 수업 발표회

프로젝트 수업은 학습자가 무엇인가를 완성해가는 과정을 통해서 많은 것을 경험하게 되며 이것이 자기주도적인 조사와 탐구의 과정에서 얻게 되는 교육적 가치이다. 그뿐만 아니라 프로젝트 수업은 결과를 도출하는 수업의 형태이므로 학습자가 성취감을 맛볼 수 있는 대단히 중요한 요소를 포함하고 있다. 그것이 바로 표현인데, 이 표현을 통해서 지금까지 해왔던 학습의 결과를 정리해서 드러냄으로써 타인에게 자신의 생각을 전달하고 공유하는 것이 가능해진다.

그렇기에 프로젝트 수업의 결과를 글로 쓰는 것을 비롯해서 멀티미디어 활용, 전시, 연극, 발표 등으로 다양하게 표현할 수 있을 것이다. 이런 표현들은 저마다 특성을 가지고 있지만, 공통되는 것은 교사가 아니라 내 친구가 수업을 이끈다는 사실이며 따라서 아이들은 입가에 미소를 머금고 기대하게 되고, 친구의 입을 통해 나오는 내용에 더 집중하게 된다는 것이다.

모둠별 프로젝트를 통해 선생님과 서로 피드백을 나눈 내용이 적혀 있는 일일보고서를 제출하도록 하고 각 모둠별로 조사한 것을 PPT나 UCC, 그 밖의 다양한 표현방법을 통하여 준비하되 한 페이지로 전체 내용을 정리하여 제출하도록 한다.

다양한 정보를 조사하면서 때로는 학생들이 단순히 복사하여 붙여 넣는 반복을 통해 자료를 만들 수도 있지만, 이러한 것들을 다시 살펴보고 정리하면서 '자신의 생각 만들기' 과정이 더해진다면 온전히 자신의 배움이 될 것이다. 발표 시에는 시간 배분을 위해 5분 정도의 시간에 맞추어 발표하도록 하며, 이때 교사는 지금까지 기록했던 관찰일지에 마지막 발표 모습과 경청하는 모둠의 모습도 관찰하여 정의적 영역의 평가를 더한다. 또 각 모둠원들도 동료평가를 실시하도록 한다. 과학탐구과정과 마찬가지로 프로젝트 수업에서도 정의적 영역의 항목을 결정하고 평가기준을 정하는 데에는 어려움이 따르지만, 교사개별평가제가 점점 도입되고 있는 것을 고려하면 꾸준히 관찰하여 개인의 성장 정도를 파악하는 평가에 익숙해질 것이다. 또 교사는 이에 따라 자신만의 평가방법을 개발하려는 노력도 해야 할 것이다.

〈부글부글 화산과 지진〉 프로젝트 평가

1) 참여도 평가 및 동료평가

이 프로젝트 수업은 다른 모둠들이 주제로 삼은 것들을 함께 공유하기는 하지만 다양한 생각들을 주도적으로 일목요연하게 정리하여 구조화하는 것은 각 모둠의 몫이므로 이를 사전에 잘 설명하여 제대로 역할을 하도록 해야 한다. 사전준비계획서와 일일보고서 및 결과 발표의 동료평가를 통해 과정평가를 할 수 있다.

몸으로 표현하는 지진파

더불어 다양한 표현을 통해 학생들이 각자 개성을 드러내도록 하고, 획일화되지 않도록 하는 것이 바로 창의성을 기르는 데 도움이 될 것이다. 그렇기에 다양한 표현들이 나올 수 있도록 피드백하며 지속적으로 소통해야 한다. 예를 들면 지진이 일어나는 지역을 지진 규모에 따라 소리를 넣어 음악으로 만들어 발표할 수도 있고, 화산 분출 시 재난 상황을 통해 화산의 종류를 찾아가는 추리 형태의 뉴스 보도나 재난 대책을 UCC로 표현하는 등 다양한 표현법에 쉽게 접근할 수 있도록 자신감을 심어주어야 할 것이다. 그러나 학생들이 채택한 방법이 지금까지 해왔으며 그래도 쉽게 다가갈 수 있는 PPT 발표로 몰렸을 경우 억지로 다른 발표 방법으로 유도하기보다는 앞에서 언급한 다양한 형태의 자료가 PPT 내에 들어갈 수 있도록 지도하는 것이 좋다.

평가에서는 크게 관찰 부분과 표현 부분을 본다면, 관찰에는 주제 이해하기, 문제 해결 기획, 조사와 탐구방법의 적절성, 독창성, 모둠원으로서의 충실한 역할 수행 및 협력, 모둠원 간의 협력과 다른 모둠과의 협력, 흥미를 가지고 열정을 가지고 있는지(과제에 임하는 가치, 태도), 성취욕구와 도전의식을 갖고 발휘하고 있는지의 여부를 평가하고, 표현에는 결과의 질적 수준(결과는 성취수준을 잘 달성하고 있는가?, 결과는 독창적이고 사고의 발전이 이루어졌는가?), 결과물 내용 반영의 적절성(관련 교과의 내용이 충분하고 정확하게 반영되고 있는가?, 자원을 충분히 활용하여 결론에 도달하였는가?), 결과물의 완결성(결론은 논리적 전개가 명쾌하고 타당한가?, 결론을 도출하는 과정이 잘 설명되고 있는가?), 결과에 대한 적절한 설명과 표현방법(결과물을 제대로 설명할 수 있는 표현방법을 선택하였는가?, 결과의 표현은 모둠원의 관심과 재능을 잘 드러낼 수 있는 방식인가?)로 체크리스트를 만들어 평가할 수 있다. 과학과 연구에서는 동료평가 부분을 1, 2, 3, 4, 5로 점수화하고 이 수업의 개선점과 잘된 점을 쓰도록 하여 피드백하는 과정을 보여줄 수 있다.

한편 학생들은 인상에 의해 평가할 수 있기 때문에 평가기준 항목에 따라 내용 설명을 충분히 해줄 수 있는 자료가 먼저 제공되어야 하며, 학생들도 프로젝트 수업을 구성해 나아갈 때 평가기준을 참고하여 수행할 수 있을 것이다. (실제로 실행해본 결과 발표를 잘한다고 해서 무조건 점수가 높지는 않았으며, 발표는 좀 부족했더라도 노력했던 과정이 드러나고 공유가 된 모둠에게 높은 점수가 부여되었다.)

궁금한 점을 적는 부분에서는 질의응답을 하기 위한 단계이면서 모둠 발표를 경청하는지, 또한 학생들마다 바라보는 시각이 어떻게 다른지 등을 알 수 있는 정의적 영역이라 할 수 있을 것이다. 또한 총론에 따르면 표현 부분에서의 항목에는 결과의 질적 수준과 결과물의 적절성, 결과에 대한 적절한 설명과 표현방법을 평가하는 것이 있는데, 이를 학생들에게 사전에 알려주고 발표 점수를 부여하도록 해야 한다.

2) 자기평가·성찰일지

학생들에게는 프로젝트 수업이 진행되면서 본인 스스로가 배움의 성장을 느끼는 것이 중요할 것이다. 다른 동료들의 평가도 중요한 부분이겠지만 스스로가 자신을 객관적으로 평가해보는 자기평가를 통해서도 많은 성장이 있을 것이다. 특히 프로젝트 수업 전에 미리 알고 있었던 지식과 프로젝트 수업을 통해 알게 된 것, 그리고 가장 중요한 발전의 단계인 스스로 알고 싶어 하는 것의 과정을 성찰일지를 통해 점검하는 것은 이 프로젝트 수업과 다른 수업들과의 차이점일 것이다.

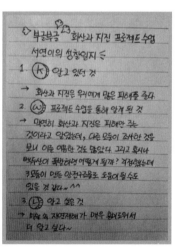

성찰일지 사례

1. 사진은 똥안고 지구과학반의 <P파 S파 - 지진파를 몸으로 느껴라> 활동사진이고, 그림 (가)와 (나)는 두 종류의 지진파가 전달되는 모습을 순서 없이 나타낸 것이다.

(가)   (나)

이에 대한 설명으로 좋은 것만을 <보기>에서 있는 대로 고른 것은? (단, 측정하려는 변인 외에 나머지는 동일하다.)
<보 기>
ㄱ. (가)는 종파이고, (나)는 횡파이다.
ㄴ. (나)의 지진파는 고체 상태의 물질만 통과한다.
ㄷ. 실험을 통해 P파의 속도는 S파의 속도보다 빠르 다는 것을 알 수 있다.

① ㄱ   ② ㄷ   ③ ㄱ, ㄴ
④ ㄴ, ㄷ   ⑤ ㄱ, ㄴ, ㄷ

지필평가 예시

3) 지필평가

화산과 지진 부분에서는 전형적인 지식을 묻는 문제를 많이 출제할 수밖에 없지만, 여기에 프로젝트 수업의 상황을 적용한다면 학생들의 이해도가 더욱 높아질 것이다. 아래의 문항에서도 보이듯 직접 이 실험을 한 모둠만 유리한 것이 아니라 모든 모둠의 발표가 서로 유기적으로 관련되어 있으며, 결과를 공유하며 배움이 일어나기에 이를 지필평가에 적용할 수 있을 것이다. 그리고 프로젝트 수업에서 직접 경험한 상황을 제시한다면 프로젝트 수업과 평가가 서로 별개가 아니라 연관성을 지닌 살아 있는 평가가 될 수 있다.

이처럼 자신들이 경험한 것이 평가와 연결되어 나왔을 때 훨씬 이해도가 높아질 수 있으리라 믿지만, 학생들의 집중도에 따라 시험문제보다는 이 사진의 상황이 더 혼란을 가져올 수도 있기에 사전에 모든 학생들이 사진의 내용을 숙지하여 이의 제기가 없도록 하는 점도 필요할 것이다.

프로젝트 수업 시작 단계 : "프로젝트 수업이 뭐예요?"

이 단원의 이 주제를 왜 프로젝트 수업으로 진행하는지에 대한 이유를 설명하여야 할 것이며 의미 부여가 될 때 학습의 효과는 더 높아질 것이다.

"프로젝트 수업이란 학습자가 스스로 문제를 찾아내고 해결방안을 기획하며 협력적인 조사 탐구를 통해 과제를 해결하고 결과를 공유하는 일련의 과정에서 배움이 일어나는 수업형태란다. 즉 선생님은 조력하고 학생 스스로 주제를 찾아 그 방향성으로 자신만의 배움을 만들어나가는 것이지."

주제 선정 및 탐구 단계 : "주제가 ○○○인데 어떻게 접근해야 할까요?

이러한 주제로 프로젝트 수업이 진행된다면 어떤 일이 일어나는지, 개인적인 성향을 바탕으로 어떤 역할을 나누었을 때 가장 효율적인지 조력해주어야 할 것이다.

"○○책에 나와 있는 방법도 좋고 인터넷 사이트를 참고로 해도 좋단다. 그 참고도서나 참고 인터넷 사이트 주소를 반드시 기재하렴. 이 참고자료를 읽고 A4 1장으로 요약 정리해보면 도움이 될 거야."

집중 탐구 단계 및 발표 준비 단계 : "중간보고서는 어떻게 써야 하고 발표는 어떤 식으로 해야 하나요?"

쓰는 것에 익숙하지 않은 학생들에게 일일보고서는 부담이 될 수 있으나, 프로젝트 모둠원들과 토론한 내용 및 고민을 써보게 하고 교사는 코멘트를 달아주며 과정 속에서 방향을 제시할 수 있을 것이다.

"중간보고서는 프로젝트 주제, 모인 일시, 참여자, 주제에 따른 조사 내용 및 질문 사항 등을 A4 두 장 정도로 작성해서 제출하면 돼. 그리고 발표에서의 표현은 모둠마다 다양할 수 있으니 단순 PPT 발표보다는 주제에 따라 UCC, 역할극, 뉴스 설정 등으로 접근한다면 친구들과의 결과 공유에 훨씬 이해도가 높아질 거야."

발표 후 결과 공유 단계 : "우리 조가 한 것은 자세히 알겠지만 다른 조가 발표한 내용은 어떻게 잘 이해하나요?"

프로젝트 수업 완료 후 성취감은 개인마다 다를 수 있으나 교사 주도의 수업보다는 학생들 자신이 완성하는 수업이므로 친구들의 발표에 더 집중하게 된다. 그러므로 질문 시간에 더 적극적으로 질문하도록 한다면 이해도를 더욱 높일 수 있을 것이다.

심화 단계 : "이번 프로젝트 수업에서 했던 주제를 더 심화하고 싶어요."

프로젝트 수업의 경험이 있는 학생들은 이러한 과정을 다른 곳에도 적용할 수 있을 것이다. 그렇기에 반 학생들을 대상으로 했던 교과 수업에서의 단계를 심화하여 주제의 근거와 타당성에 대한 검증을 다시 한 번 거쳐 탐구활동이 녹아 있는 학생 논문으로 작성할 수도 있을 것이다.

참고자료

● 『거의 모든 것의 역사』(빌 브라이슨, 까치) ― 비전공자인 작가는 단순한 결과 중심의 서술에서 벗어나 과학자들의 탐구 과정을 통해 이 세상을 바라보는 인류의 과학적 사고의 진화과정을 대단한 호기심과 오랜 시간에 걸친 노력으로 제시하였다. 이 책에서는 각 시대마다 인류가 믿었던 많은 사실들이 수정되고 발전되는 과정을 통해서, 과거로부터 내려오는 권위에 대한 학습이 아닌 자연을 있는 그대로 바라보고 해석하는 과학적 사고의 과정과 기존의 틀에 얽매이지 않는 상상력의 중요성을 말해주고 있다.

이 책의 가치는 매우 높으나, 분량 면에서는 학생들이 쉽게 다가가기에 어려움이 있을 것이다. 그러나 이 책은 파트별로 분리해서 읽어도 충분히 가치가 전달될 수 있으므로, 이 프로젝트 수업을 위해서 "땅속에서 타오르는 불" 부분(25~30쪽 정도를 인쇄물로 만듦)을 프로젝트 수업 전에 읽어보도록 하고 전체적인 흐름을 알도록 해준다면 도움이 될 것이다.

● 『과학교사, 교과서를 버리다』(성종규, 잼난인연) ― 이 책에서는 교육과정의 큰 개념을 중심으로 재구성하여 교과서를 보지 않고 소칠판을 이용한 모둠별 수업을 통해 학생들에게 배움이 일어나는 과정을 잘 보여주고 있다(특히 큰 주제를 통해 연계되는 일련의 배움의 연속성이 잘 정리되어 있음). 프로젝트 수업을 진행함에 있어서 발표하는 장면이나 방법, 표현과정 등을 참고할 수 있으므로 교실에 비치해놓고 아이들이 자유롭게 읽도록 하면 좋을 것이다.

5부

교과융합 프로젝트 수업

: 프로젝트 수업의 미래를 보다(O유형) :

1장

고등학교 교과융합 프로젝트 수업 1

: 역사와 과학이 만나다 :

역사 + 지구과학 교과융합 프로젝트 수업이란 무엇인가?

STEAM이란 과학, 기술, 공학, 예술, 수학의 과목 또는 내용을 통합하여 가르침으로써 과학기술에 대한 학생들의 흥미와 이해력을 높이고 창의적 문제해결력을 기를수 있는 융합교육이다. 즉 현대사회를 살아가는 데에 필요한 과학적 지식과 기술을 가지고 STEAM의 본성을 이해하고 인문학적 안목을 가진 교양인을 양성한다는 것을 의미한다. 그러므로 과학, 기술, 공학, 예술, 수학을 융합적으로 이해할 수 있도록 융합적 인재를 양성하는 교육이 이루어져야 한다.

고등학교 교육과정에서 STEAM 수업을 가장 효과적으로 실천할 수 있는 방법은 두말할 필요도 없이 교과융합 프로젝트 수업일 것이다. 고등학교 단계에서의 교과전문성을 생각하면 코티칭으로 실시하는 것이 적절하다. 학생들이 지구과학–역사의 코티칭 수업을 통하여 융합적 사고를 배양하기 위하여 6차시를 기획하였다.

프로젝트 수업 목표

현대사회에서 모든 지식은 독립적이기보다는 사회, 문화, 과학, 예술 등이 융합되는 등 복수의 영역이 융합된 양상을 지닌다. 그러므로 이 시대를 살아가는 학생들에게는 단편적인 지식이 아니라 창의적인 관점에서 다양한 정보를 융합하여 재구성한 통합적 지식이 필요하다.

이러한 융합적 지식은 타인과의 협력적 리더십을 통하여 제고할 수 있으며, 이를 위해 학교교육은 단순한 교과 통합이 아닌 융합 수업으로 이루어져야 한다.

고등학교 2학년 한국사와 지구과학의 융합을 위하여 교육과정을 재구성하고, 〈과학의 발달과 애민정책〉을 주제로 수업을 구성함으로써 우리나라의 과학 발달의 근본에 백성을 사랑하는 애민정책이 있음을 이해시키고자 한다.

국가의 애민정책은 과학뿐만이 아니라 다양한 사회시책에서도 볼 수 있으나, 이 수업에서는 역사과와 지구과학과의 융합 프로젝트 수업을 통하여 과학의 발달이 농업 생산량을 늘려 백성의 생활이 윤택해졌으며, 이는 국가의 중요한 애민정책의 한 방법이었음을 제시하고자 한다. 특히 '애민(愛民)'이란 '백성을 사랑하는 것'으로 국가의 발전은 백성의 생활이 안정되는 것이었으므로 배려와 행동 실천력을 중시하는 '인성'과도 부합된다고 할 수 있다. 이에 본 수업에서는 고대~현대의 역사 교과와 지구과학 교과를 융합하여 학생들에게 '역사적 지식과 천문학적 지식을 통한 창의융합인성'을 길러주고자 한다.

〈애민정책〉 프로젝트 수업

고대로부터 조선시대까지의 백성들은 농사를 생업으로 생각하며 생활하였다. 그러므로 왕은 농업의 발전이 곧 백성을 안정시키는 것이며, 이는 곧 왕권의 강화로 이어진다는 사실을 알고 있었다. 그렇기에 왕은 농업을 발전시키기 위한 다양한 방법을 강구하게 되었으며, 이로써 과학이 발전할 수 있었다.

삼국시대에는 천체와 천문현상이 농경이나 정치에 밀접한 관계가 있다고 생각하였다. 『삼국사기』에 실린 일식, 월식, 혜성의 출현, 기상이변 등에 대한 관측기록은 매우 정확한 것으로 알려져 있다. 이러한 천문학의 발달과 함께 농사를 짓는 데 필요한 역법과 수학적 지식도 축적되었다.

삼국시대에는 천문 관측 대상들을 계절에 관계없이 밤낮없이 꾸준히 관측하였다. 천문기상 관측사업의 임무는 관측을 통하여 역과 절기를 정하고 농업을 비롯한 경제 분야와 실생활에 활용하고, 홍수·가뭄을 비롯한 재해적인 기상현상들도 함께 관측하고 통보하는 것이었다.

고려시대에는 농업과 밀접한 관련이 있는 천문학과 역법이 발전하였다. 천문현상을 관측하는 기관인 사천대(뒤에 서운관)를 설치하고 천체와 기상을 관찰하여 그 결과를 체계적으로 기록하였다. 이는 당시 과학기술이 크게 발달했던 이슬람 문명에 견줄 만큼 높이 평가받고 있다.

역법은 고려 초에는 신라 때 쓰던 당의 선명력을 사용했고, 후기에는 원의 수시력과 명의 대통력 등을 받아들였다. 아울러 천문 관측을 바탕으로 정확한 날짜와 시간을 계산하는 방법을 발전시켜나갔다. 특히나 조선 세종대왕 시기의 천문학의 발전은 괄목할 만하다.

세종은 우리나라 역사에서 성군으로 인정받는 왕 중의 한 명이다. 조선 초에 애민정신에 바탕을 둔 다양한 부국안민정책이 시행되었고, 그 과정에서 훈민정음이 창제되어 민족문화의 새로운 지평을 열었다. 중국이나 서역의 과학기술을 폭넓게 수용하고, 이를 우리 실정에 맞게 재구성함으로써 민생 안정과 부국강병에 필요한 실용적인 학문이 발달하였다.

농업 진흥을 목적으로 농서를 간행하고, 농업과 관련이 깊은 천체현상을 관측하기 위하여 혼의와 간의를 제작하였으며, 시간을 측정하기 위해 앙부일구(해시계)와 자격루(물시계)도 만들었고 측우기, 인지의, 규형 등은 물론 천상열차분야지도, 우리나라 최초의 역법서인 『칠정산』을 편찬하였다. 특히 천문학의 발달은 신라의 첨성대 이후 조선시대에 괄목할 만한 발전을 이루었다.

농경사회에서 천문학과 역법은 아주 중요한 학문이다. 천문학이란 '우주의 구조, 천체의 생성과 진화, 천체의 역학적 운동, 거리·광도·표면온도·질량·나이 등 천체의 기본 물리량 따위를 전문적으로 연구하는 학문'이다. 그러나 고대 농경사회에서는 천체의 자세한 운행보다는 눈에 보이는 태양과 달의 운동이 파종이나 추수 시기 등을 알려주는 중요한 내용이었으므로, 이를 중심으로 발달이 되었다.

과거의 천문학에는 대표적으로 천문 관측과 역법이 있다. 천문 관측은 기본적으로 별을 보는 것으로 고대의 천문 관측대로는 첨성대, 고려시대에는 사천대, 조선시대에는 관천대가 있다.

역법이란 '천체의 주기적 현상을 기준으로 하여 세시(歲時)를 정하는 방법'으로서 이 또한 농사에서 춘하추동에 따른 하루의 길고 짧음이 농작물의 성장에 큰 영향을 주므로, 천문학과 함께 발전하였다. 고려시대에는 중국의 선명력과 대통력, 조선시대에는 한양을 기준으로 『칠정산』이 제작되었다.

천문학의 발달이 백성들의 생업인 농업을 발전시키는 데 지대한 영향을 주었음을 파악함으로써 과거의 왕들은 국가를 발전시키는 기본 정책 중 하나로 삼아 백성의 안정을 도모하고, 이를 통하여 왕권을 강화하고자 하였음을 알 수 있다.

이처럼 농경사회에서 농경의 발달은 민생 안정과 직결되고, 이것이 왕권의 강화와 체제 안정에 도움이 된다고 할 때, 고대부터 현재의 산업사회까지 민생 안정은 국가의 안정에 기반이 되는 부분이라고 할 수 있다.

과거의 역사를 현재의 삶과 연결시키기 위한 방법으로는 현대 국가의 발전 또한 국민의 안정이 가장 중요한 기본 바탕이 되어야 한다는 것을 인지하고, 현재 국가의 애민정책의 내용과 문제점, 그리고 나아가야 할 방향을 제시할 수 있도록 하였다. 또 학생들이 과거의 역사적 사실에 대한 이해의 폭을 넓혀 사고를 확장함으로써 적용력과 문제해결력을 기를 수 있도록 하였다.

교과 교육과정 분석

역사과에서는 각 시대별 문화의 형성과정과 특징을 파악하고, 문화가 사회에 끼친 영향에 대한 부분을 다루게 된다. 지구과학에서는 달의 운동을 설명하고, 지구의 자전과 공전으로 인한 천체 및 태양의 운동을 다룬다. 역사과와 지구과학과의 성취기준이 서로 연계되어 융합하는 모습을 보여 수업 장면 하나하나에 녹아들게 될 것이다.

이러한 교과융합 프로젝트를 기획할 때에는 해당 단위학교의 교육지표와 상통하는 주제를 정하는 것이 가장 바람직한 접근법일 것이다. 그리고 교육과정에 근거한 주제를 선정하기 위해서는 새로운 학년이 시작되기 전에 학교 전체의 교육과정을 기획하는 협의회 시간을 갖고, 프로젝트 수업에 필요한 주제의 선정과 이에 따른 교육과정 운영의 틀을 결정하는 모임을 지속적으로 가져야 한다.

융합교과 프로젝트를 진행하기 위해선 먼저 각 교과의 교육과정에 있는 주제들을 포스트잇에 적고, 칠판에 붙이면서 공통되거나 연계되는 것들을 찾아보는 방법으로 접근할 수 있는데, 겨울방학 중에 일정 시간을 두고 교사 워크숍을 통해 1년 중 프로젝트 수업을 할 기간과 활동 내용, 대략의 평가방법에 대한 합의가 필요할 것이다. 이러한 다양한 교과들의 융합수업은 학생 자신의 배움을 사회적으로 실천할 수 있는 기회를 주고, 그러한 과정에서 창의성과 인성을 높은 수준으로 함양할 수 있을 것이다.

　　다음은 고등학교 교과서에 실린 천문학과 관련된 자료이다.

절기와 시간을 알려주는 앙부일구　　만원권 지폐 뒷면의 천문학　　천상열차분야지도

조선 천문대　　　　　　『칠정산』　　　　『칠정산』의 내용과 목적

⟨애민정책⟩ 프로젝트 수업을 어떻게
진행할 것인가?

⟨애민정책⟩ 프로젝트 수업은 다음과 같은 과정을 통해 진행된다. 각 과정을 살펴보면 다음과 같다.

수업 수행 단계

연번	단계	수행 내용
1	주제 선정	대주제에 대한 이해와 아이디어 브레인스토밍으로 세부주제를 도출하여 공유 – 농경사회에서 백성의 안정은 국가를 발전시키는 기본 바탕이 되며 농업의 발전을 위해 과학의 발달은 필수적이다.
2	발문	과학은 농업을 발전시켰는가?
3	수행과제	농경사회에서 농업과 천문학은 어떤 관련이 있는가?
4	수행과제	농경사회와 관련 있는 천문학의 발달과 특징은 무엇이 있는가?
5	발표(표현)	과학의 발달을 통한 애민정책을 다양한 방법으로 표현
6	현재 삶과 연결	농경사회가 아닌 현재 국가의 애민정책의 방향 제시

프로젝트 수행 일정표 활용

이 달력은 여러분의 프로젝트 일정에 대한 간략한 안내입니다. 프로젝트 수업이 무엇인지, 내가 무엇을 해야 할지 막연할 수도 있지만 아래의 일정을 참고하여 진행하기를 바랍니다. 제한된 시간 속에서도 배움의 기쁨이 솟아나는 소중한 시간이 되기를 바랍니다.

7.6(일)	7.7(월)	7.8(화)	7.9(수)	7.10(목)	7.11(금)	7.12(토)
	- 프로젝트 설계 완료와 검토	- 학급 특성 및 학생 개성의 파악과 활동팀 구성		- 프로젝트 수업이란 무엇인가? 설명 및 안내	〈1차시: 브레인스토밍〉 애민정책의 개념과 국가 발전의 정의 토론 - 애민정책은 무엇인가? - 국가의 발전은 무엇이라고 정의내릴 수 있는가? 애민정책과 국가의 발전은 어떤 관계가 있는가? ➪ 과학과의 연관성 도출	
7.13(일)	7.14(월)	7.15(화)	7.16(수)	7.17(목)	7.18(금)	7.19(토)
	〈2차시: 모둠 나눔 및 주제 선정〉 - 프로젝트 수행 방법 결정 및 탐구를 위한 개인별 역할(협력적 리더십) 나눔 - 각 시대에 따라 농경의 특징과 과학의 발달 과정을 조사, 주제 선정 ☞ 제출	〈3차시: 수행1〉 - 농경사회에서 농업과 천문학은 어떤 관련이 있는가? 조별 토의를 통한 탐구와 결과 정리, 발표 삼국시대, 고려, 조선 전기, 조선 후기, 근대 등 이천, 장영실, 이순지 등의 인물사 등			〈4차시: 수행2〉 농경사회와 관련 있는 천문학의 발달과정과 세부 특징을 애민정책과 연결하여 조사, 발표	
7.20(일)	7.21(월)	7.22(화)	7.23(수)	7.24(목)	7.25(금)	7.26(토)
		〈5차시: 표현〉 - 연구결과의 내면화 - 애민정책과 천문학 발달을 다양한 표현으로 정리		〈6차시: 현재 삶과 연결〉 - 연구결과의 확산과 현재의 애민정책(보편복지정책)의 방향 제시	- 프로젝트 수행 과정상의 개인별 성찰일지 제출 - 프로젝트 수행평가 작성 및 제출 (개인별/조별)	

- 프로젝트 수행 기간은 1학기 2차 지필평가가 끝나는 7.10(목)부터 7.25(금)까지 15일간이며 6차시의 교과수업과 개인별·조별 탐구를 포함하는 개별활동을 수행한다.
- 7.8(화)까지 프로젝트 설계와 수행준비를 마치고 교과부장을 통하여 수업을 안내한다.
- 〈1차시: 브레인스토밍〉에 대한 결과를 생각해보도록 한다.
- 〈2차시: 모둠 나눔 및 주제 선정〉 토론으로 설정된 가설과 프로젝트 수행방법과 탐구를 위한 개인별 역할과제(협력적 리더십)를 정리하여 수업 직후 제출한다.
- 〈3~4차시: 수행〉 프로젝트 수행으로 얻어진 결과를 제시한다.
- 〈5차시: 표현〉 과정에서 얻어진 연구결과를 미적으로 표현한 최종 표현물에 담아 이를 공유하고 그 과정의 기록을 방학 중 7.28(월)까지 교사 메일로 송부한다.
- 〈6차시: 현재 삶과 연결〉 모둠의 주제가 조사로써 마무리되는 것이 아니라 농경사회 중심이었던 과거에서 변화된 현재의 애민정책(보편복지정책)의 방향을 함께 생각해보고 제시하도록 한다.

수업 수행 실제

본 프로젝트는 주제 선정–발문–수행과제–발표–현재 삶과 연결 등 모두 5단계로 설계되었다.

1) 준비단계

학생들에게는 프로젝트란 용어가 생소할 수 있기 때문에 준비단계에서는 프로젝트의 정의와 이 수업을 통해서 학생들이 어떤 배움에 도달하게 될 수 있을지에 대하여 자연스럽게 얘기하고, 프로젝트 대주제를 설명하며 역사와 지구과학과의 교과융합 프로젝트를 안내한다.

- 애민정책은 무엇인가?

- 국가의 발전은 무엇이라고 정의 내릴 수 있는가?
- 애민정책과 국가의 발전은 어떤 관계가 있는가?(과학과의 연관성 도출)
- 역사와 지구과학과의 융합 프로젝트를 이해하고, 애민정책의 개념과 국가의 발전과의 관계를 생각해본다.

첫 시간이기에 토론을 통해서 학생들이 배워야 하는 것이 나타날 수 있도록 하며, 특히 이 시간을 통하여 역사 속의 애민정책에 대해 공감하고, 나 자신을 성찰해보고 토론하는 과정에서 나와 다른 아이디어나 입장을 수용하는 마음을 가질 수 있으며, 평생 동안 백성을 위해 끊임없이 발명하고 연구한 왕이나 과학자의 마음에 대하여 공감하도록 조력할 수 있을 것이다.

2) 주제 선정 및 발문

주제 선정에서는 학생들에게 '애민사상', '민생 안정', '국가의 발전'이 무엇을 가르치는지에 대한 브레인스토밍을 통하여 학생들이 개념을 정리하고 이해하여 고대로부터 조선시대에 이르는 농경사회에서 민생 안정이 천문학의 발달을 가져왔음을 알게 한다. 특히 과학기술의 변화와 더불어 농사법이 어떻게 변화해왔는지의 흐름을 염두에 두고, 후대의 왕들이 어떻게 발전시켰는지 연결하는 것도 좋을 것이다. 이러한 것의 바탕에는 국가가 세금을 잘 걷기 위한 것, 국가의 정책이라는 양면성이 있다는 것도 확장하여 생각해볼 수 있다. 결국 국민의 삶을 풍요롭게 할 수 있도록 기하학이 발달하고 측량이 발달했을 것이다.

- 프로젝트 수행방법 결정 및 탐구를 위한 개인별 역할(협력적 리더십) 나눔
- 각 시대에 따라 농경의 특징과 과학의 발달과정을 조사, 주제 선정
  - 시대별 농법은 어떻게 변화하였는가?(구석기, 신석기, 청동기 시대 등 모둠을 나누어서 조사)
  - 농업 생산량 증대를 위한 시비법은 어떻게 변화하였는가?

– 천문과 역법은 어떻게 발전하였는가?

– 외국의 사례 중 도량법*과 비교

발문에서는 '과학은 농업을 발전시켰는가?'에 대하여 학생들에게 발문하고 학생들이 과학과 농업의 상관관계를 조사하여 관련성을 발표하고 정리할 수 있게 하였다.

> ★ 과학자와 엔지니어는 거리, 부피, 시간, 기온, 밀도, 속도, 전류 등을 항상 측정할 필요가 있다. 이러한 모든 것은 수치로 표현되는데, 이는 단위가 절대적으로 중요한 것임을 의미한다. 1874년 모든 도량형을 공통으로 구현하자는 아이디어가 영국에서 최초로 제기되었다. 그들은 길이는 센티미터로, 무게는 그램으로, 시간은 초로 통일할 것을 제안하였다.

3) 수행과제

수행과제에서는 '농업과 천문학의 관계'를 통하여 천문학의 다양한 발전 모습을 조사하게 하였다. 실제로 이때에는 지구과학 교사가 학생들을 전담하여 학생들이 스스로 역사책에서의 천문학을 공부할 수 있도록 예시를 제시하고, 천문학의 원리를 가르쳐주어 학생들이 역사 속에서 천문학적 지식을 얻을 수 있도록 한다.

발문과 수행 과제에서는 인터넷 사이트(DB–pia) 등에서 논문을 검색할 수 있도록 하여 학생들이 단순한 인터넷자료가 아닌 논문을 검색하여 읽어보고 정리할 수 있는 기회를 주고 폭넓은 지식을 쌓을 수 있도록 한다.

- 농경사회에서 농업과 천문학은 어떤 관련이 있는가? 조별 토의를 통한 탐구와 결과 정리, 발표를 해보자.
- 농경사회에서 농업과 천문학의 관련성을 탐구해본다.
  – 삼국시대, 고려, 조선 전기, 조선 후기, 근대 등의 시대적 흐름에 따라 천문학의 발전과정을 조사한다.
  – 이천, 장영실, 이순지 등의 인물을 중심으로 천문학의 발전과정을 조사한다.

- 애민정책을 실현하기 위하여 신분과 상관없이 과학자 등 인물을 중용한 배경에 대하여 생각해본다.
- 천문학의 발달이 특정 계층을 위한 것이 아니라 공론에 따른 공공성을 목표로 이루어졌음을 이해한다.
- 농경사회와 관련 있는 천문학의 발달과정과 세부 특징을 애민정책과 연결하여 조사해본다.
  - 신라 선덕여왕 시기에 천문대는 어떠한 기능을 했는지 생각해본다.
  - 조선시대의 세종대왕에 이르러 천문학이 꽃을 피운 이유를 생각해본다.
- 세종대왕이 『훈민정음』, 『칠정산』 등을 편찬하고 농서를 간행한 이유를 성찰해본다.

4) 발표

발표에서는 학생들이 조사한 천문학의 원리와 내용을 통하여 이것이 농경의 발전에 어떠한 영향을 주었는지를 발표하게 하고 발표내용을 모두 공유할 수 있도록 한다. 이때 발표는 학생들이 자유롭게 형식을 정하고 PPT, 동영상 제작, 패널 등을 제작하여 자유롭게 발표할 수 있다.

5) 현재 삶과 연결

지식이 살아 있는 지식이 되기 위해서는 현재의 삶과 연결하는 내용이 필요하다. 현재의 국가가 민생 안정(애민정책)을 위하여 취하고 있는 정책들은 무엇이 있는지, 농경사회가 아닌 상태에서는 어떠한 영역을 발전시켜야 하는지를 조사하게 하고, 또한 국가가 나아가야 할 방향을 제시하게 한다. 이를 통하여 학생들에게 현재의 정치, 경제, 사회, 문화에 관심을 가지고 인터넷, 신문 등을 찾아 사회 이슈에 관심을 갖게 하는 기회를 제공한다.

〈애민정책〉 프로젝트 수업 표현과 평가는
어떻게 할까?

〈애민정책〉 프로젝트 수업 표현과 평가는 어떻게 해야 할까? 다음과 같이 표현과 평가를 할 수 있다.

역사, 지구과학 교과 평가기준 / 창의성 평가

성취기준		성취수준	창의성 평가	평가방법
문화의 형성과 특징을 이해하고, 문화의 발전이 사회에 끼친 영향에 대하여 설명할 수 있다.	상	각 시대의 문화의 형성 과정과 특징을 이해하고, 문화가 사회에 끼친 영향에 대하여 설명할 수 있다.	농경 사회가 아닌 현재 국가의 애민정책의 방향 제시	지필평가 및 조별 표현물 평가
	중	각 시대의 문화의 특징을 파악하고, 문화가 사회에 끼친 영향에 대하여 말할 수 있다.		
	하	다양한 문화를 소개하고, 그 특징을 말할 수 있다.		
달의 운동을 설명하고, 지구의 자전과 공전으로 인한 천체와 태양의 운동을 설명할 수 있다.	상	달의 운동과 일식과 월식, 지구의 자전과 공전에 따른 천체의 일주운동과 연주운동을 모두 설명할 수 있다.		
	중	천체의 일주운동, 연주운동을 설명할 수 있다.		
	하	지구의 자전과 공전을 설명할 수 있다.		

프로젝트 수행평가 / 인성 평가

1) 평가목표와 방법

평가에서 중요한 것은 성취기준을 분석하여 학생의 성취수준을 분류하고, 이에 따라 기본적인 역사적 사실 이해부터 분석·종합하여 파악할 수 있도록 평가가 이루어지는 것이다. 이를 바탕으로 프로젝트 수업을 통해 학생이 성취기준을 달성하였는지 파악하고, 결과 중심이 아닌 과정 중심의 평가가 이루어져야 한다. 또한 세종대왕의 업적과 천문학의 발달을 애민정책이라는 측면에서 볼 때 인성교육과 융합하여 정의적 능력 평가도 포함하여 실시해야 한다.

본 수업에서는 프로젝트 수행과 인성의 관점에서 학생들을 평가하고자 한다. 먼저 프로젝트 수행평가는 학습내용에 대한 지필평가, 프로젝트 수행 과정에 대한 동료의 참여도와 기여도를 확인하는 동료평가, 프로젝트의 최종 결과물 평가 등을 활용할 수 있다.

프로젝트의 첫 차시부터 마지막 차시까지 수업의 마지막 부분에 성찰일지를 적어 과학의 발달과 애민정책에 대한 평소 본인의 생각을 정리해보고 그 생각을 발전시키는 과정을 기록한다. 예를 들면, 각 시대의 애민정책과 대한민국의 정책 중 복지정책을 비교하고 대한민국의 복지정책이 나아가야 할 방향을 제시해보는 것도 좋은 방법이다. 이 성찰일지를 인성평가의 방법으로 이용할 수 있다.

2) 평가의 실제

〈교과 탐구〉 프로젝트 수업을 통하여 지필평가는 단순 지식을 확인하는 문제에서 대상을 분석하고 종합하는 문제로 출제할 수 있다. 역사 교육과정 내용에 맞춘 성취기준에 따라 지필평가를 실시하고, 교사는 평가 결과를 분석하여 학생들의 배움이 형성되는 과정을 점검하는 도구로 활용할 수 있다.

평가 문항은 학생들이 단순히 교과서를 외워서 쓸 수 있는 것이 아니라, 역사 사료를 분석하여 천문학의 발달—농경사회—민생 안정—국가 안정이 유기적으로 연결되었음을 이해하고, 현재 국가의 정책을 제시하게 함으로써 학생들이 사고하여 자신의 생각을 논리적으로 제시할 수 있는 문항을 내도록 한다.

지필평가 논술형 문항 예시			
학년군	고등학교 1~3학년군	단원	한국사 + 지구과학 융합 교과
성취기준	\- 한국사 : 문화의 형성과 특징을 파악하고, 문화의 발전이 사회에 끼친 영향에 대하여 설명할 수 있다. \- 지구과학 : 달의 운동을 설명하고, 지구의 자전과 공전으로 인한 천체와 태양의 운동을 설명할 수 있다.		
문항 유형	서답형		
출제 의도 평가내용	각 시대의 과학 발달을 통한 애민정책을 파악하고, 현재 국가의 애민정책(보편적 복지) 정책에 대한 의견 개진		

1~3은 각 시대의 천문학에 대한 사료이다. 물음에 답하시오.

1. 4월 그믐 정모에 일식이 있었다. 5월에 다섯 행성(수성, 금성, 화성, 목성, 토성)이 한 자리에 모였다. 일자*가 왕의 노여움을 두려워하여 "이것은 임금의 덕이요, 나라의 복입니다"라고 속여서 고하였다. (『삼국사기』)
  \- 천체와 천문현상을 왕이 농경이나 정치와 밀접하게 여겨 이를 관측하였다.

  *일자(日者) : 천문 관측뿐만 아니라 점성까지 맡아보던 관원

2. 고려 왕조 475년간에 일식이 132회 있었고, 다섯 개의 행성이 다른 별에 접근한 현상과 각종 별의 이상한 현상도 많았다. 이제 역사 기록에 나타난 이러한 사료를 모아서 '천문지'를 만든다. (『고려사』)
  \- 고려시대에는 천재지변을 하늘의 뜻으로 생각했기 때문에 이를 알아내기 위해 천문 관측에 많은 노력을 기울였다. 『고려사』의 「천문지」에는 일식, 월식, 무지개, 혜성, 별똥별 등 다양한 천문현상뿐만 아니라 금성, 화성, 목성, 토성 등 행성에 대한 내용도 자세히 수록되어 있다. 이처럼 고려는 천체의 움직임과 천문현상을 체계적으로 기록했으며, 그 과정에서 중국과 다른 독자적인 역법 계산법도 사용하였다.

3. 조선은 측우기, 자격루, 앙부일구, 혼천의 등 세계적 수준을 자랑하는 천문기구를 제작하고 금속활자의 꽃으로 평가받는 갑인자 제작을 주도하였다. 이순지는 천문 역법 사업의 책임자로, 중국과 서역의 천문학을 연구해 독자적인 역법서인 『칠정산』을 편찬하였다.

1. 위와 같은 천문학이 발전한 이유를 당시 사회 모습에 비추어 서술하시오.
2. 위와 관련하여 현재 사회에서 국가의 복지정책의 방향을 제시하시오.

[예시 답안]
1. 기상과 천문은 농경에 큰 영향을 미치는 요인으로 국가는 민생을 안정시키는 애민정책으로 천문학 연구에 주력하였다.
2. 현재 국가의 복지정책 : 의료보험제도, 의무교육 등

[채점 기준]
* 아래 1, 2 항목의 내용을 적절하게 구사하여 서술한 경우 점수를 부여한다.

	채점 기준	배점
1	(1) 농경사회, 애민정책을 모두 서술한 경우	4점
	(2) 농경사회나 애민정책 중 1가지를 서술한 경우	2점
2	현재의 국가의 복지정책을 서술한 경우	3점

2장

고등학교 교과융합 프로젝트 수업 2

: 역사와 영어가 만나다 :

역사＋영어 교과융합
프로젝트 수업이란 무엇인가?

　최근 많은 학교에서 학교별 수업장학계획보다는 상시 수업공개를 하고 있다. 교사 전원이 자신의 수업을 공개하고 다른 수업을 참관하며 자발적으로 외부 전문가에게 의뢰하여 수업 컨설팅을 받기도 한다. 수업공개가 일상적이기 때문에 대부분의 교사들은 평소 수업대로 운영하고 학생들 또한 공개수업시간을 특별하게 받아들이지 않고 평소대로 임한다.

　경력이 오랜 교사는 자신만의 수업 PK로 오히려 학생들과 소통이 좋으며 젊은 교사들은 교과 내용적 CK로 승부하면서 좋은 수업을 위해 노력하고 학생들의 성취에서 보람을 찾는다. 그러나 교사들은 여전히 힘들게 수업을 하고 있다. 자꾸만 엎드려 자는 학생을 깨우고 수업 흐름에 참여하지 않고 그저 앉아 있기만 하는 대다수의 학생들의 눈빛을 체크하며, 게으르게 수업시간을 보내는 학생들에겐 질문을 던진다. 그러다 보니 수업 전체를 강의로 꽉 채워야 하는 부담은 둘째로 치더라도, 자신의 강의를 학생들이 조금은 이해했을까 노심초사하는 등 온몸으로 고단함이 묻어난다.

　질문 하나. 좋은 수업이란 어떤 수업일까?

　내가 생각하는 좋은 역사수업은 다음과 같다.

– 역사수업 시간이 단순히 과거에 있었던 일을 정리하여 이해하는 수준을 넘어

– 학생들이 과거의 사실에 대하여 분석하고 평가하고 공감하고 대안을 제시할 수 있는 내용으로 역사 교과를 재구성하고

– 학생들의 사고를 자극하고 배움을 일으킬 수 있는 핵심적인 내용을 발굴하고 체계적으로 지식을 확장할 수 있도록

– 수업시간에는 학생들의 생각을 들어주고 존중하며

– 학생들이 서로 나누는 것을 지켜보고

– 소외되는 학생 옆에 있어주고

– 학생들이 스스로 배워나갈 수 있음을 믿고

– 새로운 관점, 가능성 및 아이디어를 추구하는 학생들을 격려하는 수업

수업이 담론이 되지 못했던 때, 대부분의 교사들은 잘 정선된 학습내용을 준비하여 카리스마를 발휘하며 학생들에게 열렬히 강의하면 좋은 수업이라 생각하곤 했다.

그러나 좋은 수업은 바쁘지 않다. 좋은 수업은 수업계획을 세울 때는 바쁘고 힘들지만 수업시간에는 편안한 수업이다. 학생들이 스스로 배워나가는 과정에 교사도 참여하고, 학생들의 눈을 마주하면서 그 말을 들어주고 생각을 지지해주며 새로운 질문을 품게 만드는 여유 있는 시간이어야 한다.

기획 의도

2차 지필평가, 소위 기말고사가 끝난 학기 말 일반고의 풍경은 어느 학교나 비슷하다. 서술형 논술형 평가를 포함한 채점 결과를 확인하고 나면 교사들은 성적 처리 및 학기 말 업무 처리로 마음이 바쁘고, 학생들은 방학 중 수강할 학원 탐색과 가족과의 여행 계획 등으로 마음이 들뜬다. 각 교실마다 영화나 동영상을 보게 되고 학생들이 수면에 빠지는 자습시간이 많아지며 부모님의 경제적·시간적 여건이 좋은 학생들의

경우에는 해외여행을 위한 체험학습 신청도 급증한다. 이러한 상황이 보통 2주 이상에서 길게는 4주까지도 계속되기 때문에 고3의 수능 이후 기간과 함께 '교육과정 운영 취약 시기'로 불린다. 어떻게 하면 이 시기의 교육과정 운영을 정상화할 수 있을까 하는 것은 교육청의 오랜 고민이다.

그러나 한 번 더 생각해보면 오히려 학생들의 창의적 사고력과 더불어 인성을 기를 수 있는 좋은 기간이라고 생각한다. 교과마다 수업 진도를 마쳤고 평가까지 실시하였기 때문에 그동안의 배움을 바탕으로 자신들의 삶과 연결된 문제를 진지하게 생각하거나 행동으로 옮겨보는 프로젝트를 수행하는 것이 충분히 가능하다. 학교교육과정 수준에서 학기 말 프로젝트를 기획하고, 교사들이 학생들의 수행을 지도하는 것이 학교의 문화로 자리 잡는다면 학생들도 기꺼이 프로젝트 수업에 임할 것이다. 이러한 희망을 마음에 품고 ○○고 2학년 학생들을 대상으로 한국사과와 영어과의 융합교과 프로젝트 수업 6차시를 기획하였다. 수업 주제는 〈역사 속의 여성의 삶과 지금 여기에 있는 나〉이다.

프로젝트 수업목표

이 융합 프로젝트 수업의 목표는 한국사의 흐름과 역사적 사실에 대한 깊은 이해를 바탕으로 현재를 통찰하는 역사적 사고력을 기르는 한편 영어의 기초 능력과 지식을 바탕으로 외국의 문화를 올바르게 수용하여 우리 문화를 발전시키고 외국에 소개할 수 있는 능력을 갖게 하는 것이다. 먼저 한국사과 수업에서 재미있고 의미 있는 수업 주제로 인기 높은 〈전근대 사회 여성의 생활〉이라는 주제를 선정하고 영어과에서는 역사과에서의 학습을 확산하는 양성평등적 가치관에 대한 텍스트를 다룸으로써 학생들은 여성의 사회적 지위와 일상생활을 역사적으로 고찰하는 한편 영미문학 속에서의 여성의 역할을 함께 학습한다. 이 과정에서 창의적으로 사고하고 이전에 경험하지 못했던 융합적 지식을 경험할 수 있기를 기대한다.

한국사와 영어과의 교과융합 교육과정을 설계하면서 특별히 고려한 것은 기존의 팀 티칭의 교과병렬적 학습에 머물다거나 영어과를 다만 단어학습, 문장 번역 등 도구적으로 활용하는 수준을 극복하는 것이었다. 따라서 두 교과의 내용 및 방법적 융합으로 새로운 학습목표를 생성하고, 이에 도달하는 진정한 교과융합 수업을 지향하였다. 이를 위하여 다음과 같이 〈역사 속의 여성의 삶과 지금 여기의 나〉 프로젝트의 목표 아래 차시마다 수행목표를 설정하였다.

- 전근대 사회에서 여성의 생활을 설명하고 나의 여성관에 비추어 분석할 수 있다.
- 영미문학에 나타난 여성상을 통해 서양에서의 여성의 역할과 지위를 추론할 수 있다.
- 확산된 여성의 삶에 대한 인식을 다양한 표현을 통해 공유할 수 있다.
- 새로운 여성 정체성의 확립과 성차별 없는 조화로운 사회를 만들기 위한 사회적 실천에 앞장설 수 있다.

탐구학습을 위한 텍스트

본 프로젝트는 주제 선정-가설 설정-탐구-표현-공유 및 사회적 실천의 5단계로 설계되었으며 학생들 스스로 문제를 찾아내고 해결방안을 기획하며 협력적으로 과제를 해결하고 결과를 공유하는 프로젝트 학습의 철학에 충실하였다.

차시	단계	수행 내용	수행 목표
1	주제 선정	대주제에 대한 이해와 아이디어 브레인스토밍으로 세부주제 양산과 공유	전통적 여성의 생활을 역사적으로 정리하고 현대의 여성생활과 비교하여 이해할 수 있다.
2	가설 설정	여성의 지위와 역할에 대하여 문제를 제기하고 가설을 설정, 탐구방법 결정	한국 전통사회의 여성과 서양 여성의 사회적 지위와 역할에 대하여 비교할 수 있다.

차시	단계	수행 내용	수행 목표
3	탐구 1	고려 및 조선 전기 여성의 생활에 관한 자료를 탐색하고 내용을 분석	중세 여성의 가정생활과 사회생활을 이해하고 시대적 변화와 그 배경을 제시할 수 있다.
4	탐구 2	모둠별로 선택한 영어텍스트를 읽고 새로운 여성의 정체성과 양성평등에 관하여 토론	영어 텍스트를 읽고 서양에서의 여성의 사회적 지위에 대한 내용을 파악하고 분석할 수 있다.
5	표현	다양한 표현방식으로 탐구결과를 정리, 표현하고 새로운 가치를 내면화함	"역사적 여성의 삶" 속에서 나를 성찰할 수 있다.
6	공유 사회적 실천	탐구결과를 발표하고 공유하며 표현물을 활용하여 양성평등 이벤트를 실행	조화로운 양성평등사회와 새롭고 건강한 여성 정체성 확산을 주도하고 실천한다.

역사과의 프로젝트를 수행하는 데는 사료를 바탕으로 한 탐구수업이 가장 적합한 것으로 판단하여 본 프로젝트의 교수학습 모형으로 탐구학습을 기본으로 하였다. 시카고 대학의 교육학자인 텔렌(Kathleen Thelen)은 학습과정에서 집단의 교육적 가능성을 강조하여 집단의 협의를 통해서 학생들이 학문적 지식 영역을 학습하고 궁극적으로 문제 해결에 참여하게 된다고 강조하였다. 집단 탐구를 통해서 학생들이 교과목의 내용을 학습할 뿐만 아니라 협동적 학습태도도 학습할 수 있도록 소집단 학습이 이루어져야 한다는 텔렌의 주장은 프로젝트 수업의 목표와도 일치한다. 〈역사 속의 여성의 삶과 지금 여기의 나〉를 주제로 한 학생들의 탐구는 다양한 텍스트를 만나야 하는 것이 필수이며 얼마나 텍스트를 자신의 탐구주제로써 재구성해낼 수 있는가 하는 것이 관건이라 하겠다. 역사과에서는 전근대 사회 여성의 지위와 생활에 관한 1차 자료로써 당대의 기록인 『고려사』 및 『조선왕조실록』 등 역사서가 있지만 학생들이 직접 검색하여 주제와 관련된 서술을 찾기는 어렵다. 따라서 전통사회의 여성생활에 대한 연구논문이나 시대별 일상생활을 재미있게 쓴 최근의 역사서 등 2차 자료를 통해서 원 사료에 접근하는 방법이 더 좋다. 그러나 요즘 학생들이 쉽게 접근할 수 있는 역

사학습만화 등은 그다지 권장하기 힘들다. 역사적 사실에 대한 분절적인 사실이나 왜곡된 가치평가가 담긴 흥밋거리로 접근하는 경우가 많기 때문이다. 예를 들면 재산균분상속제를 설명해주는 텍스트로 널리 알려진 고려 중기 고종 때의 인물인 경상도 안찰사 손변의 판결 이야기는 『역옹패설』(이제현)에 실려 있으므로 이가 1차 사료이다. 그러나 학생들은 『역옹패설』보다는 2차 사료인 『이야기 한국사』(한길사, 이이화) 7권에서 이를 만날 수 있다. 학생들은 고려 중기의 이야기를 고려 말기에 채록하면서 자녀균분상속의 마땅함을 주장한 고려 말 지식인의 생각을 통해 고려시대에는 일관되게 여성의 사회적 지위가 현대여성 못지않았다는 사실을 알게 된다. 그러나 대부분의 학습만화에서는 이러한 구조적인 이해를 중요하게 다루지 않는다.

조별로 학생들이 탐구하는 소주제와 가설 검증을 위한 탐구 내용에 따라 학생들의 텍스트 탐색활동을 안내하고 돕는 것은 프로젝트 수업에서 교사가 해야 할 중요한 일이며, 따라서 해당 교과의 기본 텍스트(사료)에 대한 풍부한 지식과 최신 텍스트(연구논문, 최근 저작)에 대한 지속적인 공부가 교사에게 꼭 필요하다.

영어과에서는 시간적 제약 때문에 많은 수의 텍스트를 읽기보다는 학생들이 자신의 읽기 수준에 적합한 한두 개의 텍스트를 선택하고, 여러 번 정독하여 내용을 정확하게 이해한 후 분석하는 방법을 택하였다. 이 프로젝트는 기말고사 후 교육과정 취약기에 이루어진 것으로 지필평가를 염두에 두지 않았기 때문에 탐구를 위한 영어 읽기자료에 제한을 두지 않았다. 학생들이 선택한 텍스트의 종류에는 문학작품 『Sleeping Beauty』, 『Snow White』, 『Paperbag Princess』(Robert Munsch), 영화 〈The Other Boleyn Girl〉(2008), 팝송 〈Barbie girl〉(sung by Aqua), 〈Can't hold us down〉(Christina Aguilerra) 등이 포함되었다. 모둠별 텍스트 탐색 활동을 하고 개별 모둠이 교사와 일대일로 만나 학생들이 선택한 텍스트가 탐구에 적절한지 논의하였으며 이 과정에서 최대한 학생들의 선택권을 존중하려고 노력했다. 하지만 지필평가와 연계시켜야 한다면 대표 가설 검증을 위한 공통 텍스트를 지정하여 모든 학생들이 정독하고 수업시간 중에 내용을 이해하였는지 확인한 후 텍스트를 분석하는 단계로 넘어가야 할 것이다.

프로젝트 수행 일정표 활용

프로젝트 수업에 대한 현장교사들의 인식 및 운영 현황에 대하여 설문조사를 실시한 적이 있다.[*] 조사에 의하면 교사들은 프로젝트 수업에 대한 필요성과 수업 실천의 방향에 대해 높은 수준에서 이해하고 있는 것으로 나타났다. 프로젝트 수업을 운영해본 교사들의 70.77%가 교과 내용에 알맞은 프로젝트를 설계하는 점을 가장 어려운 점으로 꼽고 있으며 프로젝트 수업을 해보지 않은 교사들은 48.40%가 수업 시수가 부족할 것으로, 24.04%가 절차와 과정이 까다로워 용기가 나지 않는다는 점을 두 번째 이유로 들었다. 이러한 어려움을 해결할 수 있는 작은 팁이 바로 프로젝트 수행 일정표를 활용하는 것이다.

프로젝트 기획 단계에서 실제 수업 6차시는 물론 조별 탐구, 개인 탐구, 과제 제출 등을 포함하여 세부 일정표를 작성하면 교사의 입장에서는 프로젝트의 기획을 보다 손쉽게, 한층 정교하게 완성할 수 있고 학생에게는 프로젝트 수행에 대한 강한 자기주도성과 책무감을 지니게 할 수 있다. 달력 형태의 일정표 아래 각 일정에 대한 세부 수행사항을 덧붙여 학생들에게 배부하면 이 일정표 한 장으로 프로젝트의 모든 것을 설명할 수 있다.

★ 2014년 5월 화성 지역 초중고 교사 486명을 대상으로 온라인 설문조사를 실시하였다. 교사들은 얼마나 프로젝트 수업을 운영해본 경험이 있는가? 교사들은 프로젝트 수업을 어떻게 이해하고 있는가? 교사들은 프로젝트 수업 운영을 위해 무엇을 요구하는가? 등의 핵심 질문을 가지고 12개의 4지 선택형과 1개의 서술형 등 총 13개의 문항으로 구성하였다.

이 달력을 탐구 프로젝트를 완결하기 위해 여러분의 시간을 계획하는 데 활용하세요. 여러분의 연구과정이 도서관의 시간과 집에서의 시간을 꼭 포함하도록 유의하세요. 탐구 프로젝트가 진행되는 동안 다른 숙제는 없습니다. 부디 시간을 현명히 사용하세요.

7.7(월)	7.8(화)	7.9(수)	7.10(목)	7.11(금)	7.12(토)
- 프로젝트 설계 완료와 검토	- 학급 특성 및 학생 개성의 파악과 활동팀 구성		- 프로젝트 주제에 따른 다양한 자료 탐색 안내	〈1차시: 주제 선정〉 - 프로젝트 안내 - 주제 선정을 위한 브레인스토밍 - 7/14(월)까지 조별 가설(안)과 참고도서 목록 제출	
7.14(월)	**7.15(화)**	**7.16(수)**	**7.17(목)**	**7.18(금)**	**7.19(토)**
- 설정할 가설(안)과 참고목록 제출 및 자료 독서(조별)	〈2차시: 가설 설정〉 - 가설 설정을 위한 조별 토론과 발표 - 프로젝트 수행방법 결정 및 탐구를 위한 개인별 역할 나눔 ☞ 제출		〈3차시: 탐구1〉 - 조별 토의를 통한 고려 및 조선 중기의 여성 생활 분야별 탐구와 결과 정리(제출)	- 탐구2 수행을 위한 텍스트 선정 및 자료 분석하기	
7.21(월)	**7.22(화)**	**7.23(수)**	**7.24(목)**	**7.25(금)**	**7.26(토)**
〈4차시: 탐구2〉 - 조별 토론을 통한 문학 속에서 읽는 서양의 여성의 지위와 역할 - 새로운 여성 정체성의 모색과 동의	〈5차시: 표현〉 - 연구결과의 내면화 - 성차별 없는 조화로운 사회를 위하여 연구결과를 다양한 표현으로 정리 - 최종표현물을 활용한 사회적 실천방안 토론		〈6차시: 공유적 /사회적 실천〉 - 연구결과의 확산과 배움의 실천역량 고양을 위한 사회적 실천 수행	- 프로젝트 수행 과정상의 개인별 성찰일지 제출 - 프로젝트 수행평가 작성 및 제출(개인별/조별)	

: 케이스 스토리 16 :

〈여성의 삶〉 프로젝트 수업

〈여성의 삶〉 프로젝트 수업은 다음의 과정으로 진행할 수 있다.(···, 일정표, 프로젝트 수업, 타임테이블)

1차시 : 주제 선정

1) 준비단계

융합수업을 시작하기 전 잠시 시간을 내어 학생들과 융합수업 교수학습과정안을 같이 읽어보면서 수업에 대한 큰 그림을 공유하고 본인들이 학습할 내용에 대해 미리 생각해보게 했다. 학생들은 교과 융합수업에 대한 경험이 별로 없어서인지 영어와 한국사가 어떻게 융합될 수 있는지, 두 선생님의 수업 운영은 어떻게 이루어지는지에 대하여 주로 질문하였고, 간혹 평가계획에 대해 구체적으로 질문하는 학생도 있었다. 또 학생에 따라서는 프로젝트를 수행해나간다는 의미를 재미있게 받아들이기도 하고 다소 부담스러워하는 경우도 있었다. 따라서 프로젝트 수행 단계를 상세히 알려주는 준비단계는 학생들에게 배울 수 있는 용기를 갖게 하고 수업의 주도성을 갖도록 촉구하는 좋은 활동이므로 일부러 시간을 만들어서라도 꼭 해야 한다. 이때 프로젝트 수행을 위한 자료탐색에 대한 안내도 빼놓을 수 없다. 학생들이 자료를 탐색하기 위하여 주로 인터넷 검색엔진이나 블로그를 활용하는 경우, 부정확한 정보가 포함되어 있을 수도 있다는 점을 인지시키고 국회도서관 등 권위 있는 도서관에서의 자료 탐색을 권장하였으며 학교에서 활용한 교과서와 수업자료도 적극 활용하도록 안내하였다.

2) 탐구주제 선정

이 프로젝트는 우선 한국사과의 성취기준과 영어과의 성취기준을 기반으로 학습자의 흥미와 몰입을 끌어낼 수 있도록 학습자가 주도적으로 참여할 수 있는지, 내용이 학생들의 삶과 밀접하게 관련되어 있는지 등을 고려하여 '여성의 삶'이라는 대주제를 선정하였다. 이에 따라 본 차시에서는 우리나라 역사 시대별 여성의 사회적 지위와 서양 여성의 사회적 지위, 이 두 가지 소주제에 대하여 개별적으로 브레인스토밍하고, 학급 전체로 모여 아이디어를 공유한 후 다시 모둠별로 모여 모둠별 탐구주제를 선정하는 시간을 가졌다. 학급 전체의 아이디어 공유를 위해 학생대표가 회의를 이끌었으며 제시되는 의견은 모두 칠판에 적어나갔다.

우리나라 역사시대별 여성의 사회적 지위에 대하여는 학생들이 한국사 수업시간에 고려시대 여성의 사회적 지위에 대해 이미 학습한 상태였으므로 신분 제도를 바탕으로 고려의 친족 제도, 혼인, 풍속, 여성의 지위 등에 대해 비교적 구체적인 내용들이 많이 나왔으며, 우리나라와 서양의 여성의 삶을 동시대적으로 비교해보려는 시도도 있었다. 또한 여성 대통령의 등장과 여성들의 적극적인 사회참여 현상들을 빈번하게 언급하였다. 한편, 서양 여성의 사회적 지위에 대한 브레인스토밍의 경우, 결혼 후 남편의 성을 따르는 문화처럼 영어시간에 다루었을 법한 사실과 '여성의 정치참여가 우리나라보다 많을 것이다.'와 같이 학생들이 추측한 내용들이 많았다. 전체 공유 시간에 이어 학생들은 모둠별로 만나 브레인스토밍에서 제시된 아이디어 중 가장 탐구하고 싶은 주제를 정하고 그에 따른 가설을 설정하여 2차시까지 탐구계획서를 작성해 오기로 했다.

| 개별 브레인스토밍 | 학급 전체 브레인스토밍 | 브레인스토밍 결과 정리 |

2차시 : 가설 설정

일반적인 과학가설*과는 다르게 탐구학습의 가설은 검증결과에 있어서 진위를 판가름할 수 있는 명제이어야 한다는 조건보다는 프로젝트 해결과 관련한 중요한 것이어야 하고 학습의 과정이 흥미 있는 것이어야 한다. 본 프로젝트 수업에서 가설 설정의 단계를 설정한 것은 단순히 탐구학습의 절차이기 때문이 아니라 가설을 설정해보는 자체가 주제에 대해 배워나가는 배움의 과정이라고 생각했기 때문이다.

2차시 가설 설정 단계는 본 프로젝트의 중요한 탐구단계이지만 학생들이 접해보지 않은 방법이기 때문에 수업계획 단계에서부터 치밀한 설계가 필요했다. 우선 가설의 개념에 익숙하지 않은 학생들이 처음부터 잘못된 방향으로 나가지 않도록 가설 설정의 가이드라인을 제공하였으며 과학과 등 다른 분야에서 했던 가설 설정 방식을 응용해보도록 안내했다. 그러나 학생들의 창의적 사고를 제한하지 않기 위해 모둠별 가설 설정에 교사의 개입을 최소화하였으며, 수정이 필요한 경우에도 직접 수정 내용을 알려주기보다는 수정 방향만 제시해주었다. 이런 과정 때문에 5조의 가설은 우리나라 조선시대와 서양의 중세 봉건사회를 동시대로 비교하는 가설을 발표했는데, 다른 모둠의 학생들이 오류를 발견하여 수정해주는 모습을 보여 교사가 주도하는 강의식 수업에서 볼 수 없었던 학생들의 주도적 학습능력을 볼 수 있었다.

2차시는 1차시에 모둠별로 작성한 탐구계획서를 바탕으로 각 모둠의 가설을 발표하고 학급의 대표 가설을 선정하는 순서로 진행된다. 가설 발표 시에는 발표자의 가설 소개 후 다른 모둠들이 그 가설의 의미와 타당성, 탐구 가능 여부 등에 대하여 자유롭게 질문하고 토론하는 시간을 가졌다. 발표된 여섯 개의 가설 중에서 각 모둠은 더 공부해보고 싶은 매력적인 가설을 고르고 그 이유를 얘기하였으며, 그 과정에서 가장 많은 표를 받은 우리나라 여성의 지위에 대한 가설 하나와 서양의 여성의 지위에 관한 가설 하나를 학급의 대표 가설로 선정하였다. 학생들이 발표한 여섯 개의 가설은 다음과 같다.

- 고려의 여성은 조선의 여성보다 더 많은 재산을 상속받을 수 있었다.
- 우리나라 여성의 사회적 지위가 변화한 이유는 종교이다.
- 서양 동화나 영화에서 양성불평등의 모습을 찾아볼 수 있다.
- 앞으로 우리나라의 여성의 지위는 더 높아질 것이다.
- 코르셋의 변화가 여성의 사회적 지위에 영향을 주었다.
- 중세 시기의 서양 여성보다 우리나라 여성의 지위가 더 낮다.

조별로 자신들이 설정한 가설이 다른 학생들에게 타당한 명제로서 설득력을 가질 수 있게 가설 설정의 이유와 탐구방법, 사용할 텍스트 등을 제시하도록 하였다. 조별로 설정한 가설들은 한국사과와 영어과의 교과 성취기준을 잘 유념한 상태에서 다양한 시각으로 주제를 바라보고 있음을 나타낸다. 여성의 지위가 변화하는 원인에 대한 탐구가 필요하다고 느끼는 조는 각기 종교와 코르셋이라는 전혀 다른 접근을 시도하고 있어 재미있다. 여성의 사회적 지위에 대하여 본격적으로 다양한 텍스트를 다루려는 조도 있고, 비교론 측면에서 고려와 조선의 여성을, 서양의 여성과 우리나라의 여성의 지위를 살펴보려는 시각도 있었다.

★ 브리태니커 백과사전에 따르면 가설(hypothesis, 假說)은 이미 알려진 한 사실이나 사실들에 대한 설명을 연역해낼 수 있는 어떠한 가정이다. 가설의 주요한 목적은 이미 알려진 사실들의 원인을 추측하여 설명해내는 것이다. 그러나 가설은 검증되지 않은 것으로, 어디까지나 추측이고 잠정적인 것이며 이 가설이 검증되어 타당성이 판명될 경우에만 이론으로서 자격을 갖추게 된다.

다른 조의 학생들은 가설에 대해 궁금하고 미흡하다고 생각하는 부분을 질문하게 하였는데, 그 과정에서 놀랍게도 스스로 배움을 확산시키면서 해당 가설을 더욱 정교화하는 데 도움이 되는 질문들이 많아 수업이 점차 흥미로워지는 양상을 띠게 되었다. 예를 들면 1) 디즈니 애니메이션 대부분이 남자의 도움 없이는 문제를 해결하지 못하는 모습의 여성상을 그렸다고 설명하자 〈미녀와 야수〉에서 벨의 착한 마음이 남성인 야수를 변화시키는 것 아니냐는 질문을 던진다거나 2) 코르셋이 여성의 지위에 영향을 미쳤을 것이라는 추론에 대해 귀족 여성의 의상인 코르셋을 살피는 것이 일반 여성들의 지위에 미치는 영향을 설명할 수 있는가 하는 질문을 하였다.

여섯 조의 가설은 증명해야 할 가설인 동시에 모두 자신들이 알고 싶은 소주제이기도 하다. 교수학습 과정안에는 두 개의 대표 가설을 설정하기 위해 조별로 지지 발언을 하고 투표를 하는 것으로 되어 있었다. 처음에 대표 가설을 뽑기로 한 것은 학생들의 가설이 낮은 수준에서 만들어져 교과 성취기준과 동떨어진 내용이 나올 것에 대비한 교사들의 노파심에서 비롯된 것이었다. 그러나 학생들은 성취기준을 내면화하고 중요하고도 흥미로운 소주제(가설)를 만들었으므로 그러한 교사들의 생각은 기우였음을 알게 되었다. 따라서 각 조의 가설을 모두 인정하여 탐구하게 하는 것이 어떨까 하는 욕심도 났지만 수업이 진행되는 중이라 애초의 과정안대로 두 개의 대표 가설이 정해졌다.

- 가설 1. 우리나라 여성의 사회적 지위가 변화한 이유는 종교이다.
- 가설 2. 서양의 동화나 영화에서 양성불평등의 모습을 찾아볼 수 있다.

수업 초반에 산만하고 준비가 덜 된 듯이 보였던 학급의 수업 분위기는 학생들이 발표와 토론을 계속해나가는 동안 전체 학생이 주제에 몰입하여 진지하고 흥미로운 태도를 유지하였다. 더구나 날카롭고 새로운 지식을 요구하는 확산된 질문과 자신이 가진 지식을 재구성하여 핵심에 닿는 답변을 보여주는 학생들의 학습수준에 놀라움과 깊은 감동을 받았다.

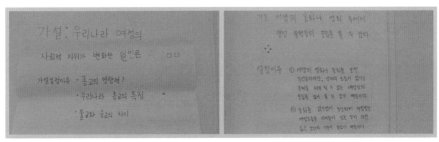

확정된 대표 가설

모둠별 가설 설정   **모둠별 가설 발표**

3~4차시 : 탐구

1) 조별 탐구활동

2차시에 걸친 탐구 단계는 사실상 학생들의 자체적 조별 탐구활동을 포함하며 주로 교과와 직접적으로 관련된 인지적 창의적 배움이 일어나는 단계이다.

학급의 대표 가설 설정 이후 학생들은 두 개의 가설 중에서 자신이 탐구할 가설을 함께 결정한 후 모둠별 탐구계획서를 내고 가설을 검증하기 위한 세부사항을 한 부분씩 맡아 자료조사를 시작한다. 이때 교사는 학생들의 탐구계획서를 살펴 탐구의 방향을 잡아주고, 탐구에 필요한 자료를 보완해주며 조원 간의 역할을 검토하여야 한다.

본 프로젝트의 주제인 〈역사 속의 여성의 삶과 지금 여기의 나〉는 혼자서 해결할 수 있는 정도의 수준이나 내용을 넘어서 협력의 가치를 경험할 수 있는 내용과 과정의 학습이다. 따라서 조별 학생들 간의 협력과정과 공동작업이 필요하며 탐구 및 프로젝트 전체 단계에서 학생들이 프로젝트 수행에서의 역할을 분담하게 된다. 이때 유의할 점은 수업에서 특정한 기능적 역할에 한정하여 학생들의 분담이 이루어져서는 안 되며 주제의 내용적 탐구의 과정에 모든 구성원이 역할을 하도록 교사가 잘 조절하여야 한다는 것이다. 예를 들면 처음 학생들이 프로젝트 수행의 전체 과정에 대하여 안내를 받았을 때 6명으로 구성된 각 조별로 각각의 단계에서 주요 역할을 할 학생을 정한 경우가 있었다. 주제 선정의 단계에서 주로 아이디어를 낼 사람, 가설 설정을 하고 이를 발표할 사람, 탐구하고 발표할 사람 등 프로젝트 단계별로 하나씩 맡게 되면 나머지 학생들은 자신이 맡은 과정 외에는 배움에서 스스로 소외될 가능성이 매우 높다. 따라서 이 경우 각 단계마다 아이디어를 함께 내고 탐구 과정에서도 가설을 증명하기 위해 여러 내용을 하나씩 탐구하여 그것을 조원들과 공유하고 전체적으로 재구성하는 모양이 되어야 함을 지도해준다.

2) 탐구 : 가설 1

가설 1은 한국사 영역으로 "우리나라 여성의 사회적 지위가 변화한 이유는 종교이다."로써, 3개 조가 조별 토의를 통한 우리나라 시대별 여성생활에 대하여 분야별로 탐구하고 그 결과를 정리하여 발표하였다. 모둠별 탐구활동을 통하여 각자의 탐구 내용을 바탕으로 내용을 재구성하여, 본 수업시간에는 주로 조별 발표를 통해 다른 학생들과 탐구내용을 공유하는 기회가 되었다. 일반적인 강의식 수업에서 학생들은 해당 수업시간에 자신이 무엇을 배우게 될지 모르며, 자신의 의지와 학습내용 사이에는 상관이 없으므로 수동적 존재에 머문다. 특히 일반계 고등학교에서는 선생님이 일목요연하게 정리해주는 교과 내용을 잘 이해하여 암기하고 객관식 지필평가를 치르고 나면 잊어버려도 되었다.[*] 프로젝트 수업에서는 교과 성취기준에 따른 대주제를 바탕으로 학생들 자신이 주제를 선정하고 직접 과제를 수행해가기 때문에 수업의 내용 요소들이 학생들 마음속에 내면화되어 진정한 배움이 일어나게 된다. 3차시 학생들이 진행하는 한국사 영역의 탐구수업을 지켜본 결과 발표를 포함한 탐구과정에서 학생들이 스스로 찾은 배움의 모습은 놀랍게도 강의식 수업에 비할 바가 아니었다.

첫째, 학생들은 수업의 방향과 목적을 잘 알고 있으며 탐구과정에서 교과 성취기준에 도달하기 위해 스스로 노력하고 있었다. 우리나라 여성의 사회적 지위의 변화 양상을 알기 위한 탐구로써 시대별 여성의 사회적 지위를 나타내는 여성생활 모습이나 사회적 제도 등의 관련 내용 요소를 정확하게 파악하고, 각 요소에 대한 내용들(친영제도·부거제와 비친영제·모거제, 이혼과 재혼의 자유, 호적등재 및 족보승계·호주상속, 재산상속과 제사의무, 음서제 혜택 등)을 조별로 탐구한 후 그 내용을 재구성하였다. 이를 통해 여성의 지위가 유의미하게 변화하거나 성장한 시기를 '고려−조선 중기−근대'로 설정한 후 각 시기 여성의 사회적 지위의 수준을 정리하였다. 특히 일반적인 역사 발달의 모습과는 다르게 조선사회보다 고려사회에서 여성의 생활이 한층 자유롭고 권리가 컸다는 점을 불교의 평등사상으로 설명하는 뛰어난 논리력을 보여주었다.

둘째, 학생들은 탐구과정에서 수업 주제와 관련하여 한층 깊은 학습수준으로 배움을 심화하였다. 여성의 사회적 지위에 종교가 영향을 끼쳤다는 가설을 검증하기 위해서 시대별로 주요 종교를 찾아내고, 그 종교가 가진 특성 가운데 여성의 사회적 지위와 연관된 평등성을 중심으로 탐색하였다. 선사시대부터 우리나라 근대에 이르기까지 시대별 종교와 그 종교가 당대인들에게 끼친 영향을 정리하면서 각 종교에서 평등사상을 담는 핵심사상을 잘 설명했다. 즉 학생들은 여성의 사회적 지위를 공부하면서 스스로 필요하다고 생각되는 우리나라 종교의 사회적 특성까지 알아보는 등 스스로 배움을 심화하는 존재인 것이다.

셋째, 학생들은 자신들이 선택한 수업 주제를 알아보기 위하여 다양한 텍스트를 적극 활용하였으며 자신들의 배움을 다른 학생들과 공유하는 데에도 열정적이었다. 『고려사』 충렬왕조에 나오는 일부다처제를 주장하다 봉변을 당했다는 고려 재상 박유의 이야기를 생생하게 소개한다든지, 조선 중기 여성의 사회적 지위와 관련된 여필종부(女必從夫), 삼종지도(三從之道), 현모양처(賢母良妻), 출가외인(出嫁外人), 칠거지악(七去之惡) 등 유교적 생활 모습을 비교하였다. 한편 인터넷 검색으로 프로젝트 주제와 관련한 최신간 저서로 『조선에서 여성으로 산다는 것』(임유경, 2014)을 찾아내어 성리학적 사회질서 속에서 순종적인 삶을 살아가는 조선 여성 가운데 남성 이데올로기에 항거하고 인간답게 살고 싶은 욕망을 드러낸 다양한 역사기록을 소개하였다. 또 학생들은 탐구내용을 발표하는 활동에서도 프레지나 PPT 등을 이용하여 다양한 프레젠테이션을 준비하였고, 발표하는 학생이나 청취하는 학생 모두 진지하고 열정적이어서 교사의 강의식 수업시간의 모습과는 비교할 수 없을 정도였다.

★ 한국사 과목은 수능에서 선택과목으로 변경된 뒤 매년 하락세를 보여왔다. 2005학년 27.7%에서 △2006학년 18.3% △2007학년 12.9% △2010학년 11.3% △2011학년 9.9% △2012학년 6.9%로 국사를 선택하는 학생은 해마다 줄고 있다. 서울대가 한국사를 필수로 지정했기 때문에 서울대에 응시할 소수의 학생들에게만 한국사가 의미 있는 과목이 되어버린 것이다. 따라서 2017년 수능부터 한국사를 필수로 지정한 조치는 환영할 만한 일이다.

3) 탐구 : 가설 2

먼저 영어 영역 대표 가설 "서양의 동화나 영화에서 양성불평등의 모습을 찾아볼 수 있다."는 가설을 검증하기 위하여 각 모둠은 각자 자유롭게 텍스트를 선정하였다. 처음 이 가설을 세울 때에는 고전적인 영어 동화에서 남자의 도움 없이는 독립적으로 행복하게 살지 못하는 여자 또는 공주의 모습을 비판적으로 검토해보려는 생각으로 시작했지만 학생들은 텍스트의 범위를 영화, 팝송, 광고에까지 확장시켜 탐구를 진행해나갔다. 또한 양성불평등을 담은 동화가 있는 반면 이를 패러디한 동화들도 있다는 것을 발견하여 이를 찾아내 같이 읽고 탐구의 범위를 스스로 확장시켜나간 것은 참으로 인상적인 일이었다. 『Sleeping Beauty』, 『Snow White』와 같은 고전적인 동화나,

영화 〈The Other Boleyn Girl〉(2008), 팝송 〈Barbie girl〉(sung by Aqua)를 분석한 모둠들은 대부분 양성불평등의 요소를 하나하나 짚어내어 양성불평등의 요소가 있다는 가설을 확인했다. 반면에 『Paperbag Princess』(Robert Munsch)와 같은 비교적 현대에 쓰인 동화와 Christina Aguilerra의 노래 〈Can't hold us down〉을 탐구한 학생들은 영미문화권에서 기존에 존재하던 양성불평등적인 면을 문학이나 여러 가지 문화적 텍스트를 통하여 개선하려는 노력을 하고 있다고 소개하기도 하였다. 영화나 뮤직비디오의 한 장면을 직접 소개하고 분석한 내용을 덧붙여 그 어느 때보다도 학생들의 몰입도가 높았으며, 어려운 단어나 표현을 친구들의 눈높이에 맞추어 쉽게 설명하려고 노력하는 모습을 볼 수 있었다.

각각의 프레젠테이션 후 영어교사는 텍스트 속에서 학생들이 미처 파악하지 못한 성차별적 영어 표현이나 내용에 대하여 짚어주었으며 텍스트를 단순히 해석하는 수준을 크게 벗어나지 못한 모둠에게는 탐구가 단순히 지식을 조사하는 것에서 그치지 않고 조사한 지식과 자료들을 재정리하여 연결성을 알아내고 질문에 대한 답을 도출하는 것이라는 설명도 다시 한 번 해주었다. 영화를 분석하기로 한 모둠은 처음에는 영화를 영어자막으로 보려고 하였으나 너무 어려워 결국 한글자막과 영어자막을 같이 활용하고, 탐구에 중요한 표현만 영어로 정리하는 아쉬운 면을 보였다. 그럼에도 불구하고 교사는 학생들의 시도를 격려하였으며 학생들도 그 과정에서 영화를 원어로 쉽게 알아들을 수 있도록 더 열심히 영어공부를 해야겠다는 생각을 하게 되었다. 학생들에게 텍스트를 선택할 권한을 부여하는 것이 탐구의 내용을 풍성하게 만드는 방법임에는 틀림없으나 영어교과의 특성상 교사가 끊임없이 학생의 수준에 적절한 텍스트를 발굴해야 할 필요성도 절감하였다. 아울러 학생들에게 효과적인 피드백을 해주고자 하는 과정에서 교사도 학생과 함께 배우면서 성장해감을 알게 되었다.

활용한 PPT/수업 텍스트   탐구 발표 자료   탐구 발표 사진

5~6차시 : 표현 및 사회적 실천

5차시에서는 지금까지 탐구하면서 배운 내용을 바탕으로, 미적으로 완성도 있고 자신의 배움을 담을 수 있는 표현물을 기획하고 계획하였다. 표현물은 학습자가 프로젝트 학습의 결과를 재구성하고 정리해서 드러냄으로써 타인에게 자신의 생각을 전달하는 프로젝트 수업의 최종 단계로 탐구의 결과를 정확하게 전달하는 능력을 기르게 하는 활동이다.

학생들은 우선 표현유형과 표현언어를 결정하고 표현의 주제 및 스토리보드를 간략하게 정리해보았으며, 역할 분담을 통해 각자 맡은 역할대로 표현물 제작에 들어갔다. 학생들이 제시한 표현의 형식에는 노래 가사 바꿔 부르기, 양성평등 캠페인 문구 제작, 설문지 작성, 논설문 쓰기, 만화 그리기 등이 있었다. 표현언어는 영어와 우리말 중에서 선택하였으며 캠페인 활동을 하겠다고 한 모둠은 국어, 영어, 중국어 등 세 가지 언어로 양성평등 캠페인을 실시하였다. 만화 그리기와 융합수업을 주제로 한 영어 에세이는 완성 후 교내 다국어신문에 기고하여 배움의 결과를 전교생과 공유하였다. 표현 단계에서는 표현물에 학습한 내용을 최대한 반영할 수 있도록 지도하였고, 타인에게 제대로 의미를 전달하고 효과적으로 소통하기 위해서 자신이 획득한 지식과 정보를 표현하는 방법에 대해 고민할 것을 강조했다. 표현의 방법을 다양하게 하기 위해 한 모둠 안에서도 서로 다른 표현방법을 허용했으며 학습자 스스로가 표현물에 대하여 애착과 자부심을 가질 수 있도록 정성스럽게 프로젝트를 마무리하도록 지도하였다.

제작된 표현물을 가지고 급우나 시민을 대상으로 '역사 속 여성의 삶과 지금의 우리'를 생각해보게 하는 사회적 실천 프로젝트를 기획하였는데, 예를 들어 본 융합수업에서 배우고 느낀 점을 영어에세이로 작성하여 교내 다국어신문에 기고하여 양성평등에 대한 인식을 넓힌다거나, 본교 재학생을 대상으로 학교생활에서 양성불평등을 경험하였는지 설문조사를 하여 이를 개선하기 위한 방법을 모색하는 것 등이다. 사회적 실천 단계에서는 간단하게라도 학교나 지역사회의 다른 구성원들과 표현물을 공유하여, 배움을 실제의 삶에 적용 및 활용함으로써 배움을 내면화시키고 사회구성원과 함께 실천의 장을 열어가는 데 그 의의가 있다.

학생 표현물 예시

[표현물 1] 융합수업에 대한 영어 에세이 쓰기

At first when the English teacher told 2-9 about the Korean history-English interdisciplinary class, no one seemed to greet the news since it required too much work when it's supposed to be a very loose week. The classes were proceeded right after the finals week, which got everyone to be mad. However, as the class went on, some students appeared to get interested. The topic was about comparing the images of Western and Korean female. The process of doing everything by the students themselves made the classmates get involved in the lesson, thus leading more students to be positive about the interdisciplinary class.

In the actual project, my group thought that Western women's low status in the past had been well expressed in books and movies. We started our research on Western female's status that was revealed in children's book such as Snow White, The Paper Bag Princess, and The Piggy Book, and found some parts that are related to the topic. We then translated those sentences and gave enough analysis to convince the audience. Traditional fairy tales like Snow White shows that Western females were greatly dependent on men, and that men took the leadership in the society.

However, we also found out that some of the modern children's books as The Paper Bag Princess or The Piggy Book reflected the equality of both genders. Therefore in our presentation, we have concluded that not all of the children's books illustrate low status of women, and that it's because the books reflect the reality while women's social standing is changing gradually as time passes.

This interdisciplinary class let students look at the topic about Western women's social status on various perspectives because all of the classmates shared their opinion with one another. We even could earn a lot of knowledge in historical aspects since other groups had a presentation on the transition of Korean female's position in society. It must have been a hugely meaningful and valuable experience for the students to talk to classmates freely about a high-level research topic.

[표현물 2] 노래 가사 바꿔 부르기

원곡: 〈아는 시대 얘기〉

내가 아는 시대 얘기해줄게 오래전 채집 수렵부터 시작한 그냥 오래전 얘기
그때는 남성 여성 평등 너는 어떻게 생각해
아 지금 얘긴 절대 아냐 그냥 남녀 평등했던 시절
삼국시대 시작했대 농사짓다 보니 노동력 필요했대
선사시대에서 평등이라 하던 그가 논밭에서 떵떵거렸네
들어왔나봐 당나라 유교가
백제 통해 고구려 신라로
그때부터 시작됐나봐 남녀차별
그만큼 유교 중요한가봐
이제 불교 믿고 모두 평등한 세상
부처님 절도 짓고 불탑도 쌓고
수고스럽지만 여자도 제사 지낼 수 있어서
부모 돌아가심 평등상속 가능해져서
그렇게 남녀 평등했대
여기까진 스토리 좋잖아 남녀모두 평등 근데 그 시대가 언제냐고
바로 고려시대

[표현물 3] 영어 만화 그리기

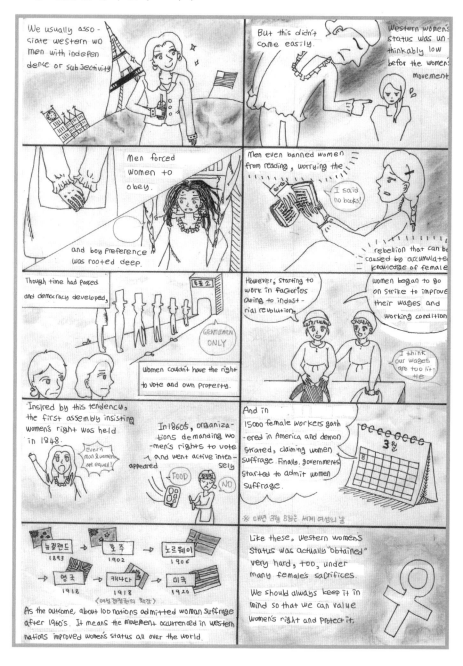

〈여성의 삶〉 프로젝트 수업 표현과 평가는
어떻게 할까?

　〈여성의 삶〉 프로젝트 수업에서는 학생들과 함께하는 수업평가로 배움과 성장을 확인하였다. 프로젝트 수업을 성공적으로 진행하기 위해서는 학생들의 성취기준 도달 여부뿐만 아니라 프로젝트 과정 내내 학생들의 수행 정도를 평가할 수 있는 평가방법을 잘 마련해야 한다. 다시 말하면 수업을 통해 학습자의 과제수행능력이 얼마나 향상되는지, 학습자의 능력에 비하여 프로젝트 과정에 얼마나 성실하게 참여하고 모둠의 성취에 기여했는지를 효과적으로 평가할 수 있어야 한다. 아울러 본 수업을 통해 학생들이 현재 우리 사회에서 여성의 삶에 관심을 갖고 양성평등을 위해 작지만 의미 있는 노력을 하려는 마음가짐을 가지는 것과 그 실천 또한 평가의 한 부분으로 포함되어야 한다.

　본 융합수업은 앞에서도 언급했듯이 교육과정 취약기에 지필평가와 연계하지 않고 이루어진 수업이므로 선다형 및 서술형 논술형 문항은 출제하지 않았다. 그러나 프로젝트가 이루어지는 동안 교사가 학생 개개인의 태도와 수행을 면밀히 관찰하여 기록하였다가 그 내용을 학년 말에 학교생활기록부 과목별 세부능력 특기사항란에 기재하는 평가방식을 택하였다. 아울러 각 수업 후 학생의 성찰일지와 교사의 수업성찰일지를 통하여 본 프로젝트 수업을 평가하고자 한다.

세부능력 특기사항

세부능력 특기사항을 기재할 때는 특히 학생 개개인의 특성과 희망 진로, 프로젝트 과정을 통해 발전하는 모습, 친구들과 의사소통을 통해 협업을 이루어가는 과정 등을 고려하였다. 다음은 실제 한 학생의 세부능력 특기사항에 기재한 내용의 일부이다.

7차시에 걸친 한국사 영어 융합수업에서 서양의 동화와 영화 속에 양성불평등의 요소가 있다는 가설을 내놓아 학급의 대표 가설로 선정되었음. 프로젝트 초반에 모둠원들 사이 원활한 협업이 되지 않아 다소 힘든 부분이 있었지만, 프로젝트가 계속 진행되면서 모둠원들과 지속적으로 상대방을 배려하는 의사소통을 통해 역할을 분담하고 과제를 효율적으로 해나갔음. 가설을 검증하기 위하여 영어로 동화책을 읽고 텍스트를 비판적으로 분석하여 양성평등에 대한 민감성이 발전하고 있음을 보여주었음. 앞으로 미술을 전공하고자 하는 학생으로, 수업을 통해 느낀 점을 영어 만화로 그려 교내 다국어신문에 기고함으로써 배움을 사회적 실천으로 연결하기 위한 노력이 돋보이는 학생임.

학생 성찰일지

학생 성찰일지에서 주목할 만한 내용 몇 가지를 제시하고 그에 따른 시사점을 분석하였다.

양○○ : 이번 조사에서 서양의 영화를 통해 중세 시대 남녀차별의 모습을 생생하게 볼 수 있어 좋았다. 또, 자료를 조사하면서 여러 페미니즘 영화를 접하여 여성의 지위에 대한 생각의 폭을 넓힐 수 있었다. (중략) 책이나 영화같이 대중이 자주 접하는 매체에 더욱 능동적인 여성의 모습을 그려낸다면 실제 사회에서의 남녀차별도 조금씩 개선될 것이라는 생각도 들었다.

학생 성찰일지를 통하여 학생들이 교사가 제시한 텍스트를 탐구하는 대신, 탐구 자료를 직접 수집하게 되었을 때 특히 상위권 학생인 경우 주도적으로 자료를 취사선택하는 과정을 진행하면서 지식의 연결과 확장을 이루어나가는 과정을 볼 수 있었다. 초기 단계에는 단순히 본인이 과거에 봤던 양성불평등 요소가 포함된 영화를 떠올려 탐구를 시작했지만 점점 다양한 텍스트의 분석을 시도하고 그중 소수의 양질의 텍스트를 선택하여 탐구하는 결코 만만치 않은 과정을, 시키지 않아도 자연스럽게 이루어가는 모습이었다.

> **우○○ :** (생략). 융합수업에서 토론하면서 친구들의 다양한 생각에 많이 놀랐다. 나는 내 생각을 발표하고 친구들과 얘기하는 것을 좋아하는데, 평소 한국사나 영어 수업에서는 토론이나 발표할 기회가 잘 없어서 아쉬웠다. 그러나 이번 융합수업에서는 모둠별 토론도 유익했고, 발표도 많이 하면서 적극적으로 수업할 수 있었다.

위 학생은 이번 융합 프로젝트에서 가장 발표와 토론을 활발히 한 학생 중 한 명이다. 모둠별 브레인스토밍 결과를 종합하여 모둠 대표로 발표하였으며, 모둠별 탐구 결과를 발표하는 역할도 하였다. 그러나 이 학생은 평소 강의식 수업에서는 거의 말을 하지 않던 조용한 학생이다. 강의식 수업에서 눈에 띄는 학생은 교사가 정해진 답을 염두에 두고 질문했을 때 정확한 답을 척척 말하는 학생이다. 그러나 그러한 정답을 말하지 못하는 학생은 수업시간 내내 말 한마디 하지 않고 앉아 있는 경우가 많다. 융합 프로젝트는 위 학생처럼 매번 정답을 맞히지는 못하지만 아이디어가 많고 알고 싶은 것이 많은 학생들을 돋보이게 했다.

김○○ : 오전에는 너무 졸려서 대부분의 수업시간에 잠을 잔다. 그런데 이번 프로젝트 수업에서는 수업에 참여하고 초등학교 때처럼 발표도 하였다. 다른 모둠의 아이들이 우리 모둠의 발표 내용에 대해 반대의견을 내놓았기 때문에 가만히 있을 수 없어서 발표하게 되었다. 나는 여성들의 하이힐이 보도블록에 끼지 않도록 국가의 세금으로 보도블록을 교체하는 것은 양성평등이 아니라 세금의 낭비이고 역차별이라고 생각한다. (…)

평소 영어에 관심이 없고 영어시간에 무기력하게 있던 학생이 한국사 융합프로젝트에서 토론에 적극적으로 참여하거나 남들이 생각하지 못한 아이디어를 내놓는 등 눈부신 활약을 하는 경우를 보게 되었다. 수업을 시작할 때도 엎드려 자고 있었는데 어느새 모둠별 토의에 참여하고, 나중에는 다른 모둠의 의견을 반박하기 위하여 손을 들고 발표도 하였다. 자신의 생각을 공유하고 함께 문제를 해결하는 과정을 중시하는 프로젝트 방법 때문에 수업 태도에 대하여 긍정적인 변화를 보게 된 것은 교사로서도 굉장히 행복한 일이었다.

교사 수업성찰

평소 영어수업 시간에 여성의 인권과 양성평등에 관한 텍스트를 접하게 되면, 영어로 된 텍스트를 훌륭하게 해석하여 내용 이해 문제도 다 맞추지만, 실제로 왜 여성의 외모만을 강조하는 것이 성차별인지 이해가 되지 않는다고 말하는 학생을 자주 만난다. 그러나 그런 학생들을 위하여 양성평등 교육을 하기에는 진도 나가기를 기다리는 주변 학생들의 시선이 너무 따가워, 그저 해석하고 단어 뜻을 알려주는 것으로 교사의 소임을 다했다고 위안하며 교실을 나오게 된다.

그런 경험들로 인해 이번 역사＋영어 융합 프로젝트는 영어과의 입장에서 영어수업의 한계를 극복할 수 있는 의미 있는 시도였다. 한국사 융합 프로젝트를 통해 그동안 시험을 위하여 피상적으로 읽을 수밖에 없었고, 그래서 학생들의 마음에 가 닿을 수 없었던 텍스트의 내용에 대한 이해도를 높이고 더 나아가 학생들의 삶에서 양성평등을 실천할 수 있는 계기가 되었다. 특히 이번 프로젝트에서 다양한 종류의 영어텍스트를 단순한 해석에 그치지 않고 비판적 태도로 행간을 읽으려고 해보았다는 것은 일상생활에서의 읽기를 위해서도 중요한 시도라고 생각한다.

그동안 시도된 여러 융합 프로젝트에서 흔히 영어는 단지 프로젝트의 표현물을 제작하는 도구언어로서만 존재해왔던 것이 사실이다. 그러나 본 프로젝트에서 진행했듯 학생들이 일상에서 쉽게 접할 수 있는 영어 텍스트를 통해 영미문화의 한 단면을 읽어내려는 시도는 영어도 탐구형 프로젝트의 한 가지 주제로서 역할을 할 수 있다는 것을 보여주었다.

그러나 그러한 성과에도 불구하고 고등학교의 수업 현실에서 교과융합프로젝트를 실시하는 데에는 어려움이 존재한다. 첫째는 교사-교사 간, 학생-교사 간, 학생-학생 간 의사소통의 양과 질이다. 프로젝트에 참여하는 교사들은 프로젝트 기획 단계부터 수업이 끝날 때까지 끊임없이 만나 의견을 나누고 진행상황을 체크해야 한다. 특히 한 학년을 여러 명의 교사가 담당하고 프로젝트의 학습내용을 평가에 반영하기 위해서는 교사 간의 의사소통이 무엇보다 중요한 요소이다. 또한 프로젝트가 원활히 진행되기 위하여 교사는 바쁜 일과 중에서 수업시간 외에도 틈틈이 직접, 또는 이메일을 통하여 학생들을 만나고 탐구과정에 피드백을 주어야 한다. 또한 모둠원들의 성공적인 협업을 위하여 학생들 간의 소통도 중요하다. 그러나 정규수업이 끝나자마자 학원과 독서실로 달려가는 학생들이 여유 있게 모여 머리를 맞대고 탐구를 해내기를 기대하는 것은 학생들에게 또 다른 부담을 지우는 일이 될 수 있다. 따라서 전체 프로젝트 일정을 미리 공지하여 준비하도록 하고, 필요한 모둠활동은 일과시간 중 점심시간이나 창의적 체험활동 시간을 활용하도록 하는 교사의 계획과 배려가 필요하다.

더 즐겁고, 덜 미안한 수업을 위해
노력하는 교사들

'아이들은 학교에 와서 무엇을 하고 돌아갈까?'

어느 날 문득 아이들을 바라보며 이런 생각이 들었다. 교사의 입장에서 보면 당연히 아이들은 수업을 받고 돌아간다고 말할 수 있다. 그런데 정말 아이들은 수업을 받으러 학교에 와서, 수업을 하고 집으로 돌아가는 것일까?

교사들은 매 수업시간 정말 최선을 다해 아이들을 만난다. 최소한 내가 아는 한 대부분의 교사들은 이런 자세를 가지고 있다. 그런데 아이들이 교사를 보는 모습은 같지 않으며, 좋아하는 선생님, 심지어 싫어하는 선생님까지 다양하다. 왜 그럴까?

졸업한 후 대학생이 된 제자들과 만나 저녁을 함께하며 이야기를 나눈 적이 있다. 제자들은 자신들이 학교에 다닐 때 경험했던 많은 이야기들을 쏟아내며 즐거워했다. 그런데 가만히 귀 기울여 들어보니 모두 학교 밖에서 친구들과 놀았던 일, 선생님과 함께 영화 보러 갔던 일 등 수업과는 전혀 관련이 없는 일들에 대해서만 이야기하고 있었다. 그래서 혹시 수업시간에 공부했던 기억은 없는지 제자들에게 물어보았다.

"음… 그러게요. 저희가 수업시간엔 뭘 했던 걸까요? 헤헤. 선생님, 기억이 나지 않네요. 죄송합니다."

제자가 죄송하다고 이야기하는 것을 들으니 나 역시 교사로서 부끄러웠다. 수업시간에 나는 도대체 무엇을 한 것일까?

이 책에는 이러한 앞의 고민들을 함께하는 초중등 교사들이 같이 모여 연구하고 노력하고 실천한 기록들이 쓰여 있다. 그 내용에 대해서는 독자마다 다르게 받아들이겠지만 분명한 사실은 위의 고민들이 바탕이 되어, 그것을 해결해보고자 한 교사들의 노력의 흔적이라는 점이다.

프로젝트 수업은 이제 새로운 수업방식도 아니고, 새로운 이론도 아니다. 하지만 이 책에서처럼 교육과정에 철저하게 연관시켜 그 속에서 진행되는 프로젝트 수업은 그리 많지 않을 것이라고 생각한다. 그리고 프로젝트 수업을 통해 아이들과 나누고 싶었던 교사들의 마음이 이 책에 소개된 것처럼 각 사례마다 포함되어 있는 경우도 많지 않을 것이다. 나는 프로젝트 수업을 통해 만난 아이들과는 수업시간을 통해 위와 같은 고민들까지도 함께 나눌 수 있게 되었다.

이러한 수업을 만나기 전에 가르쳤던 제자들을 보며 '미안하다!'라는 말을 했던 예전 기억이 다시 떠오른다. 교사로서 내가 해야 할 일은 분명 이런 미안한 마음을 조금이나마 덜 가질 수 있도록 노력해야 하는 것일 게다. 이 책을 끝까지 읽어준 독자들과 우리 아이들에게 조금이나마 덜 미안할 수 있도록, 언제나 노력하는 교사로 살아갈 것이다. 끝까지 함께해주신 모든 분들께 고맙다는 말을 전하고 싶다.

특별부록 1 프로젝트 수업, 평가의 루브릭 예시

(가) 평가항목(교사평가)

프로젝트 수업 과정평가를 위한 교사평가지

항목		평가척도
관찰	주제에 대한 이해	주제와 관련해서 어떤 지식을 파악하고 활용해야 하는지 이해할 수 있어야 한다. ⑤④③②①
	문제 해결을 위한 기획능력	어떻게 문제를 해결할 것인지, 어떤 지식을 탐구할 것인지 적절한 계획을 수립할 수 있다. ⑤④③②①
	조사와 탐구 방법의 적절성	1) 자료조사와 탐구가 올바른 방향으로의 접근이 이루어지고 있다. 2) 다양하고 풍부한 자원의 활용과 적용을 할 수 있다. ⑤④③②①
	독창성	1) 주제와 문제를 파악하는 독특하고 창의적인 시각과 통찰력을 보인다. 2) 탐구의 방법과 결과를 이끌어내고 표현하는 방법에서 자신만의 고유한 아이디어와 창의성을 보인다. ⑤④③②①
	모둠원의 역할 수행 및 협력	모둠원의 재능과 흥미에 따라서 적절한 역할을 나누고 각자가 리더십을 발휘해서 자신의 역할을 충실히 수행한다. ⑤④③②①
	다른 모둠과의 협력	각 모둠의 아이디어와 경험이 공유되어 서로 영향을 주고 이를 통해 각 모둠의 과제 수행이 발전적으로 변화하고 있다. ⑤④③②①

항목		평가척도
관찰	과제에 임하는 가치와 태도	과제에 대한 흥미를 가지고 집중하는지에 대해 정의적으로 평가한다. 공동작업에 대한 학습자의 시각, 임하는 태도를 평가하고 이를 서술하여 학습자의 적성 및 진로 결정에 도움이 되도록 한다. (서술식 평가)
	성취욕구와 도전의식	과제를 해결하고자 하는 의욕과 과제에 몰입하는 끈기, 어려움을 극복하고자 하는 도전의식 등을 평가한다. (서술식 평가)
표현	결과의 질적 수준	1) 결과는 성취수준을 잘 달성하고 있는가? 2) 결과는 독창적이고 사고의 발전이 이루어졌는가? ⑤④③②①
	결과물의 적절성	1) 관련 교과의 내용이 충분하고 정확하게 반영되고 있는가? 2) 자원을 충분히 활용하여 결론에 도달하였는가? ⑤④③②①
	결과물의 완결성	1) 결론은 논리적 전개가 명쾌하고 타당한가? 2) 결론을 도출하는 과정이 잘 설명되고 있는가? ⑤④③②①
	결과에 대한 적절한 설명 및 표현방법	1) 결과물을 제대로 설명할 수 있는 표현방법을 선택하였는가? 2) 결과의 표현은 모둠원의 관심과 재능을 잘 드러낼 수 있는 방식인가? ⑤④③②①

(나) 평가항목(동료평가)

프로젝트 수업 과정평가를 위한 동료평가지

항목		평가내용
관찰	주제에 대한 이해	주제와 관련해서 어떤 지식을 파악하고 활용해야 하는지 이해할 수 있어야 한다. ⑤④③②①
	문제 해결을 위한 기획능력	어떻게 문제를 해결할 것인지, 어떤 지식을 탐구할 것인지 적절한 계획을 수립할 수 있다. ⑤④③②①
	조사와 탐구 방법의 적절성	1) 자료조사와 탐구가 올바른 방향으로의 접근이 이루어지고 있다. 2) 다양하고 풍부한 자원의 활용과 적용을 할 수 있다. ⑤④③②①
	독창성	1) 주제와 문제를 파악하는 독특하고 창의적인 시각과 통찰력을 보인다. 2) 탐구의 방법과 결과를 이끌어내고 표현하는 방법에서 자신만의 고유한 아이디어와 창의성을 보인다. ⑤④③②①
	다른 모둠과의 협력	각 모둠의 아이디어와 경험이 공유되어서 서로 영향을 주고 이를 통해 각 모둠의 과제수행이 발전적으로 변화하고 있다. ⑤④③②①
표현	결과의 질적 수준	1) 결과는 성취수준을 잘 달성하고 있는가? 2) 결과는 독창적이고 사고의 발전이 이루어졌는가? ⑤④③②①
	결과물의 적절성	1) 관련 교과의 내용이 충분하고 정확하게 반영되고 있는가? 2) 자원을 충분히 활용하여 결론에 도달하였는가? ⑤④③②①
	결과물의 완결성	1) 결론은 논리적 전개가 명쾌하고 타당한가? 2) 결론을 도출하는 과정이 잘 설명되고 있는가? ⑤④③②①
	결과에 대한 적절한 설명 및 표현방법	1) 결과물을 제대로 설명할 수 있는 표현방법을 선택하였는가? 2) 결과의 표현은 모둠원의 관심과 재능을 잘 드러낼 수 있는 방식인가? ⑤④③②①

프로젝트 수업 과정평가를 위한 동료평가지

항목		평가내용
과제 수행	주제에 대한 이해	주제와 관련해서 어떤 지식을 파악하고 활용해야 하는지를 잘 이해하고 있다. ⑤ 주제에 포함된 지식의 항목을 대부분 파악하고 활용방법을 제안하였다. ④ 주제에 포함된 지식의 항목을 80% 이상 파악하고 활용방법을 제안하였다. ③ 주제에 포함된 지식의 항목을 50% 이상 파악하고 활용방법을 제안하였다. ② 주제에 포함된 지식의 내용을 일부 파악하였다 ① 주제와 무관한 지식을 파악하고 있다.
	문제 해결을 위한 기획에의 기여	문제 해결을 위한 기획에 적극적으로 참여하고 기여한다. ⑤ 적극적으로 문제 해결 방안을 제시하며 그 방법이 효과적이었다. ④ 적극적으로 문제 해결을 위해 참여하고 의견을 제시하였다. ③ 문제 해결에 참여하고 의견을 잘 경청하였다. ② 문제 해결에 참여하려고 노력하였다. ① 문제 해결에 관심을 보이지 않았다.
	조사와 탐구에서 역할과 성과	자료조사와 탐구에서 적극적으로 역할을 하고 다양하고 풍부한 자원을 활용하였다. ⑤ 핵심적인 자료를 제시하고 탐구의 과정에서 중요한 역할을 하였다. ④ 자료조사와 탐구에 적극적으로 참여하였다. ③ 다양한 자료를 활용하려고 노력하였다. ② 자료조사와 탐구의 방법을 잘 이해하지 못하였다. ① 자료조사와 탐구에 관심을 보이지 않았다.
	독창적인 아이디어를 제시하고 있는가?	주제와 문제를 파악하고, 탐구의 방법과 결과를 이끌어내고 표현하는 방법에서의 자신만의 고유한 아이디어와 창의성을 보인다. ⑤ 탐구와 표현에서 수준 높고 독창적인 아이디어를 제시하였다. ④ 독창적인 아이디어를 제안하고 결과 도출에 기여하였다. ③ 결과 도출과 표현과정에 적극적으로 참여하였다. ② 산출물에 대해 제대로 이해하지 못한다. ① 문제 해결과 표현에 관심을 보이지 않았다.

항목		평가내용

과제
수행
	다른 모둠원과의
	협력
		자신의 아이디어를 잘 표현하고 다른 모둠원의 성과를 잘 이해하여 과
		제 수행에 발전적으로 기여한다.
		⑤ 자신의 아이디어를 모둠원에게 잘 설명하고 협력적 작업에 핵심적인
		  리더십을 발휘하였다.
		④ 자신의 아이디어를 모둠원들에게 잘 설명하고 다른 모둠원의 의견
		  을 경청한다.
		③ 자신의 아이디어를 전달하려고 노력하고 다른 모둠원의 아이디어에
		  관심을 보였다.
		② 자신의 아이디어를 잘 설명하지 못한다.
		① 협력적 작업에 참여하지 않았다.

표현	산출물을 만드는 과 정에서의 역할	산출물을 만드는 과정에서 참여와 역할 ⑤ 산출물을 만들기 위한 과정에서 주도적으로 참여하고 핵심적인 역 할을 하였다. ④ 산출물을 만드는 과정에 적극적으로 참여하였다. ③ 산출물을 만드는 과정에서 참여하고 협력하려는 자세를 보였다. ② 산출물을 만드는 과정에 참여하였다. ① 산출물을 만드는 과정에 관심을 보이지 않았다.
	산출물 표현	산출물을 표현하는 과정에서 자신의 재능과 흥미를 잘 드러내고 있다. ⑤ 표현의 과정에서 자신의 재능을 잘 드러내고 열정을 보였다. ④ 표현의 과정에 자신의 재능을 반영하려고 노력하였다. ③ 표현의 과정에 흥미를 가지고 참여하였다. ② 표현의 과정에 참여하였다. ① 표현의 과정에 역할을 하지 않았다.

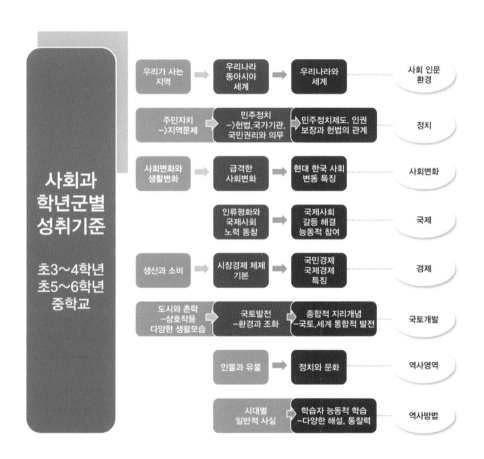

사회과
학년군별
성취기준

초3~4학년
초5~6학년
중학교

우리가 사는 지역	우리나라 동아시아 세계	우리나라와 세계	사회 인문 환경
주민자치 ->지역문제	민주정치 ->헌법, 국가기관, 국민권리와 의무	민주정치제도, 인권 보장과 헌법의 관계	정치
사회변화와 생활변화	급격한 사회변화	현대 한국 사회 변동 특징	사회변화
	인류평화와 국제사회 노력 동참	국제사회 갈등 해결 능동적 참여	국제
생산과 소비	시장경제 체제 기본	국민경제 국제경제 특징	경제
도시와 촌락 -상호작용 다양한 생활모습	국토발전 -환경과 조화	종합적 지리개념 -국토, 세계 통합적 발전	국토개발
인물과 유물	정치와 문화		역사영역
시대별 일반적 사실	학습자 능동적 학습 -다양한 해설, 통찰력		역사방법

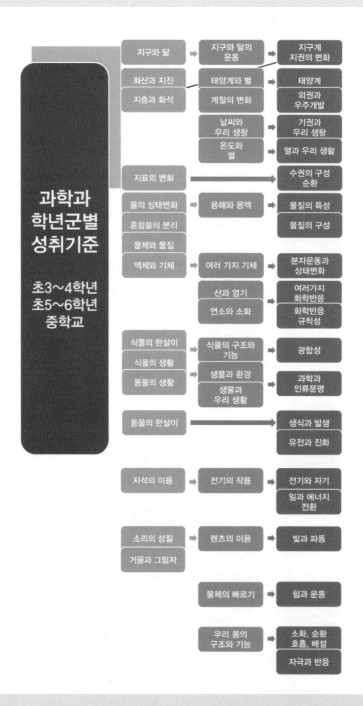

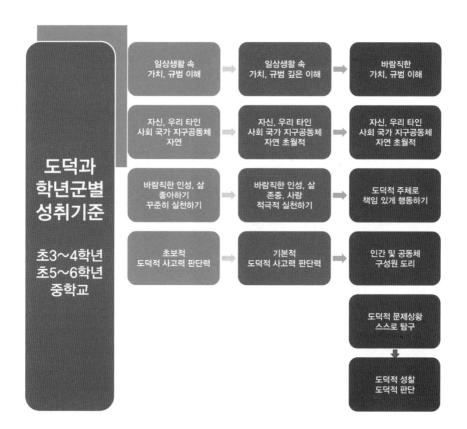

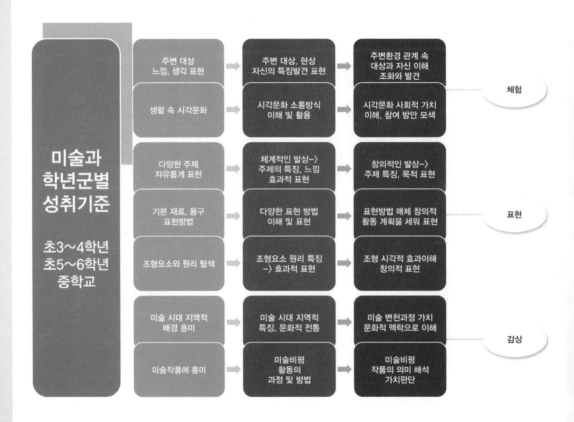

미술과 학년군별 성취기준 초3~4학년 초5~6학년 중학교	주변 대상 느낌, 생각 표현	주변 대상, 현상 자신의 특징발견 표현	주변환경 관계 속 대상과 자신 이해 조화와 발견	체험
	생활 속 시각문화	시각문화 소통방식 이해 및 활용	시각문화 사회적 가치 이해, 참여 방안 모색	
	다양한 주제 자유롭게 표현	체계적인 발상-〉 주제의 특징, 느낌 효과적 표현	창의적인 발상-〉 주제 특징, 목적 표현	표현
	기본 재료, 용구 표현방법	다양한 표현 방법 이해 및 표현	표현방법 매체 창의적 활동 계획을 세워 표현	
	조형요소와 원리 탐색	조형요소 원리 특징 -〉 효과적 표현	조형 시각적 효과이해 창의적 표현	
	미술 시대 지역적 배경 흥미	미술 시대 지역적 특징, 문화적 전통	미술 변천과정 가치 문화적 맥락으로 이해	감상
	미술작품에 흥미	미술비평 활동의 과정 및 방법	미술비평 작품의 의미 해석 가치판단	

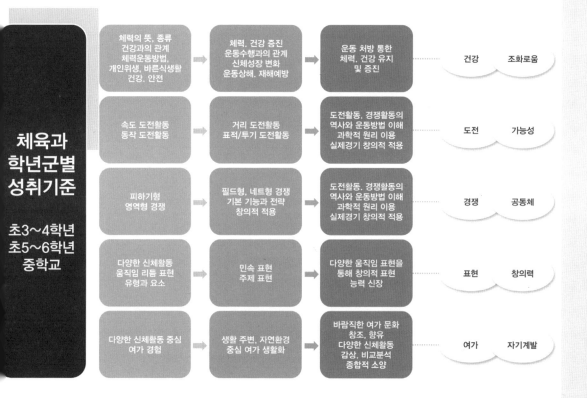

체육과
학년군별
성취기준

초3~4학년
초5~6학년
중학교

체력의 뜻, 종류 건강과의 관계 체력운동방법, 개인위생, 바른식생활 건강, 안전	체력, 건강 증진 운동수행과의 관계 신체성장 변화 운동상해, 재해예방	운동 처방 통한 체력, 건강 유지 및 증진	건강	조화로움
속도 도전활동 동작 도전활동	거리 도전활동 표적/투기 도전활동	도전활동, 경쟁활동의 역사와 운동방법 이해 과학적 원리 이용 실제경기 창의적 적용	도전	가능성
피하기형 영역형 경쟁	필드형, 네트형 경쟁 기본 기능과 전략 창의적 적용	도전활동, 경쟁활동의 역사와 운동방법 이해 과학적 원리 이용 실제경기 창의적 적용	경쟁	공동체
다양한 신체활동 움직임 리듬 표현 유형과 요소	민속 표현 주제 표현	다양한 움직임 표현을 통해 창의적 표현 능력 신장	표현	창의력
다양한 신체활동 중심 여가 경험	생활 주변, 지연환경 중심 여가 생활화	바람직한 여가 문화 창조, 향유 다양한 신체활동 감상, 비교분석 종합적 소양	여가	자기계발

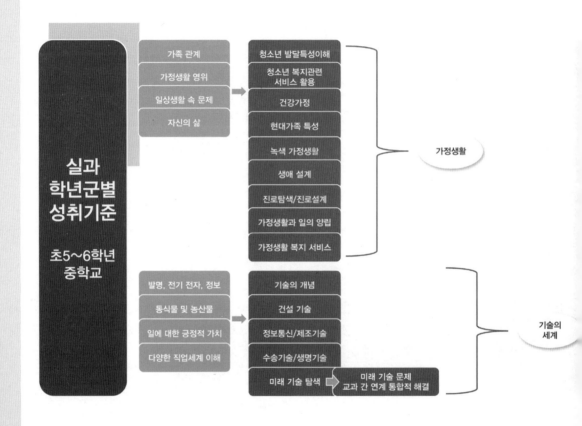

실과
학년군별
성취기준

초5~6학년
중학교

가족 관계
가정생활 영위
일상생활 속 문제
자신의 삶

청소년 발달특성이해
청소년 복지관련
서비스 활용
건강가정
현대가족 특성
녹색 가정생활
생애 설계
진로탐색/진로설계
가정생활과 일의 양립
가정생활 복지 서비스

가정생활

발명, 전기 전자, 정보
동식물 및 농산물
일에 대한 긍정적 가치
다양한 직업세계 이해

기술의 개념
건설 기술
정보통신/제조기술
수송기술/생명기술
미래 기술 탐색

미래 기술 문제
교과 간 연계 통합적 해결

기술의
세계